U0747794

余小玲 邢 雷 主编

大学生劳动教育

理论与实践

西安交通大学出版社
XI'AN JIAOTONG UNIVERSITY PRESS

图书在版编目(CIP)数据

大学生劳动教育理论与实践/余小玲,邢雷主编.
西安:西安交通大学出版社,2024.12(2025.7重印).--ISBN 978－7－
5693－1817－3

I. G40－015

中国版本图书馆 CIP 数据核字第 2024PV2556 号

书　　名	大学生劳动教育理论与实践
	DAXUESHENG LAODONG JIAOYU LILUN YU SHIJIAN
主　　编	余小玲　邢　雷
策划编辑	苏　剑　王斌会
责任编辑	崔永政　　侯君英
责任校对	张静静
封面设计	伍　胜
出版发行	西安交通大学出版社
	(西安市兴庆南路 1 号　邮政编码 710048)
网　　址	http://www.xjtupress.com
电　　话	(029)82668357　82667874(市场营销中心)
	(029)82668315(总编办)
传　　真	(029)82668280
印　　刷	陕西博文印务有限责任公司
开　　本	787 mm×1092 mm　　1/16　　印张 13　　字数 247 千字
版次印次	2024 年 12 月第 1 版　　2025 年 7 月第 2 次印刷
书　　号	ISBN 978－7－5693－1817－3
定　　价	49.80 元

如发现印装质量问题,请与本社市场营销中心联系。
订购热线:(029)82665248　(029)82667874
投稿热线:(029)82668525
读者信箱:363342078@qq.com

前言

2020 年 3 月,《中共中央 国务院关于全面加强新时代大中小学劳动教育的意见》发布,对新时代劳动教育做出顶层设计和全面部署。2020 年 7 月,教育部印发《大中小学劳动教育指导纲要(试行)》,针对劳动教育是什么、教什么、怎么教等问题,进行了具体的指导。2022 年 10 月,党的二十大胜利召开,二十大报告对劳动领域的诸多问题进行了明确和规范,为劳动教育体系的进一步完善提供了方向指引。

随着社会的快速发展和科技的日新月异,劳动教育在当今社会显得尤为重要。劳动教育不仅是学校教育的重要组成部分,更是促进学生全面发展的重要途径。作为新时代的大学生,我们不仅要拥有扎实的专业知识和创新的思维能力,还要树立正确的劳动观念,培养良好的劳动习惯和品质。为此,我们编写了这本大学生劳动教育教材,旨在帮助大家深入理解劳动教育的意义与价值,掌握劳动技能与素养,提高劳动实践能力与风险防控意识。

本教材由广东外语外贸大学南国商学院余小玲和邢雷担任主编。全书共九章,第一章至第四章由邢雷编写,第五章至第九章、附录由余小玲编写。第一章从劳动的基本概念入手,详细介绍了劳动的定义与本质、劳动的分类以及劳动的社会意义。第二章重点阐释马克思主义劳动价值观与社会主义劳动关系,以及大学生应树立正确的劳动价值观。第三章为劳动精神、劳模精神与工匠精神的内容,引导学生向先进人物学习,体会劳动者平凡中的伟大,做新时代的优秀劳动者。第四章分析了劳动与大学生的人生发展之间的关系,旨在说明在新时代背景下,劳动教育不仅是传授知识和技能的过程,更是塑造大学生世界观、人生观和价值观的重要途径,且对于大学生的综合素质提升具有不可替代的作用。第五章为生活劳动实践,是一种结合日常生活和劳动的教育活动,旨在通过实际操作和体验,培养个体的生活自理能力、劳动技能和社会责任感。第六章和第七章为服务性劳动实践和生产劳动实践,通过参与服务性劳动和生产劳动实践,旨在培养大学生的社会责任感、实践能力、职业素养等多方面素质,为他们的未来发展和职业生涯规划奠定坚实基础。第八章为劳动安全与教育的内容,劳动安全教育是本教材的重要内容之一,我们将通过介绍劳动安全知识、操作规程和风险防范措施,帮助大家树立安全意识，提高自我保护能力。第九章为劳动法律法规内容，旨在通过多种方式提高大学生对劳动法律法规的认识和理解，从而帮助他们更好地维护自身权益、规范劳动行为、参与社会建设。

本教材在编写过程中参照了国家关于劳动教育方面的政策文件，借鉴了有关专家、学者的研究成果，在此表示诚挚的谢意！在编写本教材的过程中，我们始终致力于将劳动教育的核心理念与实际应用相结合，以期为大学生提供一本既有理论深度又具实践指导意义的教材。然而，鉴于编者水平有限，教材内容若存在不足之处，敬请广大读者批评指正。同时，我们也期待在未来的劳动教育中不断探索与创新，为培养更多优秀的人才贡献自己的力量。

让我们携手共进，在劳动教育的道路上不断前行！

编　者

2024 年 7 月

目录

第一章

劳动的基本概念

第一节　劳动的定义与本质

马克思深入地探讨了劳动在人类社会和历史发展中的核心作用,并明确指出,劳动不仅是物质财富产生的源泉,也是人类自我及社会形态构建的基石。他认为,劳动是人类发挥其主观能动性的具体体现,通过劳动,人们不再被动地适应环境,更能主动地改造世界。这种改造不仅仅是物质层面的,还包括精神层面的创造与进步。在这一过程中,人类不断认识自然、利用自然,进而实现自我价值的提升和社会关系的进步。正是劳动,使得人类从自然界中脱颖而出,形成了独特的文化和文明。可以说,没有劳动,就没有今天的人类社会,也没有丰富多彩的人类文化和科技成就。在马克思看来,劳动是人类本质的体现,它不仅仅是生存的必需,也是自由和发展的起点。劳动使人们能够根据自己的意愿和需要,创造性地开展活动,实现个体的自我完善和社会的全面发展。

一、劳动的基本含义

劳动是人通过有意识、有目的的活动,将自然资源转化为满足社会和个人需求的物质财富和服务的过程。它是人类社会发展和文明进步的基础,涵盖了从简单的手工操作到复杂的智力创造等多种形式。劳动的基本含义可以从以下几个方面阐释。

(一)生产性

劳动是创造物质和精神产品的过程,具有生产性。在辛勤的汗水中,人们将原材料转化为各式各样的商品,满足社会和个体的需求。在劳动的实践中,人们传承文化、孕育创新,不断推动着社会向前发展。劳动不仅实现了物质财富的积累,也促进了精神财富的丰富。因此,劳动的过程,既是物质产出的过程,也是精神提升的过程,具有不可替代的生产性。

(二)社会性

劳动是社会分工和协作的结果,体现了人与人之间的社会关系。在劳动的过程中,人们相互依赖、相互合作,通过共同的目标和任务,建立起复杂的社会联系和互动模式。这种基于劳动的社会关系,不仅体现在生产过程中人们对资源的分配、对成果的分享,还表现在精神层面上,如价值观念的传递、文化传统的继承以及社会规范的遵守。正是通过劳动,人们不断深化彼此之间的理解和信任,促进社会和谐与进步。因此,劳动不仅是经济活动,它还是一种深刻的社会现象,反映并影响着人类社会的结构和变迁。

(三)创造性

劳动不仅仅是重复性的工作,它还包含了创新和创造性思维。在现代社会中,人们不仅需要体力劳动,还需要脑力劳动,而后者往往需要更多的创新和创造性思维。在工作中,人们经常会遇到各种各样的问题,需要寻找新的解决方案,这就需要人们有创造力和创新精神。因此,劳动不仅是一种生活方式,也是一种推动社会进步的力量,它能够激发潜能,提高技能,让人们在工作中得到成就感和满足感。

(四)目的性

劳动实践是为了实现某种目的或目标而进行的。通过付出辛勤的努力和汗水,人们能够将自己的构思和计划转化为现实。这种活动的过程不仅需要坚持和毅力,还需要智慧和创造力。在劳动的每一个步骤中,我们都能感受到实现目标的喜悦和满足感。劳动实践是我们发挥自身价值、施展才华的舞台,也是我们实现梦想、创造美好未来的重要途径。

二、劳动与人类社会发展的关系

劳动在人类社会发展中起着至关重要的作用,它不仅是社会财富的源泉,也是推动社会进步的动力。劳动与人类社会发展的关系可以从以下几个方面进行分析。

(一)经济发展

劳动作为一种永恒的价值创造源泉,不仅是推动经济增长和社会发展的根本动力,更是人类不断进步的基石。正是通过不懈地劳动,我们的祖先掌握了自然界的规律,凭借智慧和双手,创造了辉煌的物质文明,为我们留下了宝贵的遗产。从古老的工具制造到现代的高科技成就,从简单的手工艺到复杂的工业生产,每一分劳动都蕴含着无限的可能,每一次创新都是劳动的结晶。劳动使得我们能够不断超越自我,开拓新的领域,提升生活质量,促进社会和谐。因此,尊重劳动,激发劳动的创造活力,对于推动我国经济社会持续健康发展,实现全面建设社会主义现代化国家的宏伟目标,具有至关重要的意义。

(二)社会结构

劳动分工和专业化作为社会发展的重要驱动力,不仅促进了生产效率的显著提升,也深刻地推动了社会结构向更加复杂和精细化的方向发展。随着劳动分工的深化,社会逐渐形成了多样化的职业和行业,每个领域都需要特定的技能和知识,从而催生了专业人才的涌现。这种专业化的趋势导致了不同社会阶层的形成,每个阶层都有其独特的社会地位、经济利益和文化特征。社会阶层的分化,进一步加剧了社会结构的复杂性,使得社会关系和社会组织呈现出更加多元和动态的特点。

(三)文化传承

在悠长的历史长河中,劳动是人类智慧的源泉。人们在辛勤劳作中不断积累丰富的知识和精湛的技能,这些宝贵的智慧成果通过教育和实践的途径,被代代相传并得以不断发展壮大。教育,作为文化传承的重要手段,不仅将劳动中产生的知识体系化、理论化,更通过系统的训练和实践操作,使得技能得以精进。反过来,实践又不断推动教育的革新,促进知识的更新换代和技能的升华。在这样的互动过程中,文化传承不再是简单的传递,而是一个动态的、充满创新和发展活力的过程。于是,劳动精神、专业技艺和集体智慧便在历史的长河中生生不息,焕发出勃勃生机。

(四)科技进步

科技的进步一直是人类文明发展的核心动力之一。在追求更高劳动效率的道路上,人类从未停止科技创新的脚步。我们见证了从简单的工具改进到复杂的自动化系统的演变,每一次创新都极大地推动了科技的步伐,加速了先进技术的普及和应用。这种持续的进步不仅改变了工作方式,提升了生产效率,还极大地丰富了人类的物质文明和精神世界,为社会的全面发展奠定了坚实的基础。在不断探索和实验中,人类正在开启一个又一个科技新领域,绘制更加灿烂的未来图景。

(五)人的本质实现

劳动是人类本质的显现,它不仅是人实现自我价值的方式,也是个体与社会相互联系的桥梁。在劳动的过程中,人们运用智慧与体能,塑造和改变客观世界,从而使自身的潜能得到发挥,创造力得到释放。这种本质力量的体现,不仅表现为物质财富的创造,更体现在精神层面的满足和成就感。劳动让人类社会不断进步,推动了文明的发展,维系了社会秩序,加深了人与人之间的相互理解与合作。在这一过程中,人的社会价值得以实现和肯定,个体通过劳动获得了社会的认可,实现了自我存在的意义。因此,劳动不仅是人类生存和发展的基础,更是人之为人的根本所在。

第二节　劳动的分类

根据各种不同的标准,劳动可以分为不同的种类。这些种类既反映了人类活动的丰富多样性,也体现了社会分工的日益精细化。

一、脑力劳动与体力劳动

脑力劳动和体力劳动是劳动分类中最基本的两种形式,它们在劳动过程中承担着不同的角色。

(一)脑力劳动

脑力劳动主要依赖于智力和思维能力,涉及分析、设计、规划、决策等活动。脑力劳动在现代社会中越来越受到重视,特别是在知识经济和信息时代背景下,脑力劳动的比重和价值日益增加。脑力劳动通常需要较高的教育水平和专业技能,它在创新、研发、管理等领域发挥着关键作用。随着人工智能和自动化技术的发展,脑力劳动中的某些重复性、逻辑性较强的工作可能会被机器取代,而更加注重创意、策略和人际交往的劳动形式。

(二)体力劳动

体力劳动主要依赖于身体力量和体力,涉及搬运、制造、建筑等活动。体力劳动是人类历史上最早的劳动形式之一,至今仍在许多行业中占有重要地位。体力劳动往往需要较强的身体素质和耐力,它在生产、物流、农业等领域发挥着基础性作用。随着技术进步,体力劳动的某些环节可能会被机械化和自动化取代,但对人类灵活性和适应性的需求仍然存在,特别是在需要精细操作和即时反应的场合。

二、工业劳动与手工劳动

工业劳动和手工劳动代表了劳动的两种不同生产方式,它们在生产效率、技术应用和劳动组织上有所区别。

(一)工业劳动

工业劳动指在工业化生产过程中的劳动,通常在工厂或生产线上进行,特点是高度的机械化、自动化和规模化。工业劳动通过标准化流程和专业分工,实现了高效率和大规模生产。工业劳动依赖于先进的生产技术和设备,不断推动技术创新和工艺改进。工业劳动往往需要严密的组织管理和协调,以确保生产流程的顺畅和高效。

（二）手工劳动

手工劳动指依靠手工技能和传统工艺进行的劳动，如手工艺品制作、传统农业等。手工劳动强调个性化和定制化，每一件产品都蕴含着工匠的技艺和情感。手工劳动往往与传统文化和手工艺紧密相关，具有独特的文化和艺术价值。随着消费者对个性化和高品质产品需求的增加，手工劳动在某些领域和市场中具有不可替代的地位。

三、有形劳动与无形劳动

有形劳动和无形劳动是根据劳动产出的形式进行的分类，它们在社会经济中发挥着不同的作用。

（一）有形劳动

有形劳动是一种可以直接触摸和感知的劳动形式，其成果具体而明确，例如制造业生产出的各种产品，以及建筑工程所构建的各类建筑物。这些成果不仅看得见、摸得着，更可以直接参与到市场交易中，为社会的发展和进步提供坚实的物质基础。这种劳动形式的存在，使我们可以直观地感受到劳动的价值和成果，也为我们的生活带来了实实在在的便利和改善。

（二）无形劳动

无形劳动涉及那些劳动成果无法被直接触摸或感知的各类工作形式。无形劳动的产出往往是服务或知识产品，例如软件开发领域中智慧和创造力转化为计算机程序的过程；以及服务业中各类无形的、以提供服务为主的工作，如教育咨询、金融分析、医疗护理等。这些劳动形式虽然不能像物质产品那样被直观地感知和触摸，但它们的价值和影响力却无处不在，深刻地影响着我们的日常生活和社会发展。

在当代社会，各种劳动形式在不断变化与发展，新型劳动种类不断涌现，比如远程在线工作、人工智能训练等，它们不仅丰富了劳动的内涵，也为社会发展带来了新的动力。因此，认识和理解劳动的多样性，尊重每一份劳动，对于构建和谐社会、促进人的全面发展具有重要意义。

第三节　劳动的社会意义

劳动对社会结构的形成和发展具有深远的影响。它不仅是社会分工的基础，也是社会阶层划分的重要依据。劳动对个人的发展具有重要的促进作用，它不仅是个人实现自我价值的途径,也是个人社会化的重要过程。

一、劳动与社会结构

(一)社会分工

劳动是社会分工形成和发展的基础,它在人类社会中扮演着至关重要的角色。社会分工是指在社会生产活动中,人们根据特定的技能和效率进行专业化的劳动分配。这种分工不仅提高了生产效率,还促进了社会经济的繁荣和文明的进步。

(二)社会阶层

劳动的性质和效率决定了个体在社会中的经济地位,进而影响社会阶层的形成。不同的职业和岗位要求不同的技能和知识水平,导致了社会阶层的分化。例如,技术和管理岗位通常要求更高的教育背景,因此劳动者往往处于较高的社会阶层。不同阶层的劳动者由于所从事劳动的性质和生产效率不同,获得的收入存在显著差异,这也直接影响了他们的生活水平和社会地位。

(三)社会稳定

劳动作为社会发展的基石,承载着稳定和谐的重要使命。正是通过勤劳的双手和智慧的汗水,人们得以实现自身价值、赚取生活所需,确保了基本生存条件的满足。这样的过程不仅实现了个人与家庭的幸福安康,更为整个社会的和谐与稳定提供了坚强保障。劳动的力量,不仅体现在物质财富的创造上,更在于它能够促进社会成员之间的相互尊重、合作与共赢,加强社区的凝聚力,提升国家的精神力量。因此,维护劳动者的权益,提高劳动效率和质量,是实现国家长治久安、人民幸福安康的重要途径。

(四)社会流动

劳动机会的公平分配不仅是社会流动的基础,更是实现社会公正与和谐的重要保障。在一个人人都有平等劳动机会的社会里,个人的努力和才能能够得到公正的评价和回报,从而促进社会的整体进步和公民个体的发展。公平的劳动机会意味着无论是何性别、种族、出身或经济背景,每个人都能在不受歧视和不偏不倚的环境中,通过自己的辛勤工作和聪明才智实现向上的社会流动。因此,维护劳动机会的公平分配,不仅是对个体权益的尊重,也是对国家发展潜力的投资,对构建一个更加繁荣、公正的社会至关重要。

二、劳动与个人发展

(一)技能提升

通过投身于各类劳动实践,个体不仅能够深化对现有技能的理解和应用,而且能够不断探索和掌握新的知识和技能。这一过程不仅包括了专业技能的提升,也涵盖了诸如团队合作、问题解决和沟通协作等软技能的增强。随着技术的不断进步和社会的快速变化,持续的学习和技能更新变得尤为重要,它能够确保个人在职场上保持竞争力,适应新的工作环境,并抓住时代发展的机遇。通过劳动,人们可以实现自我价值和专业能力的飞跃,为个人的职业发展奠定坚实的基础。

(二)个性发展

在劳动的历程中,挑战与机遇并存,它们如同并蒂之花,共生共存,伴随我们的成长轨迹。这些经历,无论成功还是失败,都是塑造个性的磨石,是完善自我、铸就不凡的催化剂。每一次克服困难,都是自我能力的提升;每一次面对挑战,都是性格的磨练。在这个过程中,我们逐渐形成了独一无二的个人特质,这些特质如同指纹般独特,使我们在纷繁复杂的社会中独具一格,展现出千姿百态的个性魅力。

(三)社会认同

通过劳动个人可以获得社会的认可和尊重,增强社会归属感和自我价值感。通过自己辛勤耕耘和不懈努力,每个人都可以在社会大舞台上找到属于自己的一席之地。这种通过劳动获得的社会认同,是构建和谐社会的重要纽带。它使得每个劳动者都能感受到自己是社会大家庭中不可或缺的一员,进而增强了个人的社会归属感。当个人的付出得到社会的肯定和回报时,个人的自尊心和自信心也会得到增强,从而提升自我价值感。这种正面的情感体验,又会激励个人继续通过劳动去创造和贡献,形成一个良性循环。

(四)经济独立

经济独立是每个人都应该追求的目标,而劳动正是实现这一目标的重要手段。通过自己的辛勤劳动,个人可以赚取收入,实现经济自主,从而提高生活质量。这不仅能让我们的生活更加丰富多彩,也能使我们在面对生活的种种挑战时,更加从容不迫。因此,我们应该珍惜劳动,努力提高自己的劳动技能,让劳动成为我们实现经济独立、追求更好生活的坚实基石。

(五)社会贡献

个人通过劳动参与社会生产与建设,不仅能够实现自身价值的提升,同时也为社会的繁荣稳定贡献力量。在这一过程中,个人与集体相互促进,共同推动社会的发展与进步,不断促进社会和谐与文明的提升。劳动者的每一分付出,都是社会需要的宝贵资源,是推动社会列车稳步前行的动力。通过劳动实现自我价值,通过贡献促进社会和谐,这不仅是个人的荣誉,也是时代赋予每个人的责任和使命。

总之,劳动作为人类社会进步的基石,承载着深刻的社会意义。它不仅是实现个体自我价值、促进个人全面发展的根本途径,更是推动社会繁荣与进步的重要动力。在社会主义核心价值观的指导下,劳动彰显着人民群众的主体地位,体现了集体主义精神,弘扬了勤劳、朴实、创新的光荣传统。通过劳动,人们不仅能够改造自然、创造物质财富,还能促进社会关系的和谐,增强社会凝聚力。劳动是实现国家富强、民族复兴梦想的基石,是构建和谐社会的基石。每一个劳动者都是这项伟大事业的建设者,他们的每一分努力都值得尊敬和赞扬。在新时代的征程上,我们应当继续传承和发扬劳动精神,以勤劳的双手书写属于我们的辉煌篇章。

知识拓展

第二章　劳动价值观

第一节　马克思主义劳动价值观概述

马克思主义的劳动价值观是以马克思和恩格斯的理论为基础,系统阐述了劳动在人类社会发展和进步中的核心地位和巨大价值。马克思主义劳动价值观认为,劳动是人类社会生存和发展的基础,是人的自我实现和社会价值实现的根本途径。马克思主义劳动价值观是一种具有深刻内涵和丰富内容的理论体系,它对我国社会主义事业的发展,对实现公平正义、构建和谐社会具有重要的指导意义。

一、商品的二因素与劳动的二重性原理

马克思指出,商品具有使用价值和价值两个因素,这与劳动的二重性密切相关。具体劳动创造商品的使用价值,而抽象劳动则产生商品的价值。具体劳动,即人们在生产过程中投入的各种具体形式的劳动,如种植、编织、制造等。它赋予商品特定的使用价值,也就是商品能够满足人们某种需要的属性,如食物的可食用性、衣服的保暖性等。而抽象劳动,是指在商品生产中抽象掉各种具体劳动形式的无差别的人类劳动,这种劳动创造了商品的价值。价值是商品的社会属性,体现了商品生产者之间相互比较和交换劳动的社会关系。马克思的这一理论不仅深刻揭示了商品的经济本质,也为理解商品交换和资本主义生产方式提供了重要的理论基础。

二、价值量与劳动生产率的关系

商品的价值量与生产该商品的社会必要劳动时间成正比,而与劳动生产率成反比。这意味着生产效率的提高会降低单位商品的价值量。这一经济学原理深刻揭示了生产效率提升对商品价值量的影响:随着生产效率的不断提高,单位商品所包含的价值量将逐渐减少。这不仅体现了劳动时间的节约和生产技术的进步,也反映了商品价值量的决定因素并非个别劳动时间,而是社会必要劳动时间。因此,提高劳动生产率对于促进社

会财富的增加和满足人民日益增长的物质文化需求具有重要意义,但同时也可能导致商品价值的降低,这是我们在评价和分析生产过程中不可忽视的一个重要方面。

三、货币的产生与发展

货币作为一般等价物,是价值形式发展的高级阶段。它固定地充当商品交换的媒介,促进了商品经济的发展。货币以一种固定的角色,作为商品交换的桥梁,极大地推动了商品经济的繁荣。货币不仅加速了商品的流通,也使得商品的价值评估变得更加便捷和准确。在货币的协助下,商品的生产和交换得以在更广阔的范围内进行,从而促进了社会经济的全面发展。

四、价值规律

商品的价值量是由生产商品所耗费的社会必要劳动时间所决定的,这是市场经济中价值规律的核心内容。在商品交换过程中,必须遵循等价交换的原则,以确保商品价值的准确体现。这一原则体现了市场经济中公平、公正的交易原则,有助于维护市场秩序,促进经济的健康发展。

在实际经济活动中,商品的价值量和社会必要劳动时间之间的关系表现在以下几个方面:首先,商品的价值量与生产商品所耗费的劳动时间成正比,即劳动时间越长,商品的价值量越大;其次,商品的价值量与生产商品所使用的生产资料的质量和数量有关,生产资料的质量越高、数量越多,商品的价值量也越大;最后,商品的价值量与生产商品的劳动生产率有关,劳动生产率越高,商品的价值量越小。

等价交换原则是指在商品交换过程中,交换双方按照商品的价值量进行交换,以实现商品价值的等价转移。这一原则对于市场经济中的交易活动具有重要意义:一方面,等价交换有助于维护市场公平竞争,防止商家通过不正当手段牟取暴利;另一方面,等价交换有利于促进资源合理配置,提高社会生产力。

总之,商品的价值规律是市场经济运行的重要基础,价值量与社会必要劳动时间的关系以及等价交换原则的遵循,有助于维护市场秩序,促进经济健康发展。在现代市场经济中,我们应该深刻理解并积极贯彻这一规律,以实现社会资源的优化配置和经济的持续增长。

第二节　历史唯物主义中的劳动价值观

在历史唯物主义的理论体系中,劳动价值观不仅揭示了劳动是人类社会存在和发展的基石,而且阐述了劳动在塑造人类历史进程中的决定性作用。历史唯物主义认为,正是劳动创造了人类社会,创造了人类本身。劳动不仅满足了人类的基本生存需要,而且推动了生产力的发展,促进了社会形态的变迁。在这一价值观的指导下,我们深刻理解到,劳动是一种极其崇高的事业,它不仅仅是谋生的手段,更是实现个人价值、促进社会进步的途径。劳动者是社会的主人,他们的辛勤耕耘和创造性劳动,为社会的繁荣稳定提供了可靠的保障。因此,尊重劳动、尊重知识、尊重人才、尊重创造,是历史唯物主义劳动价值观的精髓。

一、劳动在社会发展中的核心地位

在历史唯物主义中,劳动不仅是创造物质财富的手段,更是推动社会历史发展的根本动力。马克思认为,劳动是"一切社会关系的发源地",是社会结构和文化形态变迁的基础。

(一)劳动与社会生产力的发展

劳动生产力的发展是衡量社会进步的关键指标。随着劳动工具的改进和生产方式的革新,社会生产力得到提升,进而推动社会形态的演变和社会制度的变革。

在历史的长河中,人类通过不懈的努力和智慧的累积,不断推动着劳动生产力的提升。从最初的石器、铜器,到铁器、蒸汽机,再到如今的电子计算机、人工智能,每一次工具的革新,都极大地提高了劳动效率,释放出巨大的生产力。这不仅极大地丰富了人类的物质财富,也为社会的进步提供了强大的动力。

随着生产力的提升,社会形态也在不断地演变。从原始的集体所有制,到奴隶制、封建制,再到资本主义、社会主义,每一次社会形态的变迁,都是生产力发展的必然结果。同时,社会制度也在不断地变革,以适应生产力的发展要求。从最早的君主专制,到民主制度的出现,再到如今的社会福利制度,都是社会制度在生产力发展推动下的进步和完善。

总的来说,劳动生产力的发展是推动社会进步的核心力量,它不仅改变了人类的生产方式,也改变了人类的生活方式,为人类社会的发展提供了源源不断的动力。

(二)劳动与社会关系的构建

劳动不仅是人类社会发展的基石,更是社会关系构建的核心。劳动分工的多样性和生产关系的复杂性共同塑造了各异的社会阶层与精细的社会结构。在劳动者们的共同奋斗中,劳动的性质与组织形式起着决定性的作用,它们直接塑造并深刻影响着社会成员间的相互关系。从这一角度来看,劳动不仅仅是物质财富的创造活动,它还是社会纽带和社会组织形态形成的关键所在。因此,通过劳动,人们不仅能够实现个体价值,还能够促进社会和谐,加强集体凝聚力,进而推动社会整体向前发展。

二、劳动与人类自我实现

马克思深刻地指出,劳动不仅仅是人类为了生存而进行的一系列简单活动,它更是人之为人的核心所在,是人的本质属性的外化和体现。在劳动中,人们不仅仅是创造了物质财富,更重要的是,通过这一过程,人们不断地发挥和提升自己的能力,实现自身的价值和潜能。劳动是人们认识世界、改造世界的重要手段,是人们通过实践将自身的需求和愿望转化为现实的基础。正是通过劳动,人类社会得以进步和发展,人类自身也得以不断地全面进步和发展。因此,劳动是每个人实现自我价值和全面发展的不可或缺的途径,是构建和谐社会、实现人的全面发展的重要基石。

(一)劳动与自由个性的发展

在马克思的理论视野中,劳动不仅仅是实现人的基本生存的手段,更是人们实现自我价值、展现自由个性的根本途径。他认为,只有当人们不再将劳动仅仅看作是一种谋生的方式,而是将其视为一种自我表达和创造的过程,人的自由个性才能得到真正的释放和全面发展。这种转变意味着人们不再被外在的生存压力所束缚,而是能够在劳动中寻找到乐趣和满足,从而在实现物质生活改善的同时,也能实现精神层面的丰富和提升。因此,马克思强调,劳动与自由个性的发展是相辅相成的,只有通过自由的劳动,人们才能真正实现自由而全面的发展。

(二)劳动与社会人的塑造

劳动,这一人类与自然界进行物质交换的基本方式,实质上不仅仅是单一的个体与生养他的自然之间的直接对话。它更是深植于社会文化土壤中的个体与社会群体之间交流与互动的载体。在这一过程中,劳动者不仅通过自身的实践活动改造自然、获取生存所需,同时也无形中吸收并践行着所在社会的规范与价值体系。劳动,成为个体社会化的一个重要途径,是个体融入集体、学习社会角色与规范的摇篮。

在社会实践中,个体逐步形成并确立其社会身份,从而在错综复杂的社会关系网络中找到自己的一席之地。无论是通过体力劳动锻炼筋骨、磨砺意志,还是通过脑力劳动激发智慧、创造价值,劳动都在不断地塑造着个体,使其成为社会的一部分,不断丰富着社会的多元性与层次感。因此,劳动不单是生存的必需,更是社会人的塑造者,是连接个体与社会、自然与文明的桥梁。

三、劳动在阶级斗争中的作用

历史唯物主义这一理论体系深刻指出,劳动不仅是人类社会生存和发展的基础,而且在阶级社会中,它更是阶级斗争的核心所在。在这一理论视角下,劳动被赋予了深刻的阶级属性,不同的阶级通过劳动的方式、内容以及结果展现出明显的矛盾和冲突。劳动所涉及的不仅仅是物质生产过程,还包括了社会关系、生产关系以及在这个过程中形成的阶级关系。因此,历史唯物主义强调,理解阶级斗争的本质,必须深入劳动的具体实践中去,分析劳动在社会历史发展中的作用和地位,以及不同阶级在劳动过程中所处的不同地位和利益诉求。通过这样的分析,我们能够更加深刻地理解社会历史的变迁,以及不同阶级之间的相互作用和影响。

(一)劳动与阶级关系的形成

在充满剥削与异化的资本主义世界中,劳动者的劳作与其本质的疏离,以及资本家对工人群体无休止的压榨,共同构筑了阶级之间鲜明且深刻的界限。资本家依靠购买劳动力并从中榨取额外价值的核心机制,确立了其统治地位。反过来,工人因不得不让渡自己的劳动力,变成了资本增值过程中不可避免被吮吸的牺牲品,从而被动地陷入了被剥削的尴尬境地。这种错综复杂的劳资关系,不仅在经济层面塑造了阶级的分野,更在精神与情感层面,造成了工人阶级与资本家阶级的对立和矛盾。资本主义的这一根本构造,不仅揭示了社会阶层冲突的经济根源,也反映了人类社会发展的历史进程中,阶级斗争的不可避免性。

(二)劳动与阶级斗争的展开

劳动是阶级斗争的焦点。工人阶级积极组织和参与斗争,以期获得更加优质的劳动条件以及更高的劳动报酬。这一过程不仅体现了工人阶级对于自身权益的坚定维护,也揭示了他们对于社会公平与正义的执着追求。通过不懈的努力和顽强的斗争,工人阶级推动着社会的发展,使其逐步朝着更加公平、更加合理的方向前进。这不仅是对工人阶级斗争精神的肯定,也是对人类社会发展进步的有力证明。

四、劳动价值观的现代意义

在现代社会,劳动价值观仍具有重要的意义。它不仅关乎个人的成长与发展,更关乎社会的繁荣与进步。劳动价值观强调通过劳动实现自我价值,通过付出获得回报,这种精神不仅能够激发人们的积极性和创造力,还能够培养良好的职业道德和社会责任感。在这个快速发展的时代,坚守劳动价值观,不仅能够帮助人们建立正确的人生观和价值观,还能够为构建和谐社会、实现共同繁荣奠定坚实的基础。因此,传承和发扬劳动价值观,是现代社会每个人都应该承担的责任和使命。

(一)劳动与社会正义

劳动价值观强调按劳分配的原则,倡导建立公平合理的分配制度,以实现社会正义。在这一理念的指导下,我们努力确保每个人都能享受到自己辛勤劳动的成果,同时激励人们积极投身于劳动创造,为社会发展贡献力量。通过这种方式,我们旨在打造一个充满活力、和谐发展的社会,让公平正义的光辉照耀每一个角落。

(二)劳动与可持续发展

劳动价值观提倡合理利用和保护自然资源,推动可持续发展,确保人类社会的长远利益。这一价值观旨在引导人们关注劳动活动对环境的影响,以及在劳动过程中实现经济、社会和环境的协调发展,从而为后代留下一个绿色、宜居的地球。通过倡导绿色劳动、低碳技术和环保理念,劳动价值观为我国可持续发展战略的实施提供了有力支持,助力构建美丽中国,让人类社会在劳动中不断迈向更加美好的未来。

第三节　政治经济学中的劳动价值观

在政治经济学领域中,劳动价值观主张,劳动不仅是人类生存和发展的基础,同时也是社会财富创造的源泉。从广义上讲,劳动涵盖了人们为了满足物质和文化需求而进行的各种活动,不仅仅局限于生产领域。在这个意义上,劳动价值观深刻地反映了人类对自身价值和社会贡献的认识,强调了劳动者在生产过程中的主体地位。

在劳动价值观的指导下,政治经济学关注劳动与资本、土地等其他生产要素的关系,探讨如何在社会主义制度下优化资源配置,提高生产效率,实现社会公平正义。劳动价值观强调,劳动者应享有劳动成果的合理分配,保障其基本权益,从而激发其积极性和创造性。在此基础上,社会主义国家采取一系列政策措施,如提高最低工资标准、完善社会保障体系、推动产业升级等,以体现劳动价值观的要求。

一、劳动与价值创造

在政治经济学中,劳动是商品价值创造的源泉。马克思以其锐利的洞察力,通过劳动价值论这一理论利器,不仅揭示了商品价值的根本源泉,而且深刻阐明了劳动在价值形成中的核心作用。他认为,劳动不仅是商品价值的决定因素,更是社会财富积累的基石。马克思的劳动价值论,为我们理解社会生产关系、分析经济运行规律提供了重要的理论支撑,成为政治经济学中不可或缺的一部分。通过劳动价值论,我们能够更加深刻地认识到,劳动者的劳动不仅创造了使用价值,更在交换中创造了价值,从而推动了社会的发展与进步。

(一)劳动与商品价值的关系

马克思指出,商品的价值由生产商品所必需的社会平均劳动时间决定。这一理论为理解资本主义经济中商品交换的基础提供了科学依据。在这个理论框架下,商品的价值不再是一个神秘而不可捉摸的东西,而是可以通过对社会平均劳动时间的衡量来具体确定的。这无疑极大地提高了我们对资本主义经济运行规律的认识,为我们深入理解和把握商品交换的本质,提供了强有力的理论支撑。

(二)劳动生产率与价值量的关系

劳动生产率的提升,意味着在等量的劳动投入下,我们可以获得更多的商品产出。这一变革,实质上是通过技术进步、管理优化以及劳动者技能提升等多种因素的综合作用,进而显著降低了单位商品所包含的平均社会必要劳动时间。换言之,每个商品的生产成本相对减少,其价值量相应降低。这样的变化,对于推动经济的持续健康发展、增强企业的市场竞争力具有深远的影响。它不仅能够提高资源的配置效率,促进社会财富的更大规模创造与分配,还能够激励企业不断寻求创新,以保持其产品的市场竞争力。

二、劳动与资本的关系

马克思分析了资本主义生产方式下劳动与资本之间的矛盾关系。他揭示了在资本主义制度下,劳动者的劳动力成为资本家的生产资料之一,劳动者被迫出卖自己的劳动力,而资本家则通过剥削劳动者的剩余劳动获取利润。马克思认为,这种劳动与资本之间的矛盾是资本主义社会的基本矛盾,是推动资本主义社会发展的动力,同时也为社会主义社会的到来奠定了基础。

(一)劳动与资本的对立统一

在资本主义体系中,劳动与资本表现为一种对立统一的关系。资本家通过购买劳动力并利用其创造的剩余价值来获取利润,而工人则通过出卖劳动力来获得生存。然而,劳动与资本之间又存在着难以调和的矛盾。在追逐利润的最大化过程中,资本往往剥削劳动者的剩余价值,造成劳动者的权益受损。这种剥削与被剥削的关系,使得劳动与资本之间的对立愈发明显。但是,没有资本的投入,劳动就失去了发挥效能的载体;没有劳动的参与,资本也无法实现增值。这就形成了劳动与资本之间既对立又统一的微妙关系。

(二)劳动剥削与剩余价值

马克思深刻揭示了资本家如何通过剥削工人的剩余劳动来获取剩余价值,这一过程是资本家积累财富的基本方式。在马克思主义的视角下,资本家通过控制生产资料和劳动过程,迫使工人进行超出自身所需劳动时间的劳动,从而创造出超出其自身生活所需的价值。这种剩余价值被资本家占有,转化为资本的积累,进而加剧了社会贫富分化和阶级矛盾。马克思主义强调,这种剥削关系是资本主义社会的根本特征,只有通过无产阶级的革命,建立无阶级的社会主义社会,才能彻底消除剥削和压迫,实现真正的人民解放和社会公平。

三、劳动与分配正义

政治经济学中的劳动价值观还涉及劳动与分配正义的问题。

(一)按劳分配原则

马克思主张按劳分配原则,即根据个人对社会劳动的贡献来分配社会产品,这一原则深刻地体现了他对公平正义的执着追求。他认为,社会产品应当根据个人对社会劳动的贡献来进行分配,这种分配方式凸显了个人努力的价值和意义,与资本主义社会中普遍存在的按资分配形成了显著的对立。在资本主义体系下,财富和资源往往根据资本的多少进行分配,这导致了社会资源的分配不均和贫富差距的加剧。而马克思的按劳分配原则,则是对这种不公平现象的深刻批判,它强调的是每个人都应该根据自己的劳动贡献来获得相应的回报,这样的原则更加符合公平正义的要求,有助于构建一个更加和谐公正的社会。

(二)分配不公与社会矛盾

在资本主义社会中,由于劳动与资本的分配不公,不仅导致了社会贫富差距的不断扩大,更使得社会矛盾逐渐加剧。在这个看似繁荣的经济社会中,劳动者们辛勤耕耘,却往往只能获得微薄的报酬,而资本家则凭借对生产资料的掌控,不断积累财富,享受着劳动者的劳动成果。这种不平等的分配方式,让社会上层和下层之间的鸿沟越来越深,矛盾也愈发尖锐。

资本主义的本质是追求利润最大化,然而在这个过程中,社会公平和正义却逐渐被忽视。贫富差距的扩大,使得社会资源越来越集中在少数人手中,而大多数人则陷入贫困的境地。这种现象不仅导致了社会的不稳定,还可能引发一系列社会问题,如犯罪、失业等。为了缓解这种紧张的社会矛盾,各国政府采取了一系列措施,如提高最低工资标准、完善社会保障制度等。然而,在资本主义框架下,这些举措往往难以真正解决问题,因为它们并没有触及资本主义制度本身的矛盾。

四、劳动价值观的现代应用

在现代社会,劳动价值观不仅仅是对传统劳动观念的继承,更是在新的历史条件下对劳动的全面理解和价值的再认识。

(一)劳动价值观与现代企业管理

在现代企业管理实践中,劳动价值观的运用主要表现在对员工的合理激励和对他们合法权益的细致保护上。这种管理智慧不仅激发了员工的积极性,提升了工作效率,而且还增强了团队的凝聚力,为企业的长远发展奠定了坚实的基础。通过这种方式,企业能够构建一个和谐的工作环境,营造积极向上的企业文化,进一步促进企业的可持续发展。

(二)劳动价值观与社会政策

劳动价值观作为现代社会价值体系的重要组成部分,深刻影响着政策制定者对于劳动市场的调控思路和方向。在这一价值观的指导下,最低工资法、劳动保护法等一系列法律法规的制定和实施,不仅确保了劳动者能够获得符合其劳动价值的合理报酬,而且保障了其基本的工作条件和权益。这些政策法规的出台,有力地促进了社会公平的实现,维护了劳动市场的和谐稳定,为社会的可持续发展奠定了坚实的基础。通过这样的机制,劳动价值观不断地在现代社会中得到贯彻和强化,进而促进了整个社会对劳动尊重和价值认可的提升。

第四节　社会主义劳动关系

社会主义劳动关系是指在社会主义制度下,劳动者与生产资料所有者之间在生产过程中的相互关系。这种关系体现了劳动者主人翁地位和社会主义公平正义原则,以公有制和按劳分配为主体,旨在实现全体劳动者的共同富裕。在社会主义劳动关系中,劳动者享有平等就业、劳动保护、社会保险和职业培训等权利,用人单位则有责任保障劳动者的权益,促进劳动关系和谐稳定。同时,社会主义国家通过法律法规对劳动关系进行调整,确保劳动者和用人单位的合法权益得到充分保障,为构建社会主义和谐社会创造有利条件。

一、社会主义劳动关系概述

社会主义劳动关系是在社会主义制度下,劳动者以生产资料共同所有者和生产过程的管理者的身份从事劳动,这种关系赋予劳动新的意义。在社会主义社会,劳动的社会性质是直接受生产资料所有制的不同形式决定的。生产资料与劳动者结合的方式不同,劳动的社会性质也就因之而异。

(一)社会主义劳动的性质

在社会主义社会,建立了生产资料社会主义公有制,劳动者与生产资料直接结合起来,人与人的关系发生了根本变化,劳动的性质也发生相应的变化,劳动第一次成为光荣的事业。

(二)社会主义劳动的特点

社会主义劳动是一种普遍性的劳动。在社会主义社会,劳动者平等地占有生产资料,并同生产资料直接相结合,决定了每个有劳动能力的人不仅有可能,而且必须参加社会劳动。一方面,人们的生活消费品直接取决于自己付出的劳动;另一方面,劳动也是每个有劳动能力的公民应尽的义务。

(三)社会主义劳动与共产主义劳动的区别

社会主义劳动与共产主义劳动相比,具有质的不同。到了共产主义社会,生产力高度发展,产品极大丰富,笨重的体力劳动已经消失,劳动将不再是一种沉重的负担,而是人们生活和健康发展的第一需要。而社会主义社会,生产力发展还不够充分,社会产品也不够丰富,特别是旧式分工和笨重的体力劳动仍然存在,劳动对大多数人来说,在很大程度上还只能是为了谋取生活资料而不得不承受的一种负担,即个人谋生的手段。

(四)社会主义劳动关系的实践

社会主义社会的实践表明,社会主义劳动既不同于旧社会表现为私人劳动,又不同于共产主义社会表现为完全的充分的直接社会劳动。这是因为:①社会主义国家都没有发展到单一的社会公有制的水平,一般都还存在生产资料全民所有制和劳动群众集体所有制两种公有制形式,生产资料与劳动者相结合的范围具有很大差别。②全民所有的各个国营企业,还具有相对的独立性和企业自身的物质利益,在这个范围内的直接社会劳动虽然已开始形成,但往往又不能不保留一种局部社会劳动的形式。

(五)社会主义劳动关系的发展方向

社会主义劳动关系的发展,需要通过国家计划表现出直接社会劳动的形式,然而它又不可能表现为完全直接的社会劳动,还需要通过商品、货币迂回曲折地表现劳动的社会性质。只有到了共产主义社会,生产力有了极大的发展,旧式社会分工已经消除,人类的劳动才可能从一开始就表现为充分的完全的直接社会劳动。

二、社会主义劳动关系的主体和内容

(一)社会主义劳动关系的主体

劳动关系的主体主要包括劳动者和用人单位。在社会主义社会中,劳动者作为生产资料的共同所有者,享有平等的劳动权利和义务。用人单位则承担着组织和管理劳动者、保障劳动者权益的责任。

1.劳动者

权利:劳动者享有选择职业、获得劳动报酬、休息和休假、劳动安全与卫生保护、职业培训以及参与企业管理等权利。

义务:劳动者有义务完成规定的工作任务,遵守劳动纪律和职业道德,保守商业秘密,以及接受职业技能培训。

2.用人单位

责任:用人单位需为劳动者提供符合国家规定的劳动条件和劳动保护,按时足额支付劳动报酬,保障劳动者休息休假的权利,以及依法参加社会保险。

权利:用人单位有权根据生产、工作需要合理调配劳动力,制定内部劳动规则,以及要求劳动者遵守劳动纪律。

(二)社会主义劳动关系的内容

劳动关系的内容涉及劳动的组织、劳动报酬、工作时间与休息休假、劳动安全与卫生、职业培训、社会保险和福利等方面。

1.劳动的组织

工作任务:明确劳动者的工作任务和职责,确保劳动过程的有序进行。

劳动纪律:建立和维护劳动纪律,保障劳动生产率和工作质量。

2.劳动报酬

工资制度:建立公平合理的工资制度,确保劳动者获得与其劳动贡献相匹配的报酬。

最低工资：实行最低工资保障制度，保障劳动者基本生活需要。

3.工作时间与休息休假

工作时间：规定标准工作时间，控制加班加点，保障劳动者休息权利。

休息休假：确保劳动者享有法定节假日、带薪年假等休息休假权利。

4.劳动安全与卫生

安全标准：制定和执行劳动安全卫生标准，预防职业危害。

职业健康：开展职业健康检查，保护劳动者免受职业病和工伤的侵害。

5.职业培训

技能提升：组织职业技能培训，提高劳动者的职业技能和适应能力。

终身学习：鼓励和支持劳动者参与终身学习，不断提升个人素质。

6.社会保险和福利

社会保险：依法为劳动者缴纳养老、医疗、失业、工伤和生育保险。

福利待遇：提供必要的福利待遇，如住房补贴、交通补贴等，改善劳动者的生活条件。

三、社会主义劳动关系的法律保障

(一)劳动法律体系

社会主义国家的劳动法律体系是保障劳动关系和谐稳定的重要基石。这一体系涵盖了劳动法典、劳动合同法、劳动争议调解仲裁法、社会保险法等法律法规，确保了社会主义劳动关系的合法性、公正性和稳定性。

1.劳动法典

内容涵盖：劳动法典通常规定了劳动关系的基本准则，包括劳动者和用人单位的权利与义务、劳动合同的签订与履行、劳动条件和劳动保护等。

实施效果：通过劳动法典的实施，劳动者的合法权益得到了有效维护，用人单位的合法权利也得到了保障。

2.劳动合同法

合同形式：劳动合同法明确了劳动合同的类型、签订程序，合同的履行与变更、解除与终止等。

权益保护：劳动合同法强化了对劳动者权益的保护，确保了劳动者在合同关系中的合法权益。

3.劳动争议调解仲裁法

争议解决:劳动争议调解仲裁法为劳动争议提供了调解和仲裁的法律程序,确保了争议的及时、公正解决。

程序公正:通过明确的调解和仲裁程序,保障了劳动争议双方的合法权益,维护了劳动关系的和谐。

4.社会保险法

保险种类:社会保险法规定了养老、医疗、失业、工伤和生育保险等社会保险的种类和实施细则。

覆盖范围:社会保险法确保了劳动者在遇到老年、疾病、失业、工伤和生育等情况时,能够得到必要的社会保障。

(二)劳动法律的实施与监督

劳动法律的有效实施和监督对于保障劳动者和用人单位的合法权益至关重要。

1.劳动监察

监察机构:各级劳动监察机构负责监督检查劳动法律的执行情况,确保用人单位遵守劳动法律法规。

违法行为处理:对违反劳动法律的行为,劳动监察机构有权依法进行查处,保护劳动者的合法权益。

2.劳动争议处理

争议调解:劳动争议发生时,首先通过调解方式解决,调解不成的,可以申请劳动仲裁。

劳动仲裁:劳动仲裁是解决劳动争议的重要法律手段,仲裁机构依法独立、公正地进行仲裁。

3.法律援助

法律咨询:为劳动者提供法律咨询服务,帮助他们了解自身权益,指导如何依法维权。

法律代理:对于经济困难的劳动者,提供法律代理服务,确保他们在劳动争议中能够得到法律的支持和帮助。

(三)劳动者权益的法律保护

劳动者权益的法律保护是社会主义劳动法律体系的核心内容。

1.工资支付保障

按时足额支付：用人单位必须依法按时足额支付劳动者工资，不得无故拖欠。

最低工资标准：国家制定最低工资标准，保障劳动者的基本生活水平。

2.休息休假权利

工作时间规定：严格执行国家关于工作时间的规定，保障劳动者的休息权利。

休假制度：完善带薪年假等休假制度，确保劳动者能够合理安排工作与休息。

3.安全卫生保护

安全标准：用人单位必须遵守国家劳动安全卫生标准，为劳动者提供安全的工作环境。

职业病防治：加强职业病的预防、控制和治疗，保护劳动者免受职业病的侵害。

4.职业培训与发展

技能培训：用人单位应为劳动者提供职业技能培训，提高其职业竞争力。

职业发展：鼓励和支持劳动者进行职业发展规划，实现个人职业生涯的发展。

通过上述法律保障措施，社会主义劳动关系得以在法律框架内健康、有序地发展，劳动者的权益得到了有效的维护，用人单位的责任也得到了明确的规范。

第五节　大学生应树立正确的劳动价值观

大学生作为国家未来的栋梁，肩负着社会主义现代化建设的重任，应当树立起正确的劳动价值观。这不仅是为了培养他们勤奋劳动、自主创业的精神风貌，更是为了塑造他们诚实守信、团结协作的优秀品质。在新时代的征程中，大学生应将劳动视为实现自我价值、服务社会的重要途径，以辛勤劳动为荣，以好逸恶劳为耻，努力成为既有理论知识，又有实践能力的复合型人才。通过参与各种劳动实践，他们可以更好地理解劳动的内涵和意义，进一步激发自己的创新潜能，为国家的繁荣富强贡献自己的力量。大学生应时刻牢记自己的使命，用自己的劳动奋斗谱写新时代的青春之歌。

一、当前大学生劳动价值观的特点

当前大学生的劳动价值观呈现出多元化和时代性的特点。随着社会的发展和教育的普及，大学生对劳动的认识逐渐深入，他们普遍认为劳动不仅是实现个人价值的途径，更是社会进步和文明发展的基础。

多元化价值观:大学生群体中,劳动价值观呈现出多样化的趋势。一部分学生倾向于追求个人职业发展和物质回报,而另一部分则更加注重劳动的社会意义和精神层面的满足。

创新意识:在新时代背景下,大学生更加重视劳动中的创新和创造性,他们愿意通过劳动实现自我价值,推动社会创新。

实践导向:越来越多的大学生认识到理论知识与实践能力结合的重要性,他们倾向于通过实践活动来提升自己的劳动技能和职业素养。

二、影响大学生劳动价值观的因素

大学生劳动价值观的形成是一个复杂的过程,受到多种因素的影响。

教育背景:高等教育机构的教育理念和课程设置对学生的劳动价值观有着直接的影响。例如,强调实践教学和劳动教育的高校能够更好地培养学生的劳动意识。

家庭环境:家庭是个体价值观形成的第一个环境,家庭对劳动的态度和看法会在很大程度上影响大学生的劳动价值观。

社会文化:社会文化背景,包括社会对劳动的普遍看法、媒体宣传、公共政策等,都会对大学生的劳动价值观产生影响。

经济状况:经济发展水平和就业市场状况也会影响大学生对劳动的看法。在经济繁荣时期,大学生可能更加重视劳动的经济回报;而在经济不景气时期,他们可能更加注重劳动的稳定性和安全性。

个人经历:每个人的个人经历,包括实习、兼职、志愿服务等,都会对其劳动价值观产生影响。通过亲身体验劳动,大学生能够更深刻地理解劳动的价值和意义。

可以看出,大学生的劳动价值观受到多方面因素的影响,并且随着社会的发展和个人经历的积累,这一价值观也在不断地发展和变化。

总之,劳动价值观是个人发展的重要基石。正确的劳动价值观能够引导大学生形成积极的人生观和价值观,促进其全面发展。大学生树立正确的劳动价值观对于个人和社会都具有重要的意义。这不仅有助于个人的成长和职业发展,也是推动社会进步和经济发展的关键因素。

知识拓展

第三章

劳动精神、劳模精神与工匠精神

第一节　劳动精神

劳动精神是中华优秀传统文化的重要组成部分,具有深厚的文化底蕴、科学的理论指引和坚实的实践基础。在长期的社会实践中,劳动精神被培育和弘扬,成为推动社会进步和文明发展的重要力量。

一、劳动精神的定义与内涵

(一)劳动精神的基本概念

劳动精神是指崇尚劳动、热爱劳动、辛勤劳动、诚实劳动的精神。它体现了对劳动的尊重和价值追求,以及在劳动过程中展现出的积极态度和行为实践。

(二)劳动精神的核心价值

劳动精神的核心价值体现在以下几个方面。

1.崇尚劳动

劳动是人的基本权利和义务,是社会财富和文明进步的源泉。崇尚劳动,就是要在心灵深处树立对劳动的崇敬之情,对辛勤劳动者持有最基本的尊重。劳动不仅仅是一种谋生的手段,更是一种充满光荣与崇高的事业,它蕴含着人类对美好生活的追求和对社会发展的巨大贡献。在劳动中,人们发挥自己的才能和力量,通过智慧和汗水,编织出丰富多彩的生活,筑就坚实的社会基础。因此,崇尚劳动,就是崇尚创造与进步,崇尚每一位勤劳的劳动者,他们用双手书写着属于自己的辉煌,也共同书写着社会的繁荣与文明的篇章。

2.热爱劳动

热爱劳动是劳动精神的情感基础。这种情感基础促使个体在劳动中展现出积极主动的态度,通过内在动机的激发,推动个体不断超越自我,实现自我潜能的最大化。热爱劳动与个体的工作满意度、职业成就以及创新能力密切相关,它不仅是个体情感的体现,也是推动社会进步和经济发展的关键因素,对于构建和谐劳动关系、促进社会稳定具有重要的理论和实践意义。

3.辛勤劳动

辛勤劳动是劳动精神的行为表现。它是一种积极的工作态度和行为模式,它要求个体在劳动过程中展现出高度的专注、持续的努力和不懈的奋斗精神。这种精神促使人们在面对挑战和困难时,能够坚持不懈,通过不断的实践和探索,积累经验,提升技能,从而实现个人能力的提升和创新思维的培养。同时,辛勤劳动还体现了一种对社会责任的承担,它鼓励人们在劳动中追求卓越,为社会创造价值,促进经济的繁荣和社会的和谐。此外,辛勤劳动也是个人自我实现和职业发展的重要途径,通过辛勤的工作,个体能够实现自我价值,获得成就感和社会认同,进而在职业生涯中取得更大的成功和满足。

4.诚实劳动

诚实劳动是劳动精神的道德要求,它要求我们在劳动中坚守诚信原则,以一种负责任的态度对待每一项工作。这种精神不仅是对个人品德的体现,也是社会和谐与可持续发展的基石。它鼓励我们在专业领域内不断学习和提升,以高质量的成果回馈社会,同时在团队中以诚实守信的态度相互协作,共同为实现目标而努力。诚实劳动还激发我们勇于创新和探索,尊重传统与规则的同时,尝试新方法,推动工作和事业的发展。此外,它作为文化传承的载体,将优秀的价值观传递给下一代,促进个人成长和自我实现。通过诚实劳动,我们不仅能够赢得他人的尊重和信任,还能为构建一个更加公正、诚信、充满活力的社会环境贡献力量。

二、劳动精神的历史渊源

(一)中国传统文化中的劳动观念

中国传统文化中,劳动观念源远流长,具有深厚的历史根基。自古以来,中华民族就以勤劳著称,崇尚劳动、勤劳致富的观念深入人心。

1.古代哲学中的劳动观

儒家思想强调"勤俭持家"。这是一种深植于中国传统文化的核心价值观念,它强调通过勤劳和节俭的生活方式来维持家庭和社会的和谐与稳定。"勤"字体现了儒家倡导的勤劳精神,即通过不懈努力和持续工作来实现个人价值和社会目标,这与劳动观中的勤劳精神相呼应,认为劳动是实现个人价值和社会贡献的重要手段。"俭"字则体现了对劳动成果的尊重和珍惜,强调节俭不仅是对物质资源的节约,也是对劳动价值和尊严的维护。此外,"勤俭持家"还与儒家的道德修养、社会责任、个人发展、社会秩序维护以及文化传承等理念相融合,通过倡导勤劳和节俭的生活方式,促进个人修身、家庭和谐、社会稳定和文化繁荣。因此,"勤俭持家"不仅是个人行为的准则,也是维护社会和谐与推动文化发展的重要力量,体现了儒家思想中劳动与道德、责任、发展和文化传承的内在联系。

道家提倡"无为而治"。这种思想体现在对自然法则的遵循、内在动力的激发、简约而不简单的工作方式、和谐共生的劳动关系、自我修养与自我实现、劳动与休息的平衡、劳动的内在价值以及劳动的自主性等方面。"无为而治"倡导顺应自然规律,减少外在强制,激发个体内在动力,追求高效简洁,建立和谐劳动关系,并通过劳动实现个人的精神成长和自我完善。它强调在劳动与休息之间寻求平衡,避免过度劳累,保持身心健康,同时认识到劳动不仅仅是为了生存,更是为了实现个人的价值和社会的进步。这种思想鼓励劳动者根据自己的意愿和能力,自主选择劳动内容和方式,实现劳动的真正意义和价值。通过这种理解和实践,我们可以在劳动中寻求与自然、社会和自我的和谐共生,促进个人的全面发展和社会的和谐进步。

《易经》中的"天行健,君子以自强不息"揭示了自然界的运行规律,即天体运行不息,象征着一种永恒不变的动力和活力。意思是君子(即有道德修养的人)应当效仿自然界的这种恒定和坚韧,通过不断地努力和自我完善来强化自身,不因外界环境的变化而放弃追求和进步。劳动不仅是实现物质需求的手段,更是个人不断自我超越、实现潜能的平台。在这一过程中,劳动者被鼓励保持积极向上的态度,面对挑战和困难时不屈不挠,通过劳动实现自我价值和社会贡献,展现出一种与自然法则相协调的生命力和创造力。这种自强不息的精神,既是对个人劳动态度的要求,也是对社会成员的一种普遍期望,它激励人们在劳动中不断追求卓越,实现个人与社会的和谐发展。

2.历史人物的劳动精神

诸葛亮的名言"鞠躬尽瘁,死而后已"深刻体现了一种至高无上的劳动精神和职业奉献精神。这句话表达了对工作无限忠诚和全力以赴的态度,即使面对极端困难和挑战,也要坚持到底,不遗余力地贡献自己的力量,直至生命的最后一刻。这种精神强调了对职责的无限尊重和对工作的极端投入,鼓励人们以高度的责任感和使命感投身于自己的职业和工作之中。它倡导的是一种不畏艰难、勇于担当、持续奋斗的工作态度,无论遇到何种逆境,都要坚守岗位,尽职尽责,直至完成任务。

岳飞的名言"精忠报国",体现了一种深厚的爱国主义精神和对国家、民族的无限忠诚,这与劳动精神中的敬业奉献、责任感和使命感有着密切的联系。这种精神鼓励人们将个人的工作和努力与国家的发展和利益紧密相连,通过自己的专业技能和辛勤劳动为国家的繁荣和强盛作出贡献。它强调了在任何岗位上都应持有的忠诚和敬业态度,无论是在国家建设的前线还是在平凡的日常工作中,都应以高度的责任心和使命感,全力以赴地完成自己的任务和职责。这种精神倡导的是一种超越个人利益,将个人劳动与国家命运紧密相连的价值观,激励人们在各自的领域内追求卓越,以实际行动践行对国家的忠诚和对民族的责任。

明代著名医学家李时珍,以其毕生精力编纂的《本草纲目》闻名于世。他不畏艰险,深入民间,广泛搜集和研究各种草药,亲自尝试和验证药性,以确保《本草纲目》的科学性和实用性。李时珍的这种勇于探索、精益求精、造福人民的劳动精神,不仅丰富了中医药学的宝库,也为后世医学研究和实践提供了宝贵的经验和启示。他的故事告诉我们,劳动不仅是辛勤的付出,更是智慧的探索和对社会责任的承担,我们应该以勇于探索的精神、精益求精的态度和造福人民的情怀,不断推动医学事业的发展和社会的进步。

3.民间传说与劳动

"愚公移山"的故事,生动体现了坚韧不拔、持之以恒的劳动精神。愚公面对巨大的困难和挑战,没有选择放弃,而是以坚定的信念和不屈不挠的意志,带领家人和乡邻共同移除阻挡家园的两座大山。这个故事传达了几个核心要素:首先是目标明确,愚公清晰地认识到移山对于改善生活环境的重要性;其次是坚持不懈,即使面对外界的质疑和嘲笑,愚公依然坚持自己的行动;再次是团结协作,愚公动员全家乃至乡邻共同参与,展现了集体力量的巨大潜力;最后是代代相传,愚公的子孙继续他的事业,体现了劳动精神的传承和延续。愚公移山的故事告诉我们,只要有坚定的信念、不懈的努力和团结的力量,即使是最艰巨的任务也能够完成。这是劳动精神在民间传说中的生动体现。

"大禹治水"的故事深刻体现了无私奉献、坚持不懈和智慧创新的劳动精神。大禹在治理洪水的过程中,展现了对国家和人民的深切关怀,他三过家门而不入,体现了他对公共事业的极端敬业和牺牲精神。面对洪水这一巨大挑战,大禹没有退缩,而是持之以恒地探索和实践,最终成功地疏通河道,平息了水患。他的故事还强调了智慧和创新的重要性,大禹通过观察自然、总结经验,运用了疏导而非硬堵的方法,展现了劳动中的创新思维和科学态度。大禹治水的故事告诉我们,面对困难和挑战,我们应该以坚定的信念、不懈的努力和智慧的方法,为社会的进步和人民的福祉贡献自己的力量。

(二)马克思主义劳动观的影响

马克思主义劳动观对中国劳动精神的形成和发展产生了深远的影响。

马克思认为劳动是人的本质活动,是人与动物区别的根本标志。这一观点深刻影响了人们对劳动的认识和评价,促使人们认识到劳动不仅是生产物质财富的手段,更是人类实现自我价值、促进社会发展的重要途径。在中国,劳动被赋予了崇高的道德价值和社会意义,被视为推动社会进步和文明发展的根本动力。劳动精神被推崇为一种重要的文化传统和精神追求,它强调勤奋、创新、奉献和团结,鼓励人们通过诚实劳动实现个人价值和社会贡献。在中国的社会主义建设中,劳动人民的地位被提升到前所未有的高度,劳动教育和劳动实践成为培养全面发展人才的重要途径。马克思关于劳动的观点,为中国构建和谐劳动关系、推动经济高质量发展提供了理论指导和价值支撑,促进了社会对劳动的尊重和劳动者权益的保障。

新中国成立后,劳动模范的评选和表彰制度作为社会主义精神文明建设的重要组成部分,被赋予了推动劳动精神和促进社会主义核心价值观的重要使命。这一制度通过表彰那些在各自岗位上做出杰出贡献的劳动者,不仅肯定了他们的劳动成果,更弘扬了劳动最光荣、劳动最崇高、劳动最伟大、劳动最美丽的社会风尚。劳动模范的先进事迹,以其生动的实践和深刻的内涵,成为激励广大劳动者积极投身社会主义建设的强大精神动力。这些模范人物以其卓越的劳动表现、创新精神和奉献品质,成为全社会学习的楷模,引领着广大劳动者追求卓越、勇于创新、甘于奉献,为国家的繁荣富强和社会的全面进步贡献智慧和力量。劳动模范评选和表彰活动的持续开展,不仅提升了劳动者的社会地位和职业荣誉感,而且促进了社会主义劳动伦理的构建,为构建和谐劳动关系、推动经济高质量发展提供了强大的精神支撑和文化引领。

劳动精神作为中华优秀传统文化与马克思主义劳动观相结合的产物,在中国社会发展的历史长河中扮演了至关重要的角色。这一精神的内涵随着时代的变迁而不断丰富和发展,展现出鲜明的时代特色和历史阶段性。在封建社会,劳动精神主要体现为勤劳节俭、敬业乐群的传统美德;进入近代,随着民族资本主义的兴起和工人阶级的出现,劳动精神逐渐融入了争取劳动权益、实现社会公平的现代元素。新中国的成立,特别是改革开放以来,劳动精神进一步与社会主义核心价值观相融合,强调了劳动的创造性、社会性和奉献性,成为推动经济建设、促进社会和谐、实现民族复兴的强大精神动力。劳动精神的培育和发展,不仅促进了劳动者素质的全面提升,增强了全社会的劳动意识和劳动技能,而且为构建中国特色社会主义劳动伦理体系、推动人的全面发展和社会全面进步提供了坚实的价值支撑和精神引领。在全球化和信息化的今天,劳动精神更被赋予了创新驱动、知识引领、技能支撑的时代内涵,激励着广大劳动者在新的历史条件下,以更加开放的视野、更加创新的思维、更加扎实的劳动,为实现中华民族伟大复兴的中国梦贡献力量。

三、劳动精神的现代实践

(一)当代中国劳动精神的体现

在当代中国,劳动精神不仅被赋予了新的时代内涵,而且在各个领域得到了广泛的实践和体现。

1.科技创新中的劳动精神

随着科技的迅猛发展,劳动精神在科技创新领域得到了新的诠释与实践,尤其在中国航天工程的辉煌成就中有着生动体现。这一精神贯穿于从"两弹一星"到"嫦娥"探月工程,再到"天宫"空间站建设等重大科技项目。每一次技术飞跃与重大突破,都是科研人员以高度的敬业精神、创新意识和奉献情怀,通过辛勤劳动和不懈追求实现的。这些成就不仅彰显了劳动精神的时代价值,也体现了劳动精神在科技领域的具体实践和创新发展。在这一过程中,劳动精神被赋予了新的时代内涵,即对知识的追求、对创新的执着以及对卓越的不断探索。科研人员以严谨的科学态度、精湛的专业技能和团队协作精神,攻克了一个又一个技术难题,实现了从理论到实践的跨越,推动了科技进步和社会发展。他们的工作不仅体现了劳动的创造性和建设性,更凸显了劳动在推动人类文明进步中的核心作用。此外,劳动精神在科技创新领域的体现,也促进了科技伦理的建设,强调了科研工作的社会责任和道德规范。科研人员在追求科技创新的同时,也注重科技成果的社会价值和伦理边界,确保科技进步服务于人类的可持续发展和共同福祉。因此,劳动精神在科技领域的新诠释,不仅推动了科技自身的发展,也为构建和谐社会、实现人的全面发展提供了重要支撑。

2.经济发展中的劳动精神

在经济建设中,劳动精神同样发挥着重要作用。中国自改革开放以来,经济的快速发展和人民生活水平的显著提高,都离不开广大劳动者的辛勤付出和诚实劳动。这一时期,劳动精神不仅体现为对生产效率和工作质量的不懈追求,更升华为一种推动经济结构转型和社会全面进步的动力源泉。劳动者的辛勤付出,通过其创造性劳动,为经济的持续健康发展注入了强大动力。他们以实际行动诠释了敬业、精业、勤业的职业操守,促进了生产力的解放和发展,加速了工业化、信息化的深度融合。诚实劳动则为社会主义市场经济的繁荣稳定提供了坚实基础,保障了经济活动的公平性和效率性,为构建和谐劳动关系、实现社会公平正义作出了积极贡献。此外,劳动精神在经济建设中的作用还表现在对劳动者自身素质的提升和全面发展的促进上。随着经济全球化和知识经济的兴起,劳动者不断通过学习和实践,提高自身的专业技能和创新能力,以适应经济发展的新要求。劳动精神的培育和弘扬,为劳动者提供了实现自我价值和社会价值的平台,激发了他们的积极性、主动性和创造性,为经济建设和社会发展贡献了智慧和力量。

3.社会服务中的劳动精神

在社会服务领域,劳动精神同样得到了充分的体现。特别是在面对自然灾害和公共卫生危机等重大社会挑战时,广大劳动者展现出了无私的奉献精神和勇于担当的责任意识。这些劳动者,无论是医护人员、科研工作者、社区工作者还是志愿者,都以实际行动践行着劳动精神的核心价值。在抗击自然灾害的过程中,劳动者们不畏艰险,迅速响应,积极参与救援工作,保障了受灾群众的生命安全和基本生活需求。他们的行动不仅体现了对社会责任的深刻理解和承担,也彰显了劳动精神在应对突发公共事件中的重要作用。在抗击疫情的斗争中,劳动者们更是站在了前线,无论是在医疗救治、病毒研究、物资保障还是在社会管理等各个环节,他们都以高度的专业性和敬业精神,为控制疫情蔓延、保护人民健康作出了巨大贡献。这种在危机中挺身而出的行为,是对劳动精神中奉献、勇气和责任感的最好诠释。此外,劳动精神在社会服务领域的体现,也促进了社会治理体系和治理能力现代化的进程。劳动者们的专业服务和辛勤工作,提高了社会服务的效率和质量,增强了社会的整体凝聚力和抵御风险的能力。他们的无私奉献和勇于担当,为构建和谐社会、维护社会稳定提供了坚实的支撑。

(二)劳动精神与社会主义核心价值观的结合

劳动精神与社会主义核心价值观的结合,是当代中国社会发展的重要特征,主要体现在以下几个方面。

1.劳动精神与"富强"

劳动精神与社会主义核心价值观中的"富强"相契合,强调通过劳动创造社会财富,实现国家的繁荣富强。在这一理念指导下,劳动不仅是谋生的手段,更是实现个人价值、促进社会和谐、推动国家发展的根本途径。劳动精神倡导的是通过诚实劳动、勤奋工作来创造物质财富和精神财富,提高社会生产力,增强国家的综合国力。它体现了对劳动的尊重和对劳动者的尊重,认为劳动是一切价值的源泉,是推动社会进步的根本力量。劳动精神鼓励人们以积极的态度参与劳动,以创新的精神推动劳动,不断提高劳动质量和劳动效率,为国家的经济发展和社会进步作出贡献。

2.劳动精神与"民主"

劳动精神与"民主"相结合,体现了劳动者在社会管理中的主体地位,鼓励劳动者积极参与社会事务,共同推动社会进步。在这一过程中,劳动精神强调每个劳动者都有权利和责任参与到社会决策、管理和监督中,通过各种途径和形式表达自己的意愿和诉求,共同促进社会公平正义和民主法治的实现。劳动者的积极参与,是社会主义民主政治建设的重要基础。劳动精神倡导的民主参与,不仅包括对经济建设和社会事务的参与,也包括对文化、教育、科技等领域的广泛介入。这种参与是劳动者实现自我价值、提升自我素养的重要途径,也是社会不断吸纳新鲜血液、激发创新活力的重要机制。此外,劳动精神与民主的结合,还体现了对劳动者智慧和创造力的尊重。在社会主义民主政治的实践中,劳动者通过各种民主渠道,如职工代表大会、社区议事会等,参与到社会管理和公共政策的制定中,使得政策更加贴近民生、反映民意,增强了政策的针对性和有效性。劳动精神与民主的结合,也是推动社会主义政治文明发展的重要力量。它促进了社会主义民主制度的完善和发展,提高了社会主义民主政治的质量和水平。在这一过程中,劳动者的主体性得到了充分发挥,社会主义民主的广泛性、真实性和有效性得到了进一步体现。

3. 劳动精神与"文明"

劳动精神与"文明"相结合,强调在劳动中追求精神的升华和文化的繁荣,促进社会主义精神文明建设。这种结合体现了劳动不仅是实现物质生产和经济建设的手段,也是丰富人民精神世界、提升国民文化素质、塑造社会文明风尚的重要途径。在这一理念指导下,劳动精神倡导的是一种全面发展的劳动观念,它鼓励劳动者在从事物质生产的同时,注重个人品德的修养、专业技能的提升和创新思维的培养。通过劳动,劳动者不仅能够创造物质财富,满足社会的物质需求,也能够在劳动实践中实现自我价值,提升自我素养,促进个人的精神成长和文化修养。劳动精神与文明的结合,也强调了劳动对于传承和发扬中华优秀传统文化、革命文化和社会主义先进文化的重要性。在劳动中,劳动者通过创造性的工作,不断推动文化创新,丰富文化表达,使文化在劳动中得以传承和发展,增强了民族文化的生命力和创造力。此外,劳动精神与文明的结合,还体现了对社会主义核心价值观的践行和弘扬。它鼓励全社会尊重劳动、尊重知识、尊重人才、尊重创造,营造了积极向上、文明健康的社会风尚,为社会主义精神文明建设提供了强大的精神动力和文化支撑。

4. 劳动精神与"和谐"

劳动精神与"和谐"相结合,倡导在劳动中实现人与人、人与自然的和谐共处,推动社会的和谐发展。在这一精神指导下,劳动不仅是经济活动的基础,也是社会关系和社会秩序的调节器,对于维护社会稳定、促进社会和谐具有不可替代的作用。劳动精神强调在劳动中实现个体与集体、劳动者与劳动环境之间的平衡与协调。它倡导建立公平合理的劳动关系,保障劳动者的合法权益,实现劳动者之间的平等与和谐。同时,劳动精神也强调尊重自然、保护环境,倡导绿色劳动、可持续劳动,以实现人与自然的和谐共处,促进经济社会发展与生态环境保护的协调统一。此外,劳动精神与和谐理念的结合,也体现了对社会主义核心价值观的深化和实践。它鼓励全社会形成尊重劳动、尊重劳动者的良好氛围,推动形成公平正义、诚信友爱、充满活力、安定有序、人与自然和谐相处的社会环境。弘扬这种劳动精神,有助于增强社会的凝聚力和向心力,构建社会主义和谐社会。劳动精神与和谐理念的结合,还促进了社会主义和谐文化的发展。在劳动中,劳动者通过创造性的工作,不仅满足了物质需求,也丰富了精神生活,推动了文化的交流与融合,增强了文化认同感和归属感,为社会主义文化的繁荣发展提供了坚实的基础。

总之,劳动精神的现代实践,不仅体现在物质文明的建设上,更体现在精神文明的培育上。它与社会主义核心价值观的结合,为中国特色社会主义事业的发展提供了强大的精神动力和道德支撑。

四、劳动精神的时代价值

(一)劳动精神对社会发展的推动作用

劳动精神作为社会发展的重要精神动力,其在新时代的价值体现在多个层面。

1.经济增长

劳动精神激发了劳动者的创造力和生产力,促进了经济的持续增长和社会财富的积累。

国家统计局数据显示,中国 GDP 从 1978 年的 3679 亿元到 2023 年的 120 万亿元以上,这一增长与广大劳动者的辛勤劳动密不可分。

2.科技进步

劳动精神鼓励人们在科技领域不断探索和创新。例如,中国在 5G、人工智能、量子计算等前沿科技领域取得的突破,正是劳动精神在新时代的具体体现。

3.文化繁荣

劳动精神促进了文化的繁荣发展。在文学、艺术、影视等领域,劳动者通过辛勤劳动创作出大量优秀的文化作品,丰富了人们的精神生活。

4.社会和谐

劳动精神倡导公平正义,促进了社会的和谐稳定。通过劳动,人们实现自身价值,增强了社会凝聚力和向心力。

(二)劳动精神在新时代的传承与发展

劳动精神在新时代的传承与发展,需要与时俱进,不断创新。

1.教育引导

通过教育引导,培养青少年的劳动观念,使他们从小就树立正确的劳动价值观。首先,教育引导要贯穿于青少年成长的全过程,从基础教育到高等教育,从课堂学习到社会实践,都要注重劳动精神的培育和弘扬。通过课堂教学,传授劳动知识,讲解劳动技能,使青少年了解劳动的重要性和价值;通过社会实践,让青少年亲身参与劳动,体验劳动的艰辛与乐趣,培养他们的劳动习惯和劳动能力。其次,教育引导要注重个性化和差异化,根据不同年龄段青少年的身心特点和认知水平,采取不同的教育方法和手段。对于低龄儿童,可以通过游戏、故事等形式,培养他们的劳动兴趣和劳动意识;对于青少年,可以通过志愿服务、勤工俭学等形式,锻炼他们的劳动技能和劳动品质。再次,教育引导要与时代发展相结合,紧跟科技进步和社会发展的步伐,不断更新劳动观念和劳动内容。在人工智能、大数据等新技术广泛应用的背景下,要引导青少年树立智能化劳动、创造性劳动的新观念,培养他们适应新时代劳动要求的能力和素质。此外,教育引导还要与家庭教育、社会教育相结合,形成全社会共同参与劳动精神传承与发展的良好局面。家庭是青少年劳动观念形成的第一课堂,家长要以身作则,树立正确的劳动观念,为孩子营造良好的劳动环境;社会各方面也要积极参与,通过媒体宣传、文化活动等形式,营造尊重劳动、崇尚劳动的社会氛围。

2.法律保障

通过法律法规的制定与实施,确立劳动者的合法权益,是构建和谐劳动关系、营造尊重劳动和尊重人才社会氛围的关键措施。《中华人民共和国劳动法》的实施,正是这一法律保障体系的重要组成部分,它为劳动者提供了基本的工作权利、劳动报酬、工作条件、休息休假以及职业安全健康等法律保障。法律保障的实施,有助于规范劳动市场秩序,确保劳动者在公平、公正的环境中参与劳动,从而激发其劳动热情和创造力。这不仅提升了劳动者的获得感、幸福感和安全感,而且促进了劳动生产率的提高和经济的持续健康发展。同时,法律保障还强化了对劳动者权益的监督和维护,通过劳动监察、劳动争议处理等机制,及时解决劳动关系中的问题,保障劳动者的合法权益不受侵害。此外,法律保障也是推动劳动精神传承与发展的重要手段。通过法律法规的宣传教育,提高全社会对劳动精神的认识和尊重,形成崇尚劳动、尊重劳动者的良好社会风尚。这不仅有助于培养青少年的劳动观念,也有助于提升劳动者的职业荣誉感和社会地位,从而为劳动精神的传承与发展提供坚实的社会基础。在新时代背景下,劳动法律保障体系还需要不断完善和发展。随着经济社会的快速发展和劳动形态的多样化,劳动法律保障也需要适应新情况、解决新问题。例如,对于非正规就业、平台经济等新型劳动形态,需要制定相应的法律法规,明确劳动者的权利和义务,保障其合法权益。同时,还需要加强国际劳动法律的交流与合作,借鉴国外先进的劳动法律制度,提升我国劳动法律保障的国际化水平。

3. 文化建设

文化建设在劳动精神的传承中起着至关重要的作用。通过举办各种文化活动,如劳动技能竞赛、劳动成果展览、劳动文化节等,不仅展示了劳动者的智慧和创造力,也增强了劳动者的职业荣誉感和社会认同感。这些活动作为劳动文化的载体,有助于构建积极向上的劳动文化氛围,激发劳动者的积极性、主动性和创造性。媒体宣传在劳动文化的传播中扮演着不可或缺的角色。通过电视、广播、报纸、互联网等多种媒介,广泛宣传劳动模范的先进事迹和劳动精神的时代价值,能够进一步扩大劳动精神的影响力,促进劳动精神在全社会的广泛传播和深入人心。特别值得一提的是,"五一"国际劳动节作为劳动者的共同节日,各地每年在此期间举办的庆祝活动,不仅是对劳动者辛勤付出的肯定和尊重,更是对劳动精神的一次集中展示和弘扬。通过表彰劳动模范和先进工作者,树立行业标杆,激励广大劳动者学习先进、争当先进,不断为社会主义现代化建设贡献力量。此外,劳动文化建设还需要与时俱进,不断创新内容和形式,以适应新时代的要求。例如,可以结合现代信息技术,开发劳动教育的数字化产品,如在线劳动教育课程、虚拟现实劳动体验等,使劳动精神的传承更加生动、直观和有效。

4. 国际交流

国际交流作为劳动精神全球传播的重要途径,不仅有助于提升中国劳动者的国际形象,也是推动构建人类命运共同体的实际行动。在这一过程中,中国劳动精神的独特价值和实践成果得到了国际社会的广泛认可。特别是在"一带一路"建设等重大国际合作项目中,中国劳动者所展现出的专业精神、敬业态度以及创新能力,不仅为中国赢得了声誉,也为全球发展贡献了中国智慧和中国方案。这种专业精神和敬业态度的展现,是劳动精神在国际舞台上的具体体现,也是中国文化软实力的重要体现。国际交流还为劳动精神的传承与发展提供了新的视角和动力。通过与不同国家和地区的劳动者交流,中国劳动者能够学习借鉴国际先进的劳动理念和实践经验,促进自身技能的提升和劳动方式的创新。同时,中国劳动精神的国际传播,也有助于增进国际社会对中国文化的了解和认同,推动构建更加公正合理的国际劳动分工体系。此外,国际交流还为劳动精神的创新提供了新的平台和机遇。在全球化背景下,劳动形态和劳动方式正在发生深刻变化,国际交流为中国劳动者提供了了解和适应这些变化的机会。通过参与国际合作项目,中国劳动者能够接触到新的劳动理念、技术和管理方式,促进劳动精神与国际劳动实践的有机融合,推动劳动精神在新时代的创新发展。

总之,劳动精神的传承与发展,不仅关系到个人的成长和社会的进步,也是实现中华民族伟大复兴中国梦的重要精神支柱。在新时代,劳动精神将继续激励着中国人民为实现更加美好的生活和社会的全面发展而不懈努力。

第二节　劳模精神

劳模精神作为推动社会进步和文明发展的关键动力,在历史的长河中扮演着至关重要的角色,在现代社会中,它依然是激励人们追求卓越、不断超越自我的精神源泉。它跨越时间和空间的限制,渗透到社会的各个层面和领域,成为引领人们向更高目标努力的灯塔。在不同的历史时期,劳动模范以其卓越的工作表现和崇高的精神风貌,成为时代的楷模,激励着一代又一代人以他们为榜样,不断追求自我完善和社会贡献。这些模范人物的事迹和精神,不仅丰富了社会文化的内涵,也为社会发展注入了源源不断的活力和创造力。通过对劳模精神的深入研究和广泛传播,我们可以更好地理解其在促进社会和谐、提升国家竞争力以及实现可持续发展中的重要作用。

一、劳模精神的内涵与价值

(一)劳模精神的定义

劳模精神是在中国社会主义建设过程中形成的一种崇高精神品质,它体现了劳动者在各自岗位上爱岗敬业、争创一流、艰苦奋斗、勇于创新、淡泊名利、甘于奉献的精神风貌。这种精神不仅是个人品德的体现,也是社会发展和进步的重要推动力。

(二)劳模精神的核心价值

劳模精神的核心价值在于其对个人、集体乃至整个社会的积极影响。具体有以下几个方面。

1.爱岗敬业

爱岗敬业是劳模精神的核心价值观之一,它强调对工作的热爱和投入。这种精神认为,无论从事何种职业,都应该全心全意地投入到工作中,以最高的热情和最专业的态度去完成每一项任务。因为每一份工作都是社会运转的重要部分,都承载着人们的生活需求和期望。所以,我们应该尊重每一份工作,全力以赴地做好自己的本职工作。这就是劳模精神所倡导的,也是我们每一个工作者应该秉持的态度。

2. 争创一流

追求卓越,不断超越自我,是每一位有志之士在所从事的行业或领域中努力成为佼佼者的坚定信念与不懈追求。他们深知,只有不断挑战极限,勇攀高峰,才能在激烈的市场竞争中立于不败之地。因此,他们将争创一流作为自己的人生目标,矢志不渝地为之奋斗,用实际行动诠释着卓越的追求和超越自我的精神。在追求卓越的道路上,他们勇于创新,锐意进取,不断提升自己的专业素养和技能水平,以期在行业或领域中脱颖而出,成为令人敬仰的佼佼者。正是这种不懈的努力和坚定的信念,使得他们不断靠近一流的标准,最终实现自己的人生价值。

3. 艰苦奋斗

艰苦奋斗作为劳模精神的重要组成部分,不仅是对劳动者在物质条件相对匮乏时期所表现出的坚韧不拔和自力更生精神的肯定,也是对当代劳动者在新时期面对复杂多变工作环境所应持有的积极应对态度的强调。这一精神体现了在面对困难和挑战时不屈不挠、勇往直前的工作态度和生活哲学。劳模精神中的艰苦奋斗不仅是对过去劳动精神的传承,也是对新时代劳动者面对新挑战时应有精神状态的期许。它要求我们在不断变化的社会环境中,持续发扬吃苦耐劳、勇于创新的精神,以实际行动推动社会的进步和发展。

4. 勇于创新

勇于创新不仅仅体现在辛勤工作和不懈努力上,更在于在面对挑战和困难时,能够敢于突破常规,勇于探索新的方法和途径。这种创新精神是推动社会进步和个人发展的强大动力,也是劳模们不断追求卓越的动力源泉。正是这种勇于创新的精神,使得劳模们能够在各自的领域中取得卓越的成就,为社会的发展作出了重要的贡献。

5. 淡泊名利

劳模精神的核心价值之一是淡泊名利,这种精神品质彰显了劳动者对事业的高度忠诚和纯粹追求。在他们看来,名利不过是过眼云烟,真正的价值在于对工作的执着坚守和对事业的无私奉献。这种境界让人感受到一股清新之风,仿佛置身于宁静的田园,远离了尘世的喧嚣。淡泊名利的精神,使得劳模们能够专注于自己的事业,不断进取,为国家和民族的繁荣作出了卓越贡献。他们用行动诠释了"春蚕到死丝方尽,蜡炬成灰泪始干"的崇高境界,让我们感受到了淡泊名利所带来的心灵洗礼。

6. 甘于奉献

甘于奉献的精神不仅仅体现在工作中,也体现在生活中。甘于奉献并不意味着要牺牲自己的利益,而是在自愿的基础上,出于对事业的热爱和责任感,愿意为他人和社会做出更多的贡献。这种奉献精神不仅能够激发个人的潜能,更能够带动周围的人,形成一种良好的社会风尚,推动社会的进步和发展。在当今社会,甘于奉献的劳模精神更是具有重要的意义。随着社会竞争的加剧,许多人过于关注个人利益,而忽视了集体和社会的利益。在这种情况下,劳模精神的传承和发扬显得尤为重要。只有通过甘于奉献,我们才能够实现个人与社会的和谐发展,共同创造一个更加美好的未来。

二、劳模精神的历史沿革

(一)劳模精神的历史发展

劳模精神作为中国社会主义建设的重要精神财富,其历史发展与中国社会的发展紧密相连。从新中国成立初期的艰苦创业,到改革开放后的快速发展,再到新时代的全面进步,劳模精神在不同历史时期都展现出了其独特的时代价值和内涵。

1. 新中国成立初期

在这一时期,劳模精神主要体现为对国家建设的无私奉献和对社会主义事业的坚定信念。

许多劳模在工业、农业、科技等领域作出了突出贡献,成为推动社会进步的重要力量。一些著名的劳模包括马万水、王进喜、时传祥等,他们以卓越的贡献和崇高的精神激励了一代又一代人。例如,王进喜被誉为"铁人",他用身体搅拌泥浆压井喷的精神成为劳模精神具象化的体现。这些劳模不仅在物质建设上作出了巨大贡献,更在精神文化层面上为社会提供了道德滋养和精神动力,成为民族的精英、人民的楷模,是共和国的功臣。

2. 改革开放时期

随着改革开放的深入,劳模精神在继承传统的基础上,更加注重创新和效率,涌现出一批在经济建设、科技进步等方面做出杰出贡献的劳模。例如,蒋筑英作为长春光机所的研究员,带领团队在光学领域取得突破;罗健夫通过研制图形发生器填补了电子工业的空白;百度的网络语音架构师贾磊只用半年时间就将完全自主研发的语音搜索系统上线,为中国本土的语音技术研发作出了不小的贡献;张黎明以其创新精神和对电力行业的贡献被授予改革先锋称号;申纪兰倡导的男女同工同酬的理念被纳入宪法;等等。这些劳模不仅在各自的岗位上取得了卓越成就,而且通过他们的事迹和精神,激励了一代又一代人为国家的现代化建设作出贡献。

3.新时代

自 2012 年中国特色社会主义进入新时代以来,我国表彰了一批杰出的劳动模范,他们在各自的领域和岗位上作出了卓越贡献,体现了劳模精神的时代价值。例如,王书茂作为海南省琼海市潭门镇潭门村党支部书记,不仅在南海维权斗争中表现出色,还带领群众发展休闲渔业,实现共同致富;艾爱国作为焊接领域的领军人物,50 多年来攻克了数百个技术难关,培养了众多技术人才;石光银在毛乌素沙漠营造了绿色长城,改善了生态环境,帮助群众脱贫;廷·巴特尔扎根牧区,探索出生态保护与经济发展相结合的新路子;买买提江·吾买尔在新疆伊宁县坚守岗位,维护民族团结;辛育龄作为胸外科领域的奠基人,取得了多项医学突破;张桂梅在贫困地区创办女子高中,帮助众多女孩圆梦大学;黄大发被誉为"当代愚公",带领村民开凿生命之渠;黄文秀放弃城市生活,投身脱贫攻坚,献出了宝贵生命;黄宝妹作为纺织工人的代表,勤勤恳恳工作并积极参与社会服务。这些劳模的事迹和精神,不仅彰显了个人的专业素养和奉献精神,更体现了新时代中国劳动者的风采和社会责任感,激励着更多人为实现中华民族伟大复兴的中国梦而努力奋斗。

(二)劳模精神在中国的传承

劳模精神的传承是中国社会发展的重要组成部分,它通过多种途径和形式在全社会得到广泛传播和实践。

1.教育引导

通过学校教育、媒体宣传等途径,将劳模精神的核心价值观融入国民教育体系中,培养青少年的爱国情操和社会责任感。这一过程涉及情感态度的培养,通过讲述劳模故事和组织劳模报告会,激发青少年对劳模的敬仰和对劳动的热爱。同时,教育引导着重于行为习惯的养成,通过劳动实践和志愿服务等活动,使青少年在实践中体验劳动的意义,形成良好的劳动习惯。此外,它还培育青少年的社会责任,鼓励他们以劳模为榜样,积极投身于国家和社会的发展事业。教育引导也倡导终身学习的理念,以适应知识更新迅速的当代社会,鼓励青少年不断学习新知识、掌握新技能。在全球化背景下,教育引导还注重多元文化的融合,培养青少年的国际视野,促进不同文化背景下人们对劳动精神相互理解和尊重。通过这些综合措施,劳模精神在青少年心中得到传承和实践,为社会和谐进步和文明发展提供了强大的精神动力和文化支撑。

2.实践活动

通过劳动竞赛、技能比武等实践活动,激发广大劳动者的创新精神和奋斗精神,推动劳模精神在各行各业的实践和发扬。这些活动不仅为劳动者提供了展示自我和提升技能的平台,而且有效地激发了广大劳动者的创新精神和奋斗精神,促进了劳模精神在各行各业的实践和发扬。实践活动通过激发创新动力、提升专业技能、培养竞争意识、强化团队协作、发挥示范作用以及追求社会认可,不仅增强了劳动者的社会认同感,而且形成了积极向上的劳动氛围。这些综合措施不仅提升了劳动者的个人职业技能和职业素养,而且促进了劳模精神的传承和发展,对于构建积极向上的劳动文化、推动社会主义精神文明建设具有深远的影响和重要的现实意义。

3. 政策支持

国家通过制定相关政策,表彰和奖励劳模,为劳模精神的传承和发展提供政策支持和保障。这些政策不仅通过制度建设确立了劳模评选的标准和程序,确保了劳模精神传承的规范性和权威性,而且通过建立和完善荣誉体系,使劳模的表彰和奖励成为国家和社会对其劳动贡献的正式认可。政策中的激励机制,包括物质奖励、职位晋升、学习培训等,有效地鼓励了劳动者追求卓越,提升自我。同时,政策支持还包括加大对劳模精神的社会宣传力度,通过媒体和公共宣传渠道,提高了劳模精神的社会影响力。此外,政策着重保护劳模的合法权益,为其创造良好的工作和生活条件,体现了国家对劳动者的关怀和尊重。最后,政策还强调将劳模精神融入国家文化建设中,通过教育、文艺作品等形式,使劳模精神成为民族文化的重要组成部分,从而为劳模精神的传承提供了坚实的政策基础,强化了劳动的价值和社会认同,促进了社会主义核心价值观的深入人心,为构建和谐劳动关系、推动社会全面进步提供了强大的精神动力和文化支撑。

4. 社会认可

社会认可不仅体现了对劳动价值和劳动者贡献的高度认同,而且通过塑造正面的社会典范,引导社会风气和价值观,促进了社会主义核心价值观的广泛认同和实践。社会对劳模的尊重和认可,强化了劳动精神在社会文化中的核心地位,成为激励广大劳动者和青年群体积极进取、不断超越自我的动力源泉。这种认可丰富了社会主义先进文化的内涵,为构建具有中国特色的社会主义文化贡献了独特的精神财富,并对道德风尚的形成具有积极的引领作用,推动了社会道德水平的整体提升。因此,社会认可不仅为劳模精神的传承提供了强大的社会支持,而且通过这种认可,劳模精神得以在全社会范围内发挥其激励和引导作用,成为推动社会主义现代化建设、促进人的全面发展和社会全面进步的重要精神力量。

总之,劳模精神的传承和发展,不仅对个人的成长和进步具有重要意义,也对推动社会的和谐发展和全面进步发挥着重要作用。在新时代的征程中,劳模精神将继续激励着中国人民为实现中华民族的伟大复兴而不懈奋斗。

三、劳模精神在新时代的体现

(一)新时代劳模精神的实践案例

在新时代背景下,劳模精神得到了新的诠释和实践,涌现出许多值得学习的典型案例。

1.科技创新领域的劳模

韩利萍是中国航天科技集团第一研究院山西航天清华装备有限责任公司加工中心操作工,特级技师,党的二十大代表,被授予全国劳动模范、全国三八红旗手标兵、全国技术能手等称号,入选山西省首届"三晋工匠",2017年"大国工匠"。她以对航天事业的深厚热爱和卓越的技能诠释了劳模精神。韩利萍在数控加工领域不断追求技术精进,她通过刻苦学习和实践,掌握了多种数控系统编程技巧和CAD/CAM计算机辅助编程应用技术,成为精通操作、编程和工艺的复合型高技能人才。她勇于创新,面对技术难题从不退缩。她的创新操作法显著提高了火箭发射平台关键零部件的加工精度,确保了航天发射任务的成功。她的敬业精神体现在对工作的无私奉献,无论是在车间里默默奉献,还是在技术革新中不断突破,她都展现出了令人敬佩的职业态度。此外,韩利萍还致力于传承技艺,她通过传、帮、带培养了一批技术人才,将劳模精神传递给更多的人。韩利萍的事迹充分展现了劳模精神的时代内涵,她的成就和精神将激励着每一位航天人和广大劳动者,为国家的繁荣和强大贡献自己的力量。

2.医疗卫生领域的劳模

在医疗卫生领域,抗击新冠疫情的战斗成为检验医务工作者劳模精神的试金石。无数医护工作者秉承着敬业、奉献、无私、无畏的精神,挺身而出,逆行而上,用自己的执着和信念守护着每一个生命。其中,钟南山院士以其深厚的专业素养和崇高的奉献精神,成为全国人民的楷模。他挺身而出,不畏艰险,勇敢地站在了抗疫的第一线,用科学的专业知识和坚定的信念,为全国人民筑起了一道坚实的防线。在这场没有硝烟的战斗中,钟南山院士始终保持着严谨求实的科学态度,以实际行动践行着劳模精神。他不仅积极参与疫情的防控工作,还为全国医护人员树立了榜样,激励着无数人坚定信念,勇往直前。正是这种无私奉献的精神,让我们看到了战胜疫情的希望,也让劳模精神在医疗卫生领域焕发出了更加璀璨的光辉。

3.教育领域的劳模

在教育领域,无数勤劳的园丁们如同默默耕耘的劳模,他们用自己的智慧和汗水,培育着一代又一代的学子。他们中间，有张桂梅这样的杰出代表，她不仅是教育的燃灯者，更是无数山区女孩儿的引路人。张桂梅毅然创办了华坪女子高中，为那些深处山区的女孩们提供了接受教育的机会，为她们的未来插上了翅膀，改变了她们的命运轨迹。在她的影响下，无数原本可能因贫困而失学的女孩，得以步入知识的殿堂，追求自己的梦想。张桂梅的事迹，不仅是对教育工作者辛勤付出的生动写照，更是社会公平与教育平等理念的生动体现。这样的劳模精神，如同蜡烛般燃烧自己，照亮他人，传递着正能量，激励着更多的人为教育事业贡献自己的力量。

4.社会服务领域的劳模

在社会服务领域，一些社区工作者和志愿者如同劳动模范一般，以无私奉献的精神，默默地在我们的日常生活中扮演着重要的角色。他们在疫情防控、灾害救援等重大事件中，挺身而出，展现出了劳模的精神风貌。他们用实际行动诠释了"奉献、友爱、互助、进步"的精神，为我们树立了良好的榜样。他们的付出，不仅为我们带来了温暖和希望，也让我们看到了社会服务的无限可能。

(二)劳模精神与社会主义核心价值观的结合

劳模精神与社会主义核心价值观中的"爱国""敬业""诚信""友善"紧密相连，共同促进了社会主义精神文明的建设。

1.劳模精神与"爱国"

劳模精神中的无私奉献与社会主义核心价值观中的爱国理念在价值追求上形成了共鸣，共同强调了对国家、民族的忠诚与热爱。劳模通过自身的模范行为，如在国家重大项目、科技创新、社会发展等领域的贡献，成为爱国情怀的具体实践者和示范者。劳模精神的传播和实践，增强了全民族的凝聚力和向心力，激发了全社会的爱国情感，为国家的发展和进步提供了强大的精神动力。

2.劳模精神与"敬业"

劳模精神所强调的爱岗敬业，与社会主义核心价值观中的敬业精神高度一致，共同倡导在职业活动中恪守职责、精益求精。劳模的榜样作用鼓励广大劳动者培养专业精神，不断追求专业技能的精进和工作质量的提升，从而为社会主义现代化建设贡献力量。劳模精神通过劳模的先进事迹，传递了认真负责、勤奋工作的工作态度，这种态度与社会主义核心价值观中的敬业精神相辅相成，促进了积极健康的工作文化的形成。劳模的敬业行为赢得了社会的广泛认同和尊重，这种认同感强化了敬业精神在社会主义社会中的价值地位，激励更多人以劳模为榜样，投身于各自的工作之中。

3.劳模精神与"诚信"

劳模在工作中的诚实守信,展现了社会主义核心价值观中的诚信原则。劳模精神通过劳模的诚实守信行为,强化了社会主义核心价值观中的诚信原则,将其内化为社会成员的自觉追求和行为准则。劳模在工作中的诚信表现,为社会树立了道德规范的典范,引导人们在各种社会关系中坚持诚实守信,维护社会诚信体系。劳模精神的诚信实践有助于构建社会信任,促进人与人之间的互信互敬,为社会主义社会的和谐稳定打下坚实基础。劳模的诚信行为在职业领域内树立了高标准,强化了职业操守,提升了整个行业的职业道德水平和服务质量。劳模精神与诚信原则的结合,促进了法治精神的培养,因为诚信是法治社会的基石,有助于形成尊重法律、遵守规则的良好社会风气。劳模精神中的诚信原则为社会主义社会的全面发展提供了道德保障,确保了经济社会活动的公正性、透明性和可持续性。

4.劳模精神与"友善"

劳模精神中的团队协作和对同事的友善互助,体现了社会主义核心价值观中的友善精神。劳模精神倡导的团队协作和友善互助,促进了工作场所中人际关系的和谐,为社会主义社会的人际关系建设提供了积极的示范。劳模的友善互助行为反映了集体主义精神,强调了个人与集体的和谐共生,这与社会主义核心价值观中的集体主义原则相一致。通过友善互助,劳模精神有助于积累社会资本,增强社会成员之间的信任与合作,为社会主义社会的稳定和发展提供了重要的社会基础。劳模的友善行为强化了社会主义道德规范,鼓励人们在日常生活中展现宽容、理解和互助的精神,促进了社会主义道德建设。劳模精神中的友善互助体现了对社会正义的追求,通过公平对待他人、反对歧视和不公,推动了社会主义社会正义的实现。劳模精神的友善互助也是中华文化中仁爱思想的现代传承,它与社会主义核心价值观相结合,推动了中华文化的创新发展。

总之,劳模精神在新时代不仅体现在个人层面的奋斗和奉献,更体现在与社会主义核心价值观的深度融合,共同推动了社会主义文化的繁荣发展。通过劳模的榜样作用,可以进一步激发全社会的正能量,为实现中华民族的伟大复兴提供强大的精神动力和道德支撑。

四、劳模精神的传承与发扬

(一)劳模精神的传承途径

劳模精神的传承途径是多样化的,涵盖了教育、文化、媒体和社会实践等多个领域。

教育领域:学校作为培养社会主义建设者和接班人的重要阵地,通过课程设置、主题教育等,将劳模精神融入日常教学中,培养学生的劳动观念和创新意识。

文化传承：通过文艺作品、展览、讲座等形式，展现劳模精神的时代内涵和历史价值，使公众尤其是青少年能够直观感受劳模精神的力量。

媒体宣传：利用电视、网络、报纸等媒体平台，广泛宣传劳模的先进事迹和精神风貌，增强劳模精神的社会影响力。

社会实践：通过劳动竞赛、志愿服务、科技创新等实践活动，鼓励广大劳动者亲身参与，体验劳模精神，促进劳模精神的实践传承。

(二)劳模精神在青年中的培养

青年是国家的未来和民族的希望，劳模精神在青年中的培养至关重要。

树立榜样：通过宣传劳模的先进事迹，树立青年学习的榜样，激发青年的奋斗热情和创新精神。

教育引导：在青年中开展劳动教育，引导青年树立正确的劳动观念，认识到劳动的价值和意义。

实践锻炼：鼓励青年参与社会实践活动，通过实际操作和亲身体验，培养青年的实践能力和创新能力。

价值塑造：在青年中弘扬社会主义核心价值观，将劳模精神与社会主义核心价值观相结合，塑造青年的道德品质和社会责任感。

通过这些途径，劳模精神能够在青年中得到有效传承和发扬，为青年的成长提供精神指引，为国家的长远发展培养有理想、有本领、有担当的新时代青年。

第三节 工匠精神

工匠精神作为一种深植于工艺精湛、卓越追求与持续改进的职业态度与精神追求，不仅在传统的手工艺领域中得到广泛体现，更在现代工业、科技研发、艺术创作等多元化领域中展现出其独特的价值与魅力。在全球化与信息化的今天，工匠精神更被视为一种重要的文化资本和社会资产，对于促进经济的可持续发展、增强国家的文化软实力、培养高素质的劳动力队伍具有不可替代的作用。通过对工匠精神的深入研究与广泛传播，我们可以更好地理解其在现代社会中的重要性，并将其作为推动社会进步和文明发展的重要力量。

一、工匠精神的定义与内涵

(一)工匠精神的基本定义

工匠精神作为一种职业精神，它是职业道德、职业能力、职业品质的集中体现，是从业者的一种职业价值取向。

（二）工匠精神的核心价值

1. 热爱劳动

工匠精神首先是一种深深植根于内心的热爱劳动的精神，它体现了对劳动的极度尊重和热爱，以及通过劳动实现自我价值的执着追求。这种精神不仅仅是对工作的简单投入，更是一种对每一个细节的极致追求，对品质的不断挑战和超越。工匠们以自己的双手创造美丽和价值，不断追求完美，不断超越自我，用劳动诠释了自己的生命价值。这种热爱劳动的精神，是工匠精神的体现，也是我们在追求自我实现的过程中必须学习和借鉴的。

2. 专注与精益求精

工匠精神体现了一种对工作的专注，它要求工匠们在每一个细节上都精益求精。这种精神不仅仅是对技艺的深度执着，更是对完美的不懈追求。在工匠的眼中，每一项工作都是一个完整的作品，无论大小，都值得投入全部的心血和智慧，以确保每一处都达到尽可能高的标准。专注与精益求精，是工匠精神的核心内涵，这种精神不仅仅局限于传统的手工艺，它已经成为一种普世的工作态度和生活哲学，激励着人们在各自的领域中不断突破自我，追求更加卓越的成就。

3. 持续创新

持续创新是工匠精神的核心要素之一，这种精神不仅仅是对传统手工艺的坚守，更是在此基础上对技术的创新和工艺的不断改进。通过这种方式，工匠们能够使传统技艺焕发新的生命力，适应时代的发展和社会的需求。在追求卓越的道路上，他们勇于突破自我，积极探索，将新颖的创意和先进的科技融入传统工艺，使之更加符合现代审美和实用需求。这种不断进步的态度，不仅体现了工匠对技艺的极致追求，也展现了他们对传统文化传承与发展的责任担当。在时代变迁的浪潮中，工匠精神始终闪耀着创新的光芒，引领着传统手工艺走向更加辉煌的未来。

4. 质量至上

工匠精神始终坚守质量至上的原则，将产品的质量视为企业发展的基石和个人职业生涯的荣耀。这种精神不仅要求我们在每一个细节上都做到尽善尽美，而且还强调在创新和技艺上不断突破自我，以确保每一件作品都能体现出最高的工艺水平和最深刻的工匠情感。在此过程中，我们不仅追求物质层面的卓越，更追求精神层面的升华，将质量的极致追求转化为企业与个人的共同荣誉，从而在激烈的市场竞争中稳步前行，赢得消费者的信赖与尊重。

工匠精神的这些核心价值不仅体现了个人的职业追求,也是推动社会进步和文明发展的重要力量。在现代社会,工匠精神被赋予了新的时代内涵,它与创新、技术进步以及社会责任感相结合,成为推动各行各业向前发展的重要动力。

二、工匠精神的历史渊源与文化传承

(一)中国传统文化中的工匠精神

在中国悠久的历史中,工匠精神一直是文化传承的重要组成部分。从古代的青铜器、瓷器到丝绸、木雕等,每一项工艺都凝聚了工匠们的智慧和汗水。

1.古代工匠的地位

在中国古代社会中,工匠虽然社会地位不高,但他们的技艺却受到极高的尊重。如《周礼》中提到的"百工",就是指那些在各自领域具有高超技艺的工匠。这个记载体现了古代中国对专业分工的认识,每个工匠都在其专业领域内追求技艺的精进,共同支撑着社会的运转和发展。

2.技艺传承

中国传统文化中的工匠精神强调师徒制的技艺传承方式,通过长期的师徒关系,将精湛的技艺和对工艺的热爱代代相传。师徒制不仅保障了技艺精进的系统性学习环境,维系了文化连续性,避免了技艺流失与文化断层,而且实施了个性化教学,根据徒弟的特质进行定制化指导。同时,师徒制在技艺传授过程中融入了道德教化,使徒弟在掌握专业技能的同时,也吸收了职业道德和生活哲学。此外,该制度还鼓励徒弟在传统基础上创新,培养了个性化的创新精神,并构建了社会网络,为徒弟的职业发展和行业内交流合作提供了支持。

3.历史影响

历史上著名的工匠如鲁班、李春等,他们不仅以其卓越的技艺影响了后世,也成为工匠精神的象征。这些工匠大师的创新实践和精湛工艺,不仅在技术层面展现了卓越的成就,更在精神层面体现了对工艺极致追求和敬业精神的不懈追求。他们的工作不仅注重实用性,更追求工艺美学的塑造,为后世留下了既实用又美观的工艺作品,影响了工艺美学的发展。同时,他们的实践和创造成为文化传承的重要部分,通过他们的努力,传统工艺得以流传和发展,丰富了民族文化的内涵。作为工匠精神的代表,他们的事迹被广泛传颂,对社会产生了积极的示范效应,提升了社会对工匠职业的尊重和认可。随着时间的推移,这些工匠大师的成就和精神被历史所铭记,确立了他们在工艺史上的重要地位,成为后人学习和效仿的楷模,对工艺技术的发展、文化传承的延续以及社会价值观的塑造都产生了深远的学术和实践意义。

(二)工匠精神与社会发展的关系

工匠精神与社会发展紧密相连,它不仅是文化传承的载体,也是推动社会进步的重要力量。

1.经济层面

工匠精神在经济发展中起到了关键作用。高质量的产品和创新技术是提升国家竞争力的重要因素,工匠精神所倡导的精益求精和持续创新正是这一过程中不可或缺的精神动力。工匠精神强调对产品质量的不懈追求,这种对高标准和卓越品质的执着,是提升产品和服务质量、满足消费者需求的核心要素。工匠精神倡导的持续创新,激励着企业和个人不断探索新技术、新工艺,从而推动产业升级和科技进步,增强国家的创新能力和核心竞争力。精益求精的工匠精神有助于企业建立和维护良好的品牌形象,通过高质量的产品与服务赢得市场信任和消费者忠诚。工匠精神体现了对传统工艺和制造技艺的尊重与传承,它保护和弘扬了民族文化的独特性和多样性,为经济社会可持续发展提供了文化底蕴。工匠精神的培育和弘扬,有助于培养一批具有高技能和专业精神的人才,这些人才成为推动经济社会发展的重要力量。工匠精神注重对生产过程的精细管理和对资源的合理利用,这种精神与可持续发展的理念相契合,促进了经济、社会和环境的和谐共生。

2.文化层面

工匠精神作为一种文化现象,反映了一个民族的价值观念和审美追求。它通过各种工艺品和建筑艺术等形式,展现了民族文化的独特魅力。工匠精神反映了对专业技能和工艺美学的尊重,体现了民族的价值观念,如精益求精、追求卓越等,这些价值观念在文化传承中发挥着核心作用。工匠精神追求工艺的极致和美学的完美,这种审美追求在工艺品和建筑艺术中得到体现,成为民族文化审美特色的重要组成部分。工匠精神强调对传统技艺的保护和传承,有助于维护文化多样性,防止文化同质化,丰富了世界文化的多样性。工匠精神在传承中不断创新,在创新中传承,实现了传统与现代的有机结合,推动了民族文化的创新发展。工匠精神作为一种文化象征,增强了人们对民族文化的认同感和自豪感,促进了社会凝聚力和文化自信的建立。工匠精神通过各种文化产品和艺术形式,成为文化传播的重要媒介,促进了民族文化的交流与推广。

3.社会层面

在现代社会,工匠精神被赋予了新的含义,它鼓励人们追求卓越,注重细节,这不仅适用于传统工艺,也适用于现代各行各业,包括科技、医疗、教育等。工匠精神倡导的对卓越的不懈追求,激励着现代社会中的个人和组织不断提高标准,追求更高的成就,从而推动社会整体水平的提升。工匠精神强调对细节的关注,这种文化在现代社会中促进了精细化管理和精准化操作,提高了产品和服务的质量。工匠精神的普适价值观和方法论,使其成为科技、医疗、教育等多个现代行业提升专业水平和服务质量的重要参考。在现代社会,工匠精神促进了传统工艺与现代技术的结合,推动了创新与传统的融合,加速了知识与技艺的更新和发展。工匠精神所体现的专业精神和责任感,提升了现代社会的职业道德标准,促进了职业行为的规范化和专业化。工匠精神的普及有助于形成对专业技能和劳动成果的社会认同,增强了社会成员之间的相互尊重与和谐共处。

4.教育层面

工匠精神在教育领域的推广,有助于培养学生的实践能力和创新精神,为社会培养出更多具有专业技能和创新能力的人才。工匠精神的实践导向鼓励学生通过动手操作和实际应用来掌握知识和技能,这种学习方式有助于提高学生的实践能力。工匠精神倡导的创新意识和不断探索的精神,激励学生在学习过程中勇于尝试新方法、新思路,培养创新思维。教育中对工匠精神的强调有助于学生形成对专业领域的深刻理解和尊重,塑造其专业素养和职业责任感。工匠精神中对技艺精进的不断追求体现了终身学习的理念,鼓励学生在整个职业生涯中持续学习和成长。在教育中融入工匠精神,鼓励学生在不同学科领域之间建立联系,培养跨学科的综合能力和解决复杂问题的能力。工匠精神中包含的职业道德和责任感是教育中重要的一环,有助于学生形成正确的价值观和职业行为规范。

5.国际交流

随着全球化的发展,工匠精神也成了国际文化交流的重要内容。通过展示各自独特的工艺技术和文化,不同国家和地区可以增进相互了解和尊重。工匠精神体现了不同文化背景下的工艺美学和技术特色,通过国际交流,展示了全球文化多样性和创造力。通过国际平台展示工匠精神,有助于提升各国文化在世界范围内的认同感,构建积极的国家文化形象。工匠精神作为一种普遍存在于各民族文化中的价值观,成为跨文化交流的桥梁,促进了不同文化之间的对话和交流。在国际交流中,工匠精神促进了传统工艺与现代设计理念的对话,推动了传统技艺的现代转化和创新发展。工匠精神的国际传播有助于建立基于相互尊重和学习的文化合作关系,为全球文化和经济合作提供了新的动力。工匠精神强调对材料的珍惜和对工艺的精益求精,这种精神与全球可持续发展的理念相契合,促进了对环境和社会负责任的生产和消费模式。

总之,我们可以看到工匠精神不仅是中国传统文化的重要组成部分,也是现代社会发展的重要推动力。它跨越时间和空间,成为连接过去与未来,本土与世界的桥梁。

三、工匠精神在现代工业社会的体现与重要性

(一)工匠精神在现代工业社会中的应用

在现代工业社会中,工匠精神的应用体现在对产品制造的每一个环节的严格要求和精细管理。

1.精细化生产

在现代制造业中,精细化生产被赋予了极高的重视。这不仅仅是一种生产方式,更是一种对卓越的追求,一种对细节的执着。现代制造业强调工艺的精细化,即在生产过程中,对每一个环节,每一个细节都进行精心打磨,力求达到最佳的效果。这种精细化生产方式,要求工人不仅仅是完成工作,更要用心去理解工作,用精神去塑造工作。这就是工匠精神。工匠精神促使工人在生产过程中追求极致的精确度和细节的完善,他们不仅仅追求产品的质量,更追求产品的艺术性,追求产品与人的和谐统一。这种精神,已经超越了简单的工作,成为一种对美的追求,对生活的热爱。

2.技术创新

工匠精神作为一种追求卓越、精益求精的精神理念,它激励着技术人员和工程师们不断探索前沿技术,以应对市场需求的日新月异和技术进步的飞速发展。在这一精神的鼓舞下,智能制造和工业 4.0 等先进技术得以应用,为传统产业注入新活力,开辟了生产效率和服务质量提升的新境界。工匠精神不仅仅是对技艺的传承,更是一种对创新的不懈追求,它要求我们在保持核心技术竞争力的同时,不断推陈出新,以科技引领未来,实现从"制造"到"智造"的飞跃。

3.品牌建设

品牌建设是企业长期发展的基石。众多知名企业,它们不仅拥有深厚的历史底蕴,而且在品牌塑造上都有着独特的理念和坚持。以德国汽车制造业和瑞士手表制造业为例,它们将精益求精的工匠精神贯穿于生产制造的每一个环节,从而在全球范围内树立起了以质量为核心、以信誉为本的品牌形象。德国汽车制造商,如宝马、奔驰和奥迪,始终坚持以技术创新和质量控制为根本,他们的产品不仅性能卓越,而且耐用性强,赢得了

全球消费者的信赖和尊重。瑞士手表品牌，如劳力士、欧米茄和积家，则以其精湛的制表工艺和精准的时间测量技术，成为品质和尊贵的象征。这些品牌的成功之处，在于他们对品质的执着追求和对传统的尊重，这种精神已经深深植根于企业文化和品牌传承之中。通过这样的品牌建设，这些企业不仅提升了自身的竞争力，也为他们的产品赢得了更为广阔的市场份额和更加深远的市场影响力。

4.人才培养

现代企业认为，只有通过不懈努力，培养和塑造具备工匠精神的高技能人才，才能在激烈的市场竞争中立于不败之地。为此，企业不仅积极投入职业教育，致力于提升员工的专业知识和技能，还特别强调技能培训的重要性，以此来激发员工在各自岗位上的创新意识和实践能力。这种全面而深入的人才培养战略，不仅有助于员工个人职业生涯的成长，更推动了企业整体的进步和可持续发展。企业通过多元化的培训手段，如实践操作、技术研讨、项目管理等，确保员工能够在不断变化的市场环境中适应和创新，从而为企业的长远发展注入持久的动力。

(二)工匠精神对提升产品质量的影响

工匠精神对提升产品质量有着不可替代的重要作用，它直接影响着产品的性能、耐用性和市场竞争力。

1.质量控制

质量控制是工匠精神的核心所在，它体现了对工作的无限热忱与追求卓越的精神状态。在这样的精神指导下，企业不仅仅满足于现有的生产标准，而是追求更高的质量境界，导入更为精细和严苛的质量控制体系。这种追求卓越的态度，渗透于生产的每一个环节，从原材料的选择到生产工艺的改进，再到产品成型的每一道检验，都秉承着精益求精的理念。这样的质量控制不仅仅是确保产品符合国家标准，更是对企业社会责任的深刻体现，对消费者信任的坚定承诺。通过这种工匠精神的实践，企业能够不断提升产品的品质，满足市场和消费者对优质产品的渴望，同时推动整个行业向着更加专业和高质量的方向发展。

2.持续改进

在秉承工匠精神的推动下，企业坚持不懈地致力于产品的迭代与卓越追求。这种追求体现在企业对每一个细节的精致打磨，对品质的极致执着。通过反复的实验与精准的数据分析，企业不断地对产品进行细致入微的测试和优化，以确保在功能性与用户体验上都达到行业领先水平。这样的过程不仅增强了产品的市场竞争能力，也进一步巩固了企业在行业中的口碑与地位。企业深知，只有在追求完美的道路上坚定不移地前行，才能在日益激烈的市场竞争中保持领先，持续为消费者提供超越期待的产品和服务。

3. 客户满意度

客户满意度是企业长期成功的基石，而高质量的产品则是提升客户满意度的关键因素。当产品具备卓越的性能、耐用性和可靠性时，它们不仅能够满足客户的期望，还能够超越客户的期待，从而显著提高客户的满意度和忠诚度。这种忠诚度是企业最宝贵的资产之一，它能够为企业带来良好的口碑，吸引新客户，同时也能够保持老客户，确保企业的市场份额和市场竞争力在长期内保持领先地位。因此，企业应该始终将质量视为其最重要的核心价值之一，不断地追求产品和服务的完美，以满足客户的需求和期望，从而在竞争激烈的市场中脱颖而出。

4. 可持续发展

工匠精神强调对材料的珍惜和对工艺的尊重。这种精神不仅有助于推动企业的可持续发展，减少资源浪费，还能提高生产效率。工匠精神强调对材料的珍惜，这意味着在生产过程中，工匠们会尽可能地减少浪费，充分利用每一份资源。这种珍惜资源的态度有助于企业实现资源的高效利用，降低对环境的影响。同时，工匠精神还强调对工艺的尊重。这意味着工匠们会不断追求工艺的改进和创新，以提高产品的质量和效率。通过不断提升工艺水平，企业可以提高生产效率，降低成本，从而实现可持续发展。总的来说，工匠精神是一种追求卓越、注重细节、尊重传统和不断创新的精神。它有助于推动企业的可持续发展，减少资源浪费，提高生产效率。通过培养和弘扬工匠精神，我们可以建设一个更加可持续和繁荣的未来。

通过弘扬工匠精神，现代工业社会不仅能够提升产品和服务的质量，还能够促进经济的健康发展和社会的全面进步。

知识拓展

第四章 **劳动教育与大学生的人生发展**

第一节　劳动教育的时代价值与意义

劳动教育在当代社会具有深远的时代价值与意义，它不仅关系到个人的成长和发展，也是社会进步和文明传承的重要基石。

一、劳动教育在新时代的定位

劳动教育作为新时代教育体系中的重要组成部分，其地位和价值在新时代的浪潮中愈发凸显。它不仅是对学生知识技能的传授，更是对学生品格、精神和价值观的塑造。近年来，国家层面对劳动教育的重视程度日益提高，其在教育体系中的地位也得到了明确的定位。

据中共中央 国务院发布的《关于全面加强新时代大中小学劳动教育的意见》所述，劳动教育已然成为中国特色社会主义教育制度中不可或缺的一部分。这份重视并非空穴来风，而是源于对劳动教育深远影响的深刻认识。劳动教育直接关系到社会主义建设者和接班人的劳动精神面貌，它塑造着他们的劳动价值取向，影响着他们的劳动技能水平。一个拥有正确劳动观念、崇高劳动精神、扎实劳动技能的人才，无疑是社会进步和国家发展的宝贵财富。

在新时代背景下，劳动教育的作用更加凸显。它不仅是一个传授知识和技能的过程，更是一个塑造大学生世界观、人生观和价值观的重要途径。通过劳动实践，大学生能够深入社会、认识世界，了解社会的运作规律，感受劳动的艰辛与喜悦。在劳动中，他们不断探索真理，完善自我，形成正确的人生观和价值观。这种劳动教育的方式，比单纯的理论灌输更能深入人心，更能产生深远的影响。

劳动教育在塑造大学生品质方面也有着独特的作用。通过劳动，大学生能够体验到劳动的艰辛和付出，感受到劳动成果的来之不易。这种体验能够让他们更加珍惜现有的生活，更加懂得感恩和奉献。同时，劳动还能够培养大学生的团队合作精神和责任意识。

在劳动中,他们需要相互协作、共同努力,才能够完成任务。这种经历能够让他们更加懂得团队合作的重要性,更加珍惜与他人的关系。

劳动教育还能够提升大学生的实践能力和创新精神。在劳动实践中,大学生需要运用所学知识解决实际问题,这种过程能够锻炼他们的实践能力。同时,劳动还能够激发他们的创新精神,让他们在实践中不断探索新的方法和思路,这种创新精神对于未来的社会发展具有重要意义。

总之,劳动教育在新时代的教育体系中具有不可替代的地位和价值。它不仅能够传授知识和技能,还能够塑造大学生的品格、精神和价值观。我们应该高度重视劳动教育的作用,将其贯穿于教育始终,培养出更多能够担当民族复兴大任的时代新人。

二、劳动教育提升大学生的综合素质

劳动教育作为大学教育体系中不可或缺的一部分,对于提升大学生综合素质具有不可替代的重要作用。它不仅关乎学生的个人成长,更与国家未来的发展息息相关。通过深入学习和劳动实践,大学生能够深刻领悟劳动的意义,坚定劳动的信念,从而塑造出更为全面、健康的人格。

劳动教育为大学生提供了接触并了解劳动深刻内涵的宝贵机会。通过学习劳动的历史演变和相关知识,学生们能够认识到劳动是推动人类社会发展的根本动力。这种认识有助于他们更加珍视和尊重劳动,将劳动视为一种光荣和使命。同时,大学生通过学习劳动规律,掌握各种劳动技能和方法,为未来的职业生涯奠定坚实的基础。

劳动教育有助于培养大学生踏实、勤奋、严谨的劳动品质。在劳动实践中,大学生需要严格遵守劳动规章和纪律,这不仅是对个人行为的约束,更是对职业道德和素养的锤炼。通过参与各类劳动活动,学生们学会了如何与他人合作、如何解决问题、如何进行创新,这些经验和技能在未来的工作与生活中都将成为宝贵财富。相关研究数据显示,参与劳动教育的大学生在团队合作、问题解决、创新能力等方面表现更佳。这是因为劳动教育为他们提供了一个实践的平台,让他们在实践中不断学习、成长和进步。在参与各类劳动活动的过程中,大学生学会了如何有效沟通、如何协调各方利益、如何寻求最佳解决方案,这些能力对于他们未来的工作和生活具有重要意义。

劳动教育还能增强大学生的社会责任感和服务意识。在劳动实践中,大学生能够深刻体验到劳动者的艰辛和付出,从而更加珍惜和尊重他人的劳动成果。他们能够更深刻地理解劳动与社会发展的关系,认识到自己的劳动对社会进步的贡献。这种认识将激励他们更加积极地参与社会公益事业和志愿服务活动,为社会作出更大的贡献。

劳动教育还承载着培养大学生公共服务精神的教化功能。通过参与各类劳动实践活动,大学生能够培养勤俭、奋斗、创新、奉献的劳动精神。这些精神品质将伴随他们一生,成为他们实现人生价值的重要支撑。劳动实践也是磨炼意志、砥砺品格的重要途径,有助于培养学生们克服困难的毅力和自信。

总之,劳动教育对于提升大学生的综合素质具有至关重要的作用,应当受到高度重视。它不仅能够提高大学生的专业技能和职业素养,更能培养他们的社会责任感和服务意识,塑造出更加全面、健康的人格。因此,我们应将劳动教育置于大学教育体系的重要地位,为大学生的未来发展打下坚实的基础。

第二节　劳动教育对大学生就业创业的影响

劳动教育对大学生就业创业具有深远的影响,它不仅能够提升大学生的职业素养和实践能力,增强其适应社会和工作环境的能力,还有助于培养大学生的创新精神和创业意识,激发他们对职业发展的主动性和创造性。

一、劳动教育与就业观的形成

劳动教育在大学生教育体系中具有至关重要的地位,其对于塑造大学生就业观具有不可替代的重要作用。这一教育实践不仅关系到其个人的职业发展,更是对促进社会整体和谐与进步具有深远的影响。

在现今竞争激烈的社会背景下,如何通过劳动教育引导大学生树立正确的职业观念,领悟劳动的尊严与价值,进而形成积极向上的就业观念,是亟待我们深入研究和探讨的重要议题。

劳动教育能够让大学生深刻体会到劳动的重要性。通过各种形式的劳动实践活动,大学生可以亲身感受劳动的艰辛与喜悦,从而更加珍视劳动成果,对劳动者表达出应有的尊重。这种对劳动的敬畏之情,有助于他们在未来就业时形成正确的职业观念,不再是仅将工作视为谋生手段,而是将其视为实现自我价值、服务社会的途径。

在劳动教育的熏陶下,大学生逐渐树立起积极健康的就业观念。他们开始关注个人发展与社会需求的有机结合,积极寻找能够充分发挥自身能力、实现社会价值的工作岗位。这种就业观念的形成,不仅有助于大学生在职场中实现长期稳定的发展,同时也有利于推动社会的和谐与进步。当每个个体都能为社会贡献自己的力量时,整个社会将因此变得更加美好。

劳动教育还有助于大学生提前适应职场环境。通过实践学习职场规则和职业道德,学生能够更快地融入职场生活,有效减少适应期所带来的困扰。这样的实践经历不仅增强了大学生在就业市场上的竞争力,还使他们在未来的工作中更加得心应手。相关调查数据显示,参与劳动教育的学生在毕业后的就业率明显高于未参与者,这一数据充分证明了劳动教育在促进就业方面的积极作用。

总之,劳动教育对大学生就业观的形成具有深远的积极影响。通过参与劳动教育,大学生能够树立正确的职业观念,深刻认识到劳动的尊严和价值,进而形成积极向上的就业观念。同时,劳动教育还能帮助他们提前适应职场环境,增强职业竞争力。因此,我们应高度重视劳动教育在大学生教育中的重要作用,为培养更多优秀的人才作出更大的贡献。

二、劳动教育与创业精神的培养

在当前的现代教育体系中,劳动教育作为一项关键内容,对培养大学生的创业精神起到了不可或缺的作用。这一教育方式对于鼓励青年人实现自我价值、追求梦想具有重要意义。事实上,创业已经成为许多年轻人发展的重要途径。

劳动教育为大学生提供了一个独特的实践平台,使其能够在动手操作中锻炼自身技能,并提升解决实际问题的能力。例如,参与农田耕作和园艺设计等项目,不仅能够让大学生体验劳动的艰辛与乐趣,还可以学习到如何规划、组织和管理项目。这样的实践经验对未来的创业者来说,无疑具有极大的价值。

除了培养实践能力和创新思维外,劳动教育还能帮助大学生掌握创业所需的关键技能,如项目管理、团队协作等。在劳动过程中,大学生需要与同伴密切合作,明确分工,以达成共同的目标。这种团队协作的经历有助于大学生更好地理解团队合作的重要性,同时培养他们的沟通能力和领导力,这些技能在未来的创业道路上将发挥至关重要的作用。

研究显示,劳动教育能够有效激发大学生的创业意识和热情。通过参与劳动项目,大学生能够更深入地理解劳动与创造的关系,认识到劳动不仅是创造财富和价值的手段,更是实现个人价值和社会价值的途径。这种认识将使大学生更加珍视劳动成果和创业机会。同时,在劳动过程中遇到的困难和挑战也能使大学生更加坚定自己的创业决心。

劳动教育还为大学生提供了创业实践的平台。许多高校与企业建立了紧密的合作关系,为大学生提供了丰富的实习和实训机会。这种机会使大学生可以在真实的工作环境中学习和成长,了解企业的运营模式和市场需求。这种实践经历将使大学生对创业过程和难点有更深入的了解,同时能为他们积累宝贵的创业经验。

总之,劳动教育在培养大学生创业精神方面具有重要价值。通过参与实际的劳动项目,大学生不仅能够提升自身能力,还能学习到创业的关键技能。同时,劳动教育还能激发大学生的创业意识和热情,为他们提供创业实践的平台。因此,我们应高度重视劳动教育在大学生培养中的作用,以促进更多优秀创业人才的培养。

第三节 劳动教育与大学生身心健康发展

劳动教育是大学生全面发展的重要途径,对于促进其身心健康、培养健全人格和形成积极的生活态度具有不可替代的作用。

一、劳动教育与身体健康

劳动教育作为高校教育体系中的关键组成部分,对于促进大学生身体健康的积极作用不容小觑。这一教育形式不仅通过直接的体力劳动有效锻炼学生的体魄,更在潜移默化中对其生活方式和心态产生积极影响,从而全面推动大学生身心的健康发展。

从身体健康的角度来看,劳动教育通过让大学生参与体力劳动,显著地改善了他们的体质并增强了免疫力。在繁重的学业之余,适当的体力劳动为大学生提供了一个释放压力、增强体质的途径。相关研究数据显示,定期参与体力劳动的大学生在体质指数和心肺功能方面普遍优于不参加体力劳动的大学生。例如,某所高校在开展劳动教育实践后,参与的大学生普遍反映自己的体力有了明显的提升,如跑步、爬山等运动变得更加轻松自如。

劳动教育亦能助力大学生形成良好的生活习惯。在劳动过程中,大学生需遵循一定的作息规律,并保持合理的饮食搭配,这些习惯对于长期维护身体健康具有深远的意义。一项针对大学生生活习惯的调查表明,参与劳动教育的大学生在饮食和运动方面展现出更高的自律性。他们更加注重饮食的均衡与营养摄入,同时也更加关注自身的身体状况与运动需求。这种对自律性的培养,不仅有利于他们在学业上取得更好的成绩,也为他们未来的生活与工作带来了诸多益处。

劳动教育还通过户外活动的形式,使大学生有更多机会接触大自然。在户外环境中进行劳动,能够使大学生呼吸到新鲜空气,欣赏到美丽的风景,这都有助于缓解学习压力,提高生活质量。例如,某高校曾组织的一次户外劳动教育活动,大学生在教师的带领下前往郊区植树造林。此次活动不仅让大学生亲身体验了劳动的乐趣,更让他们感受到了大自然的魅力。他们纷纷表示,这次活动使他们心情得到放松,学习压力得到缓解,同时也让他们更加珍惜和爱护自然环境。

总之,劳动教育对大学生身体健康的促进作用是全方位的。通过体力劳动不仅能锻炼大学生的身体,更能在深层次上促进大学生形成良好的生活习惯和积极心态。因此,高校应更加重视对劳动教育的实施与推广,让更多大学生从中受益。同时,大学生们也应当积极参与到劳动教育课程和活动中,通过自身的努力与付出,为自身的身体健康与未来的发展打下坚实的基础。

二、劳动教育与心理健康

劳动教育作为大学教育体系中至关重要的环节,其在大学生心理健康领域产生的积极影响已被众多学者和教育家所认同。在快节奏的现代社会生活中,大学生所面临的学业压力与就业竞争日益显著,心理健康问题也日渐凸显。然而,劳动教育以其独特的实践性和体验性,为大学生提供了一个展现自我、提升自我和认识自我的重要平台。

通过开展劳动教育实践活动,让大学生在亲身体验中感受劳动的艰辛与喜悦,从而培养其坚定的自信心。在劳动过程中,大学生需面对各种困难与挑战,但通过不断地努力与尝试,最终能够取得成果。这种通过自身努力所获得的成果,使大学生深刻体验到自身的价值与能力,进而增强其自我价值感。这种自我价值感的提升对于维护大学生心理健康具有至关重要的作用,能够帮助他们更好地应对生活中的各种挑战与困难。

相关研究资料显示,参与劳动教育的大学生在自我效能感和情绪稳定性方面的表现明显优于未参与的大学生。这一结果充分证实了劳动教育在促进大学生心理健康方面所发挥的积极作用。劳动教育不仅能够使大学生在实践中发现自身的潜力与优势,从而形成积极的自我认知,同时,还能够帮助大学生学会调节情绪,提高情绪稳定性。这种积极的自我认知和情绪调节能力对大学生未来的学习和生活具有重要的指导意义。

此外,劳动教育不仅对个体发展有深远影响,还能够通过团队合作的模式培养大学生的社交技能和团队协作精神。在劳动教育中,大学生需与他人协作完成任务,这一过程锻炼了他们的沟通、协调与合作能力。在合作中,大学生需倾听他人的意见、理解他人的需求,进而提高自己的社交能力。同时,相互支持、共同进步的团队精神也培养了大学生的集体荣誉感和友谊观念。

劳动教育还能够让大学生更深入地了解社会、认识社会。在劳动过程中,大学生需与社会各界人士交流互动,了解不同行业的工作内容和特点。这一深入了解社会的经历有助于大学生进一步明确自身的职业方向和发展目标,从而更有针对性地规划自己的未来。同时,劳动教育也让大学生体验到社会的复杂性和多样性,从而培养了他们的社会责任感和使命感。

总之,劳动教育对大大学生心理健康的积极影响不容小觑。通过实践活动和团队合作等模式,劳动教育不仅有助于大学生建立自信,增强自我价值感,还能培养他们的社交技能和团队协作精神。同时,劳动教育也让大学生更加深入地认识社会、了解社会,为他们的未来发展奠定坚实的基础。因此,我们应高度重视劳动教育在大学教育中的重要作用,积极推广并实施劳动教育,为大大学生的全面发展贡献力量。

第四节　劳动教育与大学生社会责任感的培养

劳动教育不仅对大学生的个人成长至关重要,也是培养他们成为有责任感的社会成员的有效手段。

一、劳动教育与社会责任意识

劳动教育作为大学教育体系中不可或缺的组成部分,在培养大学生社会责任意识方面具有至关重要的作用。在这个飞速发展的时代,社会对大学生的要求不仅仅是掌握扎实的专业知识,更期望他们具备强烈的社会责任感和使命感,而劳动教育正是实现这一目标的重要途径之一。

对大学生而言,参与劳动不仅是一种身体力行的体验,更是一种对自身心灵的洗礼。在田间地头、工厂车间或社区服务岗位上的亲身经历,使他们能够深刻感受到劳动的艰辛与快乐,并更加明确地认识到劳动的社会价值。他们通过劳动认识到每一分付出都是对社会的贡献,每一位劳动者都值得我们尊敬。

劳动教育也使大学生更加清晰地认识到自己在社会中的角色。他们不再是局限于象牙塔中的学子,而是即将成为社会主义建设者和接班人。通过实际的劳动体验,大学生能够更加明确地认识自己,找到自己的价值和使命,为未来的职业生涯发展奠定坚实的基础。

通过劳动教育让大学生亲身体验劳动的过程,培养他们正确的劳动观念。他们逐渐认识到,劳动不仅是个人谋生的手段,更是推动社会进步和文明发展的重要力量。这种认识使大学生更加珍惜劳动成果,尊重劳动者,并更加关注社会发展和民生问题。

近年来,越来越多的大学生积极参与各种社会实践活动,如"三支一扶"计划、支教助学、环保志愿等活动。他们以实际行动践行社会责任,为社会的发展和进步贡献着自己的青春力量。这些活动不仅增进了大学生对社会现实和民生问题的了解,也提高了他们的能力和素质。

根据教育部门的统计数据显示,参与劳动教育的大学生在社会服务活动中的参与度明显高于未参与的大学生,这一数据充分证明了劳动教育在提升大学生社会责任意识方面的积极作用。因此,我们应该进一步重视和推进劳动教育的发展,让更多的大学生从中受益,培养更多具备社会责任感和使命感的人才。

二、劳动教育与社会服务实践

我们正处于日新月异、挑战与机遇并存的时代。对于大学生这一新时代建设与传承的群体而言,对其社会责任感的培养显得尤为关键。而将劳动教育与社会服务实践相结合,无疑是一种有效地培养大学生社会责任感的方式。

劳动教育作为大学教育的重要组成部分,旨在通过学生亲身参与劳动活动,深刻体验劳动的艰辛与价值,从而培养其对劳动的尊重和对社会的责任感。当劳动教育与社会服务实践相结合时,其效果将得到显著提升。大学生通过参与社会服务,能够将从劳动教育中所学的知识和技能应用到解决实际问题中,这既是检验所学的过程,也是深入认识和理解社会问题的过程。

在社会服务实践中,大学生走出校园,进入社区、农村、企业等各个领域,深入感受社会的脉搏和需求。他们参与环保活动,如清理街道、绿化公园;或投身于支教活动,为贫困地区的孩子们传授知识;抑或是参与社区建设,为居民提供便利的服务。在服务过程中,大学生不仅锻炼了自己的组织协调、沟通以及解决问题的能力,更在团队合作中培养了强烈的社会责任感。

社会服务实践为大学生提供了一个将理论与实践相结合的平台。在解决社会问题的过程中,大学生需运用所学知识及技能,并根据实际情况灵活调整和创新。这种理论与实践相结合的学习方式,有助于大学生加深对所学知识的理解,并激发他们的创新精神。在尝试新的方法和思路的过程中,培养了大学生的创新思维和方法,为他们未来的创业和职业发展奠定了坚实的基础。

将劳动教育与社会服务实践相结合也促进了大学生的成长。在服务过程中,他们会接触到多样化的个体和事件,从而更加珍视生活、感恩社会、关爱他人。服务中的成就感和价值感,将激励他们更加努力地学习,更加积极地参与社会建设。

总之,劳动教育与社会服务实践的结合,不仅增强了大学生的社会责任意识,还提升了他们的实践能力与创新能力。这种教育模式不仅有益于大学生的个人成长与发展,更为社会的进步与发展注入了新的活力。因此,我们应积极推广这种教育模式,鼓励更多的大学生投身于社会服务实践中,为社会培养出更多既有责任感又有能力的优秀青年。

知识拓展

第五章

生活劳动实践

生活劳动实践是一种结合日常生活和劳动的教育活动,旨在通过实际操作和体验,培养个体的生活自理能力、劳动技能和社会责任感。

第一节　家庭劳动

一、家庭劳动教育的重要性

社会上普遍存在学生轻视劳动的现象,家庭教育不当是其原因之一。随着经济的发展,当前我国大部分家庭生活水平较高,家长很少让孩子参与家庭劳动。再加上部分学生是独生子女,更成了家长的掌中宝。另外,受应试教育的影响,一些家长只要求孩子埋头读书,不让孩子参加家务劳动和公益劳动,在他们眼里,孩子的学习是第一位的。孩子应该做的事,家长们都代劳了。这使许多孩子从小就形成了"饭来张口、衣来伸手、厌恶劳动"等不良习惯,生活自理能力很差。苏联教育学家苏霍姆林斯基指出:"儿童的智慧在他的手指尖上。"一个不爱劳动、不会劳动的孩子即使学习成绩再好,也算不上一个"健全"的孩子。

家庭对子女的过度呵护造成其在劳动上依赖于他人,严重的重智轻劳倾向造成学校在劳动教育上的偏失。苏联教育家马卡连柯曾根据长期研究观察得出结论:在家庭里获得正确的劳动教育的儿童,以后就会很顺利地完成自己的专门教育;在家庭里没有接受任何劳动训练的儿童,虽然国家机关努力去教育他,但是不会获得很好的技能,在工作上会遭遇各种失败,会成为消极的工作者。

二、家庭劳动的概念

家庭劳动是指家庭成员在日常的家庭生活中必须从事的一种无报酬劳动。家庭劳动主要包括洗衣做饭、清洁卫生、照看孩子、购买日用品、照顾老人或患者、整理内务、家具维修、家庭栽培等。

与职业劳动相比,家庭劳动不是直接的社会生产活动,不产生额外的经济价值,常常得不到应有的尊重。在中国乃至世界其他国家和地区的家庭中,受传统观念影响,"男主外,女主内"的传统家庭结构长期存在,女性一直被看成做家务的默认群体。

实际上,家庭劳动也为人们创造着舒适的生活条件和美好的生活环境。随着家庭劳动的价值被人们认识和重视,女性受教育程度越来越高,越来越多的女性走上了工作岗位,她们在经济建设中发挥了重要的作用。家庭劳动的分工开始产生一些变化,更多的男性参与家务劳动。相关资料显示,男性参与家务劳动,不仅有利于身体健康和锻炼逻辑思维,还有利于促进家庭和谐,更有利于自己的职业发展。

三、家庭劳动的内容

家庭劳动的内容包括多个方面,涵盖了日常生活中的各个方面。通过家庭劳动个体可以在实践中提升劳动素养,形成积极的劳动态度和良好的劳动习惯,培养自觉劳动、热爱劳动的精神,为将来更好地发展奠定基础。家庭劳动主要包括以下几个方面。

(一)物品收纳

1.防尘

在将衣物收纳之前,必须将它们装进密封的箱盒中,以免受尘埃的污染。

2.通风

杂物容易发生虫蛀、发霉现象,因此可以把储物门设计成百叶格状,这样既保持空气流通,又节省空间。

3.分类清晰

在整理物品之前,先将其进行分类,如想要时能方便取得的物品、日常必需品、扔了觉得可惜的物品、换季时会用到的物品、纪念品、礼物、从来没用过的物品等,然后排列顺序,将常用的东西放在随手可取之处,将不常用的东西放在别处。

4.注意收纳空间的美观性

例如,使用纸箱收纳物品时,若使用大小不同的纸箱横竖堆积,不仅不美观,还占空间。若使用大小一致的纸箱,除了收纳、取用方便外,更能呈现出一种美感。

(二)衣物整理

1.折叠衣物

(1)折叠衬衣。

系上纽扣→前身朝下,后背朝上,抚平对正→以纽扣为中心,等距离将衣身从两边向中间对折抚平→袖子折进两折向下转→下摆向上折,翻过来使衬衣正面朝上→整理抚平。

(2)折叠西裤。

拉上拉链、扣上扣子→从裤脚处将四条裤缝对齐→两条中线对齐→用手抚平→从裤脚至裤腰对折两次。

(3)折叠无中缝的休闲裤。

拉上拉链、扣上扣子→从裤裆处将两条裤腿对折抚平→从裤腿到裤腰依次对折两次。

(4)折叠内衣。

折叠各类睡衣、背心、内衣的方法可参照衬衣、裤子的折叠方法。

(5)折叠羽绒服。

拉上拉链、扣上扣子→平摊、抚平→左右衣袖平行交叠在胸前→从下方将衣身向上折叠至所需要的大小→双手慢慢挤压出羽绒服内的空气。

(6)折叠棉被、毛毯。

将棉被、毛毯沿长边上下对折三次,然后从一端卷向另一端。卷时要用力,避免松散。这种折叠方法占用的空间小。如果空间允许,可将棉被、毛毯沿长边上下对折三次,然后从两端向内折叠成方块状。

2.摆放衣物

(1)西服。

西服上衣是立体剪裁,不宜抚平,尤其是肩部圆阔度受挤压后影响美观。所以,挂放西服上衣时,要选用两端宽阔的宽衣撑,以免肩部变形。西服裤子在存放时,可用带夹子的衣撑夹着折叠好的裤脚悬垂挂放,也可将四条裤缝对齐后横挂于衣撑上或折叠后存放于衣橱内。过季不穿的西服要用专用衣罩罩起来,挂在衣橱内,以保持西服的干净整洁。

(2)丝绸衣物。

丝绸衣物要洗净晾干,最好熨烫一遍,再收藏在衣橱内。这类易生虫、发霉、变色、怕压的衣物,可放在其他衣物上层或用衣撑挂起,可适当放几粒用白纸包裹的樟脑球。

(3)针织类衣物。

针织类衣物适宜折叠后摆放而不宜挂放。围巾可折叠或卷成卷摆放。袜子要成双成对摆放,可将两只袜子整齐地折叠在一起,从脚尖处向上卷起,然后翻起袜口将两只袜子包在其中。

（4）羽绒服。

羽绒服要拉上拉链，扣上扣子，平摊抚平，按羽绒服折叠方法折叠后放入衣柜。可在衣服内放置 3～5 粒用白纸包裹的樟脑球。

（5）棉衣。

棉衣要扣上扣子，平摊抚平，左右衣袖平行交叠在胸前，从下方向衣身折叠至所需要的大小，放入衣柜。棉衣容易受热生霉，必须洗干净，晒干后再放置在衣柜内。棉衣里面放 3～5 粒用白纸包裹的樟脑球。

（6）棉被、毛毯。

这类衣物视存放空间需求，按棉被、毛毯的折叠方法折叠成合适的大小摆放。棉被、毛毯吸湿性强，可先装入塑料包装袋中，再放入衣柜（每床棉被、毛毯内放入数粒用白纸包裹的樟脑球）。

（7）毛呢、毛料衣物。

将此类衣服挂在宽型衣撑上，用专用衣罩罩起来悬挂在衣橱内。毛呢衣物怕挤压、怕虫蛀，可在衣物内放置数粒用白纸包裹的樟脑球。

（8）毛皮衣物。

将此类衣物挂在通风凉爽处晾干，用光滑的小竹竿敲打皮面以除去灰尘。将皮板铺平，理顺皮毛，然后毛里对毛里折叠起来，用布包好装进塑料包装袋中，放入衣柜。毛皮衣物怕潮湿、怕高温、易生虫，包装时在毛里处放几粒用白纸包裹的樟脑球。尽量在天气转暖不穿时及时收放。

3. 收纳鞋帽

存放鞋时应在保养或洗刷后，用鞋撑或纸团撑起鞋内空间，然后再放入鞋盒。布鞋晒干后可直接放入鞋盒，毛绒里皮棉鞋存放时应在鞋内放入数粒用白纸包裹的樟脑球。针织帽子洗净晒干后可直接存放在衣橱内，呢质、挺阔的帽子应挂放在衣橱内，必要时可用物品填充，以防变形。

（三）日常清洁

1. 家具清洁

家具上有灰尘，不要用鸡毛掸之类的工具拂扫，因为飞扬的灰尘会重新落到家具上，应该用半干半湿的抹布抹除家具上的灰尘，这样才会抹干净。

2.居室日常清洁

(1)清场。将影响清洁作业的家具、工具、材料、用品等集中分类放置到合适的位置。清扫后将垃圾转移到室外或倒进室内垃圾桶。

(2)清洁墙面。掸去墙面的浮尘。

(3)清洁窗框。先湿抹,再铲除多余物,最后用干净的清洁巾擦净。如果窗户玻璃较脏,可以顺便擦拭干净。

(4)清洁窗户玻璃。清洁窗户玻璃一般使用以下方法:擦窗器法;水刮法;搓纸法。

(5)清洁窗槽和窗台。首先用吸尘器吸出窗槽污垢,不易吸出的污物,用铲刀或平口工具配合润湿清洁布尝试清理,尽量使用废布。窗槽清理完毕,将窗台收拾擦净。

(6)清洁纱窗。可用水冲洗纱网,再擦净纱窗窗框,晾干之后安装。

(7)清洁开关、插座、供暖设施、柜体、家具表面。

(8)清洁厨房。依序为顶面、墙面、附属设施、橱柜内部、橱柜外部、台面、地面(如果厨房为清洁使用水源地,厨房地面可安排在后期进行)。

(9)清洁卫生间顶面、附属设施、墙面、台面、洁具。

(10)清洁踢脚线。

(11)清洁门体。依序是门头、门套、门框、门扇、门锁。

第二节　校园劳动

校园劳动作为劳动教育体系的一部分,是劳动教育关于理论和实践很好的结合,学生在学校学到的劳动教育知识,首先应当运用到校园劳动中。校园劳动是学生参加的主要劳动,也是培养学生树立正确劳动观的主要场所。校园劳动主要包括以下几个方面。

一、校园卫生保洁与美化

(一)教室保洁

(1)早晨上课前和下午放学后需安排专人打扫教室卫生。教室应经常开窗通风,保持室内空气新鲜,地面和课桌桌面保持干净,无果皮、纸屑等废弃物,室内无垃圾死角。

(2)课桌凳椅摆放整齐,讲台干净,教具、粉笔摆放有序。整理讲台各类设备接线,有序放置在相应地方。

(3)教室门窗经常擦洗,窗帘定期清洗,墙壁无灰尘及蜘蛛网。窗台无灰尘,并及时清理杂物。

（4）前后黑板无乱写、乱画现象，黑板报或宣传栏要保持完好，并定期更换。黑板要及时擦干净，板槽内无粉笔灰末等杂物，做到定期清洗。

（5）教室布置要整齐美观，讲究文化氛围，不得在墙壁及桌凳上乱写、乱画、乱刻和胡乱张贴。如有违规张贴，要及时清除。

（6）教室内垃圾不准长时间放置，及时处理垃圾池、垃圾箱。打扫工具如拖把、扫帚等要摆放整齐，不得东倒西歪，并保持干净干燥。

（7）教室四周墙壁瓷砖保持干净，定期擦拭。

（8）教室内的一切设备，任何人不得损坏和私自拿走。学生离开教室时应主动关灯，关好门窗。

（9）教室外走廊的墙壁无灰尘、蜘蛛网、脚印等。走廊无果皮纸屑等垃圾，地面无痰迹、无积水。

（10）实训教室应保持安静整洁，不得乱扔果皮纸屑、废弃物等。各类用品和展品不得随意使用、翻动。实验实训前应检查实验所需药品器材是否齐全完好，如有缺漏损坏，应及时报告教师。要爱护实验室仪器设备，爱惜药品、材料，如在实验中损坏，应及时报告教师。实验完毕，应整理仪器装置，清洁器皿，搞好卫生，并经教师检查后再离开实训教室。

（二）休闲空间、走廊保洁

（1）休闲空间、走廊、道路等干净整洁，无垃圾、无丢弃物、无落叶、无杂草、无污水痕迹。草坪、花坛及绿化景点干净整洁，无垃圾和丢弃物，每日清扫 1 次，及时修剪枝叶，维护造型，定期施肥灌溉。

（2）休闲空间、走廊的废物箱及垃圾桶内的垃圾每日至少清倒 1 次。废物箱、垃圾桶每周至少清洗擦拭 2 次，做到废物箱、垃圾桶内的垃圾杂物少，不满溢，外表干净。

（3）休闲空间喷泉、景观水塘和水渠等水域无废弃物和漂浮物。对喷泉、景观水塘和水渠等要每日巡视打捞杂物 1 次，做到无废弃物和漂浮物。喷泉池每年至少清理清洗换水 1 次。

（4）休闲空间、走廊地面、道路面和阶梯面等每日清扫 1 次。

（5）休闲空间、走廊等处，室外扶手、栏杆、休闲椅凳及大理石贴面等每周至少清扫擦拭 2 次，做到干净整洁，无乱贴物。

（三）机动车道、人行道保洁

（1）机动车道、人行道要求每天清扫 2 次。清扫时，用大扫把对机动车道、人行道全面清扫，做到"五无五净"。"五无"即无堆积物，无果皮纸屑，无砖瓦土石，无污泥积水，无痰迹。"五净"即路面干净,果皮净,沙井沟净,道路石牙净,树眼周围净。

(2)每周清扫1次雨水井、沙井等处垃圾杂物,保持通畅。

(3)禁止在道路两侧灯柱、垃圾桶及宣传栏张贴广告,及时清除道路灯柱、垃圾桶、宣传栏上的张贴广告。

(4)清理道路两侧环卫设施。果皮箱外观应整洁无垢,每周需清洗箱体1次,箱内垃圾日产日清,无积压、溢满,周围地面不得有垃圾堆放。垃圾要及时收集运走。

(5)每周清洁1次路标等信息提示标志。

(四)广场、台阶、水沟等保洁

(1)广场地面保持干净,白色垃圾、烟头、积水等不得长时间留存。落叶季节应加强清扫次数,确保广场地面无落叶堆积。广场地面、路沿、台阶每天清扫2次,循环保洁。台阶、路沿杂草及时清除,排水沟每日清扫1次。广场地面根据不同材质定期进行清洗,一般每个月清洗1次。地面保持洁净,现本色。

(2)广场周边放置垃圾箱,套上垃圾袋并及时清理,垃圾不得满溢。及时运走垃圾,垃圾箱旁边不得堆放垃圾。定期擦拭垃圾箱箱体,外表无污渍、无痰迹。

(3)所有室外台阶处,定期进行拖洗,任何时候不得有泥土和灰尘堆积现象。定期清理台阶缝隙杂草、杂物。

(4)校园所有广场、主干道每月冲洗不少于1次。每学期开学前冲洗1次,标准以地面无尘土为准。特殊时期,如学校重大节庆等,视校园当时情况而定,及时安排清洗。

(5)不得向广场、道路两边排水沟倾倒垃圾,及时清理排水沟,确保排水畅通无阻。

二、宿舍卫生保洁与美化

(一)宿舍卫生保洁的意义

个人的生活习惯往往是自身修养的重要体现。大学是很多同学在生活上真正独立的开始,因此更应该注意个人习惯的养成。

宿舍卫生保洁的意义有以下几个方面。首先,学生宿舍作为大学生在校的主要生活场所,其环境舒适整洁有助于大学生更好地学习和生活,使大学生保持心情愉悦,进而提高学习效率,更好地享受美好的大学时光。其次,宿舍作为大学生们共同的生活空间,其环境状况既是每个成员个人生活习惯的集中体现,又会影响每个大学生生活习惯的养成。强调宿舍卫生保洁,既有利于大学生形成良好的个人生活习惯,塑造干净整洁、积极向上的个人形象,也有利于学校将养成教育和学风建设相结合,创建文明校园。最后,宿舍卫生保洁可以增强大学生吃苦耐劳的精神,培养大学生团队合作意识,将"劳动最光荣、劳动最崇高、劳动最伟大、劳动最美丽"落实到行动中,使大学生更加理解体力劳动的**不容易**、**不可或缺**,体验劳动的成就感。

总之,宿舍卫生保洁可以帮助大学生形成严谨、细致的生活作风,养成良好的个人习惯,勇于担当,塑造团队精神,助力自身不断进步与成长。

(二)宿舍卫生保洁的目标

宿舍卫生保洁的总体目标应该达到"三个六"。

一是六个"干净":墙面、地面、玻璃、门窗、桌椅橱、其他物品,六个方面干净整洁。

二是六个"无":无异味、无杂物、无违规电器、无乱摆乱挂、无蜘蛛网、无烟蒂酒瓶。

三是六个"整齐":被褥床铺叠放整齐,桌椅摆放整齐,书本立放整齐,其他个人物品挂放整齐,个人鞋类摆放整齐,暖壶及其他用具置放整齐。

除了总体目标外,每个宿舍成员每天还应自觉做到"六个一",自觉遵守"六个不",维护好宿舍的良好生活环境。

"六个一"是指叠一叠被褥,扫一扫地面,擦一擦桌面,整一整柜子,理一理书架,倒一倒垃圾。

"六个不"是指公共设施不损坏,果皮、纸屑不乱扔,异性宿舍不出入,宿舍聊天不喧哗,危险物品不存留,违规电器不使用。

除此之外,还要在宿舍内杜绝一切不文明行为,如不养宠物,不在宿舍楼内大声喧哗,不抽烟,不乱丢垃圾等。

(三)做美化宿舍的实践者

美化宿舍既可以凸显个性,又可以让人心情愉悦,产生归属感。在美化宿舍的过程中,首先要做到简单、大方。学生集体宿舍因空间有限,不需摆放过多物品进行装饰,否则会显得杂乱无章。其次要做到温馨、舒适。宿舍是放松休息的地方,在美化时可重点烘托温馨、舒适的氛围,让室内充满家的温暖气息。最后要突出文化气息。学生宿舍也是学习的场所,在美化时,要从色彩、风格上考虑这个因素,营造一个安静朴实、书香飘溢、适宜学习的空间。

美化宿舍的重要手段之一就是打造特色宿舍,在干净整洁的基础上按照不同的主题特色去布置宿舍。在打造特色宿舍的过程中,首先,要充分考虑每个人的生活学习习惯、兴趣爱好、文化背景等因素,选择具有共同基础又与众不同的宿舍文化主题。常见的特色宿舍主题有学习型宿舍、运动型宿舍、环保型宿舍、创业型宿舍、浪漫型宿舍、国风型宿舍等。其次,围绕选定的宿舍文化主题,做出别出心裁的整体美化设计。最好是全体成员共同商议,确定特色建设方案,然后共同参与建设,这样有助于培养民主意识,还可以增进室友间的感情。最后,宿舍成员共同制定与文化主题相匹配的活动,如行为习惯养成计划、寝室团建活动等。

宿舍是每一个成员的"家",它由多个小空间组成,因此在美化宿舍时除了考虑宿舍的整体风格外,每个人也可以考虑自己的审美喜好和兴趣,增加一些别具特色的小设计,打造属于自己的别具一格的"私密空间",彰显自己的个性。

在美化、改造宿舍的过程中,还要始终坚持节约用料、变废为宝的理念。低碳、绿色环保不仅是当前的社会需求,也是青年一代的时尚,理应成为大学生的生活方式。如有的同学在美化宿舍时充分利用牛奶盒、饮料瓶、废纸箱等生活垃圾和旧物品,做成各种实用的日用品,不仅创意十足,还向周围的人传递了绿色环保的生活态度。

第三节 垃圾分类

"垃圾是放错地方的资源",进行垃圾分类,实现变废为宝,是生态文明建设倡导绿色、低碳、循环生活方式的重要内容。实行垃圾分类,首先,可以减少垃圾存量,避免潜在污染,保护生态环境;其次,综合利用好垃圾可以生产新的产品,促进资源回收利用,获得更高的经济利益;最后,有利于提升国民素质、推进社会文明,达到生态效益、经济效益和社会效益大丰收。大学生应该加强参与垃圾分类的自主意识,不仅自己做好垃圾分类,还可以参与到垃圾分类相关知识的宣传、推广中。

一、垃圾分类的意义

相对于快速发展的社会经济和日益美好的社会生活,公民对生活垃圾的分类处理意识还不强,对垃圾分类的具体方法还不熟悉,垃圾混投、混运、混处理现象严重影响了环境卫生健康和资源再利用。党的十九大报告提出:"推进绿色发展。加快建立绿色生产和消费的法律制度和政策导向,建立健全绿色、低碳、循环发展的经济体系。构建市场导向的绿色技术创新体系,发展绿色金融,壮大节能环保产业、清洁生产产业、清洁能源产业。推进能源生产和消费革命,构建清洁低碳、安全高效的能源体系。推进资源全面节约和循环利用,实施国家节水行动,降低能耗、物耗,实现生产系统和生活系统循环链接。"这为实施生活垃圾分类投放、分类收集、分类运输、分类处置提供了政策依据。2017年,国家发展改革委、住房城乡建设部共同发布了《生活垃圾分类制度实施方案》,为中国生活垃圾分类制度的实施制定了路线图。

垃圾分类工作是社会新时尚,需要全民参与。垃圾分类体现了每一位公民追求美好健康环境的内在需求,体现了新时代人民对美好生活向往的重要维度,也是全社会共同关注的热点。全民参与垃圾分类的重要意义有以下几点。

(一)垃圾分类可以有效减少环境污染

我国现有的垃圾处理方式主要是填埋和焚烧两种。用填埋的方式处理垃圾,是指在远离生活场所的地方建立垃圾场,将垃圾统一运输到垃圾场进行填埋。虽然填埋时会采用相应的隔离技术,但也难以杜绝垃圾中有害物质的渗透,这些有害物质会随着循环进入整个生态圈,污染水源和土地,并通过植物或动物,最终影响人类的身体健康。焚烧垃圾同样会产生大量危害人体健康的有毒气体和灰尘。

在生活垃圾中,有许多是可循环利用的物品,如纸张,处理时并不需要填埋和焚烧。如果我们能够做好垃圾分类,将纸张进行单独处理,就能有效减少因填埋和焚烧垃圾所造成的环境污染。

(二)垃圾分类可以促进资源循环利用

"垃圾是放错了地方的资源",垃圾的产生就是人们将自己不用的资源当成垃圾抛弃,这种抛弃资源的方式对于整个生态系统都会造成不可估计的损失。国家推行生活垃圾分类处理,就是让放错了地方的资源回归到正确的位置。例如,垃圾中的可回收纸张能够有效减少对森林资源的使用和浪费,可回收的果皮蔬菜等生物垃圾可以作为绿色肥料给土地施肥。此外,垃圾分类还有利于改善垃圾品质,将原本需要填埋焚烧的垃圾进行无害化处理。总之,垃圾分类是处理垃圾公害的最佳方式。

(三)垃圾分类可以节省土地资源

用于填埋和堆放垃圾的场所需要占用大量的土地资源,且垃圾场都属于不可重复使用的土地资源,至少不能重新作为生活区被使用。同时,生活垃圾中还有不易降解物质的存在,会使土地受到严重腐蚀。据相关数据统计预测,推行垃圾分类后将有近2/3的可回收垃圾被再次利用,换句话说就是减少了生活垃圾的产生,从而节省了大量土地资源。

(四)垃圾分类可以提高民众的价值观念

实行垃圾分类被全球公认为是一个国家发展的必然趋势。垃圾分类能够让民众学会如何节约资源、重新利用资源,这不但有助于公民更加关注环保问题,保护公共环境,养成良好的生活习惯,提高个人的公德意识和公民素养,而且有助于公民转变思维,创新地利用一切可重复利用的资源,形成节约意识和创新意识。

学校作为人口密集的公共场所,涉及餐饮、快递等产生生活垃圾的重要环节,垃圾分类任务繁重且紧迫。而大学生是未来社会的中坚力量，又是垃圾分类的直接受益者，更应该从自身做起，用举手之劳维护美好家园。

二、让垃圾分类成为新时尚

(一)可回收物

可回收物是指适宜回收利用和资源化利用的生活废弃物，如废纸张、废塑料、废玻璃制品、废金属、废织物等。

可回收物主要包括报纸、纸箱、书本、广告单、塑料瓶、塑料玩具、油桶、酒瓶、玻璃杯、易拉罐、旧铁锅、旧衣服、旧包、旧玩偶、旧数码产品、旧家电等。

可回收物投放要求：

(1)轻投轻放。

(2)清洁干燥、避免污染，废纸尽量平整。

(3)立体包装应清空内容物，清洁后压扁投放。

(4)有尖锐边角的，应包裹后投放。

(5)采取一定的强制性措施。如根据垃圾的性质将回收垃圾的时间进行分类，避免大家混装。居民一旦错过某种垃圾的投放时间，得等待下次垃圾车的来临。这种强制性措施的实施，很好地促进了国民垃圾分类意识的形成。

(二)有害垃圾

有害垃圾是指对人体健康或者自然环境造成直接或潜在危害的废弃物。

有害垃圾主要包括：废电池(充电电池、铅酸电池、镍镉电池、纽扣电池等)、废油漆、消毒剂、荧光灯管、含汞温度计、废药品及其包装物等。

有害垃圾投放要求：

(1)投放时请注意轻放。

(2)易破损的应连带包装或包裹后轻放。

(3)如易挥发，应密封后投放。

(三)厨余垃圾

厨余垃圾是指在居民日常生活及食品加工、饮食服务、单位供餐等活动中产生的垃圾。

厨余垃圾主要包括：丢弃不用的菜叶、剩菜、剩饭、果皮、蛋壳、茶渣、骨头等。

厨余垃圾投放要求：

（1）厨余垃圾应当提供给专业化处理单位进行处理。

（2）严禁将废弃食用油脂（包括地沟油）加工后作为食用油使用。

（3）纯流质的食物垃圾，如牛奶等，应直接倒进下水口。

（4）有包装物的厨余垃圾应将包装物去除后分类投放。

（四）其他垃圾

其他垃圾是指危害较小，但无再次利用价值，如建筑垃圾和生活垃圾等，一般采用填埋、焚烧、卫生分解等方法，部分还可以使用生物分解，如蚯蚓分解等。

其他垃圾主要包括：砖瓦、陶瓷、渣土、卫生间废纸、瓷器碎片等难以回收的废弃物。

其他垃圾投放要求：

（1）一般采用卫生分解法，可有效减少对地下水、地表水、土壤及空气的污染。

（2）难以辨识类别的生活垃圾投入其他垃圾容器内。

知识链接

2019年12月1日，《生活垃圾分类标志》标准正式实施。为进一步普及生活垃圾分类知识，方便居民生活垃圾分类，由住建部联合中国政府网共同推出的"全国垃圾分类"小程序于2019年12月9日正式上线。

据介绍，"全国垃圾分类"小程序依托于"国务院客户端"小程序平台开发，可使用微信扫描小程序二维码，关注中国政府网微信公众号等方式访问。该小程序目前覆盖全国46个生活垃圾分类重点城市，这些城市的居民可以一键查询所在城市生活垃圾分类政策，同时也可以查看生活垃圾分类标准和投放要求等内容，可很直观地看到各城市当前分类标志情况和新标准标志调整情况。

三、大学生如何做校园里的绿色使者

党的二十大报告指出"我们要推进美丽中国建设""推进生态优先、节约集约、绿色低碳发展"。报告中还强调"尊重自然、顺应自然、保护自然，是全面建设社会主义现代化国家的内在要求"。建设美丽中国，保护生态环境是功在当代、利在千秋的伟大事业。同学们要清醒地认识到保护生态环境的紧迫性和艰巨性，清醒地认识到加强生态文明建设的重要性和必要性，积极做绿色环保的践行者。

（一）树立绿色低碳环保意识，形成绿色价值取向

党的二十大报告指出："必须牢固树立和践行绿水青山就是金山银山的理念，站在人与自然和谐共生的高度谋划发展。"良好的生态环境就是生产力和社会财富，生态环境在

经济社会发展中具有重要的价值。我们既要金山银山,又要绿水青山,高校应主动制定并实施"碳达峰""碳中和"规划,这是"绿水青山就是金山银山"习近平生态文明思想在高校的进一步贯彻落实,不仅能显著减少全社会排放量,更能起到环境育人和社会带动作用,校园"碳中和"本身也会推动科技研发和推广应用。

(二)养成绿色低碳习惯

绿色发展的理念需要每个人的实践。大学生要从小事做起,不买不必要的物品,不穿的衣物及时投放到衣物回收箱,不用的文具、书、笔记本可以送给其他需要的同学,或者通过跳蚤市场进行置换。出门带水杯、餐具,不使用一次性纸杯和餐具。在宿舍、教室要节约用电、用水。复印或打印资料时尽量正反两面使用,节省纸张。外出选择绿色出行。人人争做绿色低碳标兵,处处体现绿色低碳文化,时时参与绿色低碳行动。

(三)主动宣传绿色低碳的生活方式

绿色生活方式与每个人的生活息息相关,体现我们对绿色发展理念的认同度和践行力,对绿色发展和生态文明的最终实现具有关键作用。党的二十大报告指出,要"倡导绿色消费,推动形成绿色低碳的生产方式和生活方式"。作为新时代的大学生,我们要时时刻刻撒播绿色低碳的"种子",带动周围的人养成绿色低碳的生活方式,每一位同学都应以实际行动参与低碳校园的建设。

除此之外,大学生还可以通过科技创新手段将绿色环保理念转变为环保发明,应用到实际生活中。环保发明既可以有效提高大学生的科技创新能力和社会实践水平,还完美地诠释了"节能减排,全民行动"的低碳宣言。

只要我们坚持从我做起、知行合一,就一定能换来蓝天常在、青山常在、绿水常在,定能开创社会主义生态文明的新时代,赢得中华民族永续发展的美好未来。

四、大学生参与垃圾分类的途径

大学生要积极做好垃圾分类的宣传、学习和参与工作。学校的各个社团都有一些专门针对垃圾分类的宣传活动,大学生不仅要积极参与活动,更要在活动中认真学习垃圾分类知识,并将自己学到的知识传播给他人,号召广大师生、家长、朋友在生活中自觉做到保护环境,配合社区工作,共创文明环境。

第四节　种植实践与农事体验

劳动是人们通过自身活动改变自然物的形态或性质的活动,是为人类的生活和自己的需要服务的。通过劳动,人们和世间万物沟通、交流并逐步掌握与世界相处的规律。植物是大自然献给世界的礼物,它们装点了城市、净化了空气。在家中进行景观栽培或果蔬栽培都是通过自己的劳动留住这份美好的方法,它不仅可以美化人们的生活环境,更能陶冶人们的情操。

一、家庭园艺

人需要美容,植物也需要美容,而且植物经过美容整姿后,不但会更美丽,还会更健康。园林植物整形与修剪是专业性很强的工作。植物的美容修剪不能随心所欲胡乱修剪,而是有技巧的,用对方法才不至于伤害植物,才可以对植物的生长发育有帮助。

(一)植物养护

种植小盆栽的时候,要注意光、水、肥的配合。盆栽应该放在有太阳的地方,给予植株足够的光照。生长期及时浇水,避免出现缺水的现象,阴雨天须适当控水。还要在它的生长期定期施肥,肥料的浓度要低,花期可不用施肥。养殖环境闷热潮湿的时候,就要及时用杀菌药喷洒,避免出现病虫害。

1.浇水

在给花浇水时,每天浇水时间一般应选择在上午10时之前或下午4时以后。如果1天只浇1次水,则应安排在傍晚前后。切忌在中午气温高、阳光直射的时候浇水。每天浇水量要适宜,若浇水量过大,土壤经常过湿则很容易造成花的根系腐烂。浇水时应控制水量,不能太多也不能太少,以免出现冲刷土壤或浇不透的现象。

2.施肥

花坛内所需要的肥料主要依靠整地时所使用的基肥。在定植的生长过程中,也可根据需要进行多次追肥,但追肥时千万注意不能污染花叶,施肥后应及时浇水。不可使用未经充分腐熟的有机肥料,以免产生烧根现象。

3.修剪

修剪可控制花苗植株高度,促使茎部分蘖,保证花丛茂密、健壮,保持花坛整洁、美观。一般草花花坛在开花时期,每周剪除残花2～3次;模纹花坛更应经常修剪,保持图案明显、整齐；花坛中的球根类花卉，开花后应及时剪去花梗，消除枯枝败叶，这样可促使子球发育良好。

4.立支柱

生长高大以及花朵较大的植株，为了防止倒伏、折断，应设立支柱。将花茎轻轻绑在支柱上，支柱的材料可用竹竿。对于有些花朵大而多的植株，除立支柱外还可用铅丝编成花盘状将花朵托住。支柱和花盘都不可影响花坛的观赏性。

5.防治病虫害

在花苗生长的过程中要注意及时防治地上和地下的病虫害，花坛养护管理时，由于草花植株娇嫩，所施用的农药要掌握适当的浓度，避免发生药害。

(二)园林工具

园林工具是美化景观的养护设备，是以养护草坪、绿篱，保护花草、树木为作业对象的，可代替大部分手工劳动的机械化工具。按照使用场合，园林工具可分为园艺工具和园林机具。按照使用对象可分为家用工具和专业工具。

园艺工具包括园林剪刀、花卉工具(园林花具、小套花具)等。其中，园林剪刀主要有高枝剪、整篱剪(篱笆剪)、剪枝剪(整枝剪、修枝剪)、多用剪、摘果剪、剪花剪、剪草剪等；花卉工具包括花锹、花铲、花耙、花锄、花叉等，具体有两头锄(两头花锄)、平锄、平耙、三齿花锄、三齿花耙、锄耙、锄镐、大花铲、小花铲、三字花铲、一字花叉、六齿花耙等。

园林机具主要有草坪修剪机、割灌机、绿篱修剪机、油锯、水泵、打孔机、起草皮机、打药机等。随着城市建设的发展，城市绿化已经产业化，日常的养护便依赖这些工具来完成。

二、果蔬栽培

劳动不是一时的心血来潮，而是一个持续时间长、涉及范围广、参与人数多的集体实践活动。一分耕耘一分收获，正如农作物有生长规律一样，我们参与劳动实践，播种了劳动的种子，就要始终树立劳动意识，坚持劳动精神，提高劳动效率，最终才能收获丰厚的劳动果实。

(一)四季种菜的小技巧

1.春季

春季种植蔬菜的重点在于培育幼苗，只要挪移栽种成活，蔬菜的长势就会非常旺盛。由于初春的气温不是很稳定，种植的小菜苗容易遭受冷空气的冻害，所以要先在家中保暖的地方培育幼苗,等到气温稳定之后再把幼苗移栽到室外,移栽之后若能遇到几场小雨,幼苗便能很快长出新根,茁壮成长。

2. 夏季

夏季种植蔬菜最大的问题就是高温高湿,当气温超过 30 ℃时,就要对蔬菜进行一些遮阴处理,并且要及时给蔬菜补充水分。但浇水不能太多,否则会使土壤的湿度过大,土壤的透气性变差,从而导致蔬菜的根部烂掉。无论什么季节,浇水的时候一定要少量多次地浇,浇水时间最好选择在早晚。

夏季种植蔬菜还要注意防虫。在种植蔬菜前最好先把蔬菜的种子放在热水里浸泡一下,起到杀菌的作用。如果不幸发生了病虫害,一定要把患病植株及时清理出菜园,以防危害其他植株。

3. 秋季

在秋季播种蔬菜,需要先将蔬菜种子浸泡后放入冰箱,冷藏催芽以后再播种,比如大蒜、菠菜、芹菜、生菜、莴苣等。秋初种植蔬菜,天气较热,雨水居多,病虫害也多,因此育苗期应该特别注意给幼苗制造阴凉的环境,阳光强烈的时候可以使用防晒网或者旧布遮阴。

晚秋时节,一些瓜果类的蔬菜也进入了收尾阶段,要及时收获并留下种子,之后整好田地,种植一些抗寒的蔬菜。对于准备过冬的蔬菜,一定要在秋末把肥料施足。

4. 冬季

冬季可以种植包菜、大白菜等抗寒蔬菜,它们的根系较深,生长期也较长,适合过冬。一般的耐寒蔬菜在南方地区是不需要采取保温措施的,但北方的冬季必须要用大棚对蔬菜进行保温。

对于越冬生长的 2 年生蔬菜或多年生蔬菜,在冬至到小寒期间需重新施加粪、草木灰、杂肥等农家肥。这样既能满足冬季蔬菜营养和生长的需要,也能够为春天以后蔬菜发芽提供一些养料。冬季病虫害会减少,如果有条件可以用网或者其他防护工具,在上面挂上颜色鲜艳的小布条来驱赶鸟类。

(二)蔬菜的知识

马铃薯:俗称土豆,马铃薯中富含碳水化合物,主要以淀粉的形式存在,大部分是优质淀粉,因而在一定情况下可替代主食。还含有较多的蛋白质,营养价值较高。马铃薯中的脂肪含量较低,还含有多种维生素,如类胡萝卜素、硫胺素、核黄素、维生素C 等。

番茄:又名西红柿,含有多种营养成分,有较丰富的维生素、无机盐、碳水化合物、有机酸及少量蛋白质、脂肪。具有生津止渴、健胃消食、清热消暑、凉血平肝、补肾利尿、降血压等功效。

豇豆:豇豆除含有蛋白质、碳水化合物外,还含有多种维生素、钙等营养成分。鞘内绿色未成熟豆的营养价值接近于一般蔬菜,是一种好食材。由于它富含膳食纤维,可防止便秘,也可预防大肠癌。

萝卜:萝卜含有蛋白质、葡萄糖、果糖、脂肪、多种氨基酸、丰富的维生素,有"不是水果,胜似水果"之称。此外,萝卜还含有矿物质和微量元素。中医学认为萝卜具有通气行气、宽胸利膈、健胃消食、止咳化痰、除燥生津、解毒散瘀、利尿止渴的功效。

茄子:茄子含有丰富的营养物质,如胡萝卜素、维生素 B、维生素 C、蛋白质、碳水化合物及矿物质等。中医学认为茄子性凉味甘,无毒,入大肠、脾、胃经,具有活血散瘀、清热解毒、止血止痛、祛风通络、宽肠利气等功能。

空心菜:空心菜含有蛋白质、脂肪、碳水化合物、无机盐、烟酸、胡萝卜素,以及维生素 B1、维生素 B2、维生素 C 等多种营养成分,具有凉血、止血作用。药理试验证明,紫色空心菜中还含有胰岛素成分,因而能降低血糖,糖尿病患者食用较为合适。

三、劳动价值及农事体验

(一)劳动价值

1.体会劳有所获的满足感

通过种植蔬菜以及观察记录其生长的过程,切身感受蔬菜的生长规律,激发大学生探索自然的兴趣;通过采摘蔬菜的过程,使大学生体会农民劳动的辛苦和粮食的来之不易,教导大学生学会珍惜粮食和别人的劳动成果,并体会劳有所获的满足感。

2.掌握果蔬栽培知识

使大学生熟悉并掌握种植蔬菜的知识,清楚分辨不同农作物的生长习性和种植技巧;通过长时间的观察记录,使大学生了解农作物的生长周期,培养大学生的实践能力和科学实验技能,并将学到的科学知识应用到实践过程中。

3.培养大学生的动手能力

通过了解并掌握不同蔬菜的生长习性,使大学生学会维护蔬菜的健康生长;通过在实践活动中撰写实验记录,培养大学生的观察能力,以及对观察到的信息进行整合、分类的能力;在实践过程中,培养大学生的动手能力,提高大学生的综合素质。

(二)劳动体验

1.盆栽蔬菜

(1)活动准备。

以种植番茄为例,准备好花盆、营养土、肥料、蔬菜种子(苗)、水等。

(2)选苗。

番茄苗应挑选茎部较粗、节间短、花蕾比较多（花蕾多可结出更多果实）、有 7～8 片真叶的种苗。

(3)移栽。

①在容器中装土。

②在容器中挖出一个小坑。

③在挖出的坑中放入基肥（底肥)和土混合后,将苗移栽进去。移栽苗时不要填埋得太深,盖住根部即可。

④浇透水。

⑤将花盆置于背阴处 2～3 天,植株稍微有活力后放到阳光充足的地方即可。

(4)追氮肥。

当苗长到 15 厘米左右时,可追施 1～2 次自制的有机液态氮肥,促进叶茎的生长。要控制施肥量,注意通风和光照,防止植株徒长。

(5)去侧芽。

番茄长势强,每侧的腋芽都能成枝。每株只留 1 个主干,把所有的侧枝或侧芽都陆续摘除。一般每株有 5～7 个穗果时摘心(摘顶),这样可以让植株长得更健壮,有利于结更多果。

摘心时,一般在主干的最后一节穗果上部留下 2～3 片叶,否则会严重影响最上部这节穗果的正常生长,甚至会造成落花落果。

(6)开花结果追肥。

开花结果时,要追施磷、钾肥,浓度不可过大。当植株长得比较高,之前的支撑杆太矮时可以换成高点的杆。

(7)疏果。

如果一个主干上结果过多,可以进行适当疏果。大番茄每枝保留 5～7 个果实就可以了,小番茄可以多留一些(果实摘掉吃一些也是疏果的过程)。

(8)采收。

果实全红时即可采收(半青半红也可采收)。采收后适量追施磷、钾肥,可促进高产。

2.水培蔬菜

水培蔬菜是指大部分根系生长在营养液液层中,只通过营养液为其提供水分、养分、氧气的有别于传统土壤栽培形式下进行栽培的蔬菜。水培蔬菜生长周期短,富含多种人体所需的维生素和矿物质。

(1)活动准备。

以水培生菜为例,先准备好疏松的海绵,大约 3 厘米左右的厚度,将海绵切成小方块,放在水中清洗干净。

(2)准备种子。

生菜的品种很多,可以根据自己的喜好和当地的情况来确定生菜的品种,挑选外观优质、籽粒饱满、没有损伤的种子,品质优良的种子能提高发芽率。将种子放在清水中冲洗干净,然后放在太阳下晾晒,去掉种子里面多余的水分。将种子在硫酸铜溶液里浸泡,取出后洗干净,然后放入 45℃的温水中浸泡,促使种子充分吸收水分。

(3)播种。

将浸泡处理好的种子直接种在海绵上,每块海绵种 2～3 粒,之后加入水分促使海绵吸水浸湿,等待种子发芽。

(4)苗期管理。

播种之后,将它放到阴凉通风的位置,喷水保湿,避开直射的强光。播种后 10 天左右,针叶就展开了,此时可以喷施营养液。

(5)定植水培。

等小苗生长稳定后,可以准备好水培容器,将小苗定植水培。定植后前 10 天,将室内的温度保持在 25℃～28℃左右,定期换水以保持水质清洁,滴入营养液以补充营养,在滴入营养液前,应先洗干净小苗根部。

知识拓展

第六章 服务性劳动实践

第一节　勤工助学

勤工助学(或勤工俭学)活动是指大学生在学校的组织下利用课余时间,通过劳动取得合法报酬,用于改善学习和生活条件的实践活动。勤工助学活动是学校大学生资助工作的重要组成部分,也是提高大学生综合素质和资助家庭经济困难大学生的有效途径。

倡导和组织大学生在课余时间通过参加勤工助学活动获取合法报酬,是贯彻教育与生产劳动相结合、推进素质教育全面实施、加强和改进大学生思想政治教育的重要举措。作为社会实践活动的重要内容之一,勤工助学能帮助大学生进一步了解国情,了解改革开放取得的伟大成就,增强社会责任感,加深对党的大政方针的理解,更加自觉地跟党走中国特色社会主义道路。同时,通过参与勤工助学,能够有效地帮助大学生培养劳动观念和职业道德,锻炼品格毅力,提高综合素质,实现德智体美劳全面发展。

一、勤工助学的岗位

勤工助学是高等学校组织大学生参加校内的助教、助研、助管,实验室的生产活动和各项公益劳动,从勤工助学基金中支付相应的报酬,使家庭经济困难大学生具有稳定、可靠的经济来源的一种资助方式。勤工助学活动由学校统一组织和管理。

从岗位来源来看,勤工助学的岗位分为校内岗和校外岗。校外岗也纳入学校管理。

从勤工助学的时间来看,勤工助学的岗位分为固定岗位和临时岗位。固定岗位是指持续一个学期以上的长期性岗位和寒暑假期间的连续性岗位。临时岗位是指通过一次或几次勤工助学活动即完成任务的工作岗位。

从勤工助学的工作内容来看,勤工助学的岗位主要有:

(1)教学辅助工作,如校教务信息员、学院教务助理等。

(2)科研辅助工作,如兼职实验员,参与教师科研工作,承接校内外研究项目等。

（3）院内管理工作，如党总支工作助理、学生工作助理、共青团工作助理、图书馆管理员、校园治安员等。

（4）校内生活服务、环境美化和卫生保洁工作，如帮厨、膳食助理，各类卫生保洁工作。

（5）临时搬运和卫生、绿化工作。

（6）家庭辅导教师。

（7）校外科技实践活动。

（8）其他适宜大学生从事的工作。

二、岗位选择

勤工助学的岗位有很多，到底应该如何进行岗位选择呢？

（一）先了解自己再选择岗位

选择岗位之前要先认清自己。很多大学生在学业、各种活动中，无暇了解自己，也根本不了解自己内心想找一个什么样的勤工助学岗位。更甚者，当初的专业也是家人熟悉或他们从事的，自己也就迷迷糊糊地选择了这个专业。

比如，有的人对数字不敏感，有的人对分析没感觉，有的人对营销课程感到力不从心，不知道是什么原因。因此，在岗位选择时会深感无力，对所学专业不擅长，对相应领域无兴趣。应该弄清自己内心纠结的根源，是自己毫无兴趣还是自己根本不擅长。认清自己，会让自己的求职更有方向。

有的大学生说"哪里钱多我就去哪里"。薪酬是选择勤工助学岗位的重要因素之一，但它或许也会成为你选择时的一个障碍，特别是针对长期规划。盖洛普报告显示，40％的美国员工对"有机会在工作中做自己最擅长的事情"强烈赞同。管理者和组织能够实施最有利的战略之一是为员工提供机会，使他们能够充分发挥本性、才能以及他们的技能和知识。因此，越优秀的人越会在自己擅长的领域奔跑，奔跑的结果就是使自己更优秀。

对大学生而言，应通过多种途径了解自己，多几次经历体会不同的工作场景，参加不同的课题组或项目组，就知道自己喜欢和擅长的方向，在勤工助学的时候就能选择正确的岗位。

在选择合适的应聘者时，勤工助学的主管会更偏向有所擅长并能切实发挥长处的大学生。因此，对大学生而言，成绩只是基本条件，而优势或有所擅长才是努力的方向。对于认知自己，大学生可以从以下几个方面入手。

1. 从岗位倾向度出发

从发展的角度来说,勤工助学最初的时期称为探索期,有的人在这个阶段会付出很多,不满意时就结束这份工作,殊不知这样会带来更多障碍。因此,在"象牙塔"里的大学生们,可以先尝试与专业一致或不一致的实习工作,这样可以缩短勤工助学岗位的探索期。

有了体验,就是对工作的浅尝辄止。在你身边勤工助学的师兄师姐,就是自己更好了解工作的资源,他们会给予一定的经验,这比自己盲目瞎撞更有效,特别是一些工作时间长且经历丰富的师兄师姐,他们会在最短的时间里给予你有关该岗位的总结与分析。不仅要关注你所做的工作,更多的是学会把自我放在岗位与职能上去评估,评估可以来自内心,也可以来自同事对你的评价。关注来自同事的反馈,他们会对你的创新加以赞赏,或是对于你的细节把控给予正面反馈。对他们所给的建议要认真分析,要反思自己是否在学习上也常常出现这样的问题。

2. 从自我优势出发

在选择勤工助学岗位的时候,先认识自己的优势,然后从自己有优势的方面开始干起。

每个岗位需要具备的胜任力是有所不同的,需要的技能也不同。例如,文科专业的学生可能更加胜任图书馆、办公室等岗位,而理工科的学生则可能在网络管理等岗位上有优势。

3. 从自我兴趣出发

爱因斯坦说过:"兴趣是最好的老师。"一个人如果能够按照自己的兴趣去选择岗位,那么这样的内驱动机就会特别强。做自己感兴趣的事情,就愿意投入更多,不觉得辛苦。反之,做自己不感兴趣的事情,就会有种煎熬的感觉。

兴趣也是另一种可以发挥自我的方式,比如说喜欢唱歌、跳舞就获得了大型节日表演的机会。有的人喜欢写作,勤工助学如果有相关写作的岗位,就会适合这样的人去发光发热。不要小看这种职能,说不定就会获取更多的机会。

(二)价值观与岗位匹配

勤工助学作为一种结合学习与实践的就业形式,为大学生提供了多样化的发展机会。由于每个人的价值观不同,因此他们在选择勤工助学岗位时也会有所差异。

首先,价值观是个体对事物重要性排序的内在信仰和观念体系。它决定了我们的行为方式、决策标准和人生追求。因此,不同的价值观会导致大学生在选择勤工助学岗位时产生不同的偏好和倾向。

其次,对于注重个人成长和锻炼的大学生来说,他们可能更倾向于选择那些能够提供丰富实践经验和技能提升的岗位。例如,教学助理岗位能够让他们接触到教育教学的前沿知识,锻炼自己的沟通能力和组织能力;实验室助理岗位则能够让他们深入了解科学研究的过程和方法,提升自己的实验技能和科研素养。

最后,对于强调经济回报和独立性的学生来说,他们可能更倾向于选择那些薪资较高、工作时间灵活的岗位。例如,校园管理岗位通常能够提供稳定的收入来源,满足大学生的日常生活需求;而校外兼职则能够让他们更好地融入社会,积累工作经验,为未来的职业发展打下基础。

此外,还有一些大学生可能更注重社会责任感和公益精神。他们可能选择参与社会服务类岗位,如志愿者活动、公益组织等。通过为社会作出贡献和帮助他人,他们能够实现自己的价值追求,同时也能够在实践中锻炼自己的组织能力和团队协作能力。

价值观并不是决定岗位选择的唯一因素。大学生在选择勤工助学岗位时还会受到其他因素的影响,如个人能力、兴趣爱好、职业规划等。因此,我们应该在综合考虑各种因素的基础上做出选择,以实现个人价值的最大化。

三、勤工助学中的安全保护

《高等学校勤工助学管理办法》对学生在校期间勤工助学做了相关规定。同时,各大中专院校针对自己学校的情况也分别出台了相关的管理规定。学生在校期间如果要参加勤工助学,不仅要了解国家的政策,还要了解本学校的相关政策。

1.勤工助学中的劳动保护

学校要加强对用人单位招聘和使用学生的过程进行监督,对有损大学生合法权益的行为应予以纠正,甚至取消用人单位招聘大学生勤工助学的资格。要保证大学生参加勤工助学时依法享受劳动保护。

2.勤工助学中的报酬保障

2018 年 8 月,教育部 财政部印发《高等学校学生勤工助学管理办法(2018 年修订)》。新规调整了大学生校内勤工助学临时岗位的薪酬,由原来的原则上不低于每小时 8 元调整为每小时 12 元;参加勤工助学的时间原则上每周不超过 8 小时,每月不超过 40 小时。

大学生在勤工助学过程中要切实保障自己的合理报酬,防止被克扣和拖欠。

3.勤工助学中的人身安全

高校安排勤工助学岗位,应优先考虑家庭经济困难的大学生。对少数民族大学生从事勤工助学活动,应尊重其风俗习惯。不得组织学生参加有毒、有害和危险的生产作业以及超过学生身体承受能力、有碍学生身心健康的劳动。禁止大学生参加高空作业、污染严重、放射性强等易对人体造成伤害和威胁的工作以及其他不适合大学生承担的工作。

四、勤工助学中的侵权应对

在勤工助学过程中,如果出现权益受到侵害的情况,大学生要第一时间通知校方,而不要私自解决。在校内开展勤工助学活动的,大学生及用人单位须遵守国家及学校勤工助学相关管理规定。大学生在校外开展勤工助学活动的,勤工助学管理服务组织必须经学校授权,代表学校与用人单位和大学生三方签订具有法律效力的协议书。在签订协议书并办理相关聘用手续后,大学生方可开展勤工助学活动。协议书必须明确学校、用人单位和大学生等各方的权利和义务,还必须明确开展勤工助学活动的大学生发生意外伤害事故的处理办法及争议解决方法。

在勤工助学活动中,若出现协议纠纷或大学生意外伤害事故,协议各方应按照签订的协议协商解决。若不能达成一致意见,按照有关法律法规规定的程序办理。

五、勤工助学的素质要求

人才市场是竞争性市场,大学生必须具备良好的基本素质,以增强砝码,加大参与勤工助学的机会。为此,大学生必须具备四个意识和五种能力。

(一)四个意识

1.法治意识

当今的社会是法治社会。对于偷窃、群殴等违法行为,轻者被学校开除,重者要受到法律裁决。做事要三思而后行,不可讲江湖义气,也不要为一点钱财走上自毁之路。

2.合作意识

事物不是孤立的,而是相互促进、相互联系的。同样,很多工作不是一个人单枪匹马能完成的,必须通过合作才能够完成。

3.创新意识

创新是一个民族进步的灵魂,是一个国家发展的保证,也是一个人自我发展的动力。只有创新,我们才能克服困难,赢得发展。

4.服从意识

勤工助学规章制度及工作中的作业规范要求是确保勤工助学品质及高效运转的有

力措施,任何学生都不应有自由散漫、我行我素的意识。

(二)五种能力

1.适应能力

当你离开课堂,离开老师,走上勤工助学岗位面对新环境时,要多磨炼自己,以增强适应能力。

2.协作能力

团结就是力量,只有团结协作,互相尊重配合,发挥团队作用,在竞争中求发展,才能更好地施展才华。

3.技术能力

在实践中掌握技能,把理论与实践结合起来,提升自己的能力。

4.沟通能力

人与人之间的交流在人际关系中起到了重要作用。如何真诚地与同事交流,如何向主管坦诚地反映问题,这都需要语言表达能力。

5.突发事件的处理能力

在工作中会发生突发事件,如工伤事故等,你应以最快的速度处理好。因此,大学生要培养思维敏捷、办事果断和解决问题的能力。

第二节　志愿服务

一、志愿服务日渐兴起

1963 年 3 月 5 日,《人民日报》和《解放军报》同时发表了毛泽东的"向雷锋同志学习"的题词。随后,又发表了刘少奇、周恩来、朱德、陈云、邓小平、董必武等党和国家领导人的题词。党和国家领导人的题词,指出了雷锋是我国社会主义建设时期新一代的光辉榜样。"学雷锋"活动可以说是新中国初期最具志愿服务色彩的行动,为以后志愿服务事业在中国的发展奠定了良好的基础。从发展历程来看,中国特色志愿服务事业和学雷锋活动可谓相伴而行、高度融合,雷锋精神也成为中国特色志愿服务的重要标志。

20 世纪 80 年代末 90 年代初,位于我国改革开放最前沿的南部城市广州、深圳等,为帮助外来新移民尽快实现创业或安居梦想,借鉴中国香港、中国澳门等地从事志愿服务

事业的经验成立了"义工组织"。他们将学到的优点与我国内地的"学雷锋"活动相结合，取长补短，打开了我国志愿服务的新局面

1988 年 10 月，天津市和平区新兴街道朝阳里社区 13 名积极分子组成服务小组，开展义务包户服务，成为志愿服务组织的雏形。1989 年 3 月 18 日，新兴街道成立了全国首家社区志愿者组织——新兴街社区服务志愿者协会。不久，社区志愿者服务这种做法经民政部迅速推广到了全国。

1993 年 12 月 7 日，共青团十三届二中全会决定实施青年志愿者行动。1993 年 12 月 19 日，在共青团号召下，2 万余名青年亮出"青年志愿者"旗帜，在京广线开展为旅客送温暖志愿服务，标志着"中国青年志愿者行动"正式启动，也标志着全国范围内的志愿服务工作拉开帷幕。

1994 年 2 月，团中央向社会公开发布青年志愿者标识，标志着中国青年志愿者伸出友爱之手，以跨世纪的精神风貌，面向世界，走向未来。同年 12 月，中国青年志愿者协会成立并发布了"奉献、友爱、互助、进步"的中国青年志愿者精神。

二、志愿服务的基本内容

联合国教科文组织给志愿服务下的定义是："志愿服务是一种利他行为，是指人们在非私人的场合中，在一段时间内自愿且不计报酬地为他人、为社会奉献自己的时间和专业知识。"2017 年 8 月 22 日，国务院颁布《志愿服务条例》，其中第 2 条规定："本条例所称志愿服务，是指志愿者、志愿服务组织和其他组织自愿、无偿向社会或者他人提供的公益服务。"

当前，志愿服务正在成为社会变革的一种积极力量，其形式日趋多样，规模越来越大，产生的社会效益也日益突出。其内涵与特征包括以下几点。

(一)志愿服务是利他主义价值追求的体现

一说起志愿者，很多人脑海中浮现的是乐于助人、无私奉献、不计个人利益的良好形象。可以看出，志愿者始终追求的是利他主义精神。例如，大学生去养老院、孤儿院参与的志愿活动，或者是暑期支教活动等，都是为他人提供服务，为社会作出贡献。这些都体现了志愿服务的基本价值追求——利他主义。志愿者参与志愿服务不是为了个人目的，而是为了帮助他人、服务社会。

(二)志愿服务的基本特征是自愿性

"志愿"这个词的含义，就包含了自愿的意思。志愿服务的自愿性指的是个人具有参加志愿服务的选择权。你可以选择参与志愿活动的形式，比如，你是利用课余时间参加

一次慰问孤寡老人或者关爱残障儿童的活动，还是利用暑假参与支教活动。同样，你也可以选择不参加志愿活动。所以，志愿服务的自愿性意味着志愿活动是非强制性的和非义务性的。同时，需要特别注意的是，自愿并不意味着可以不服从管理。比如，如果志愿者选择参加某个志愿服务组织，就必须遵守该组织的章程，承担相应的义务。如果志愿者自愿选择参加某项具体的志愿服务项目，就必须按照该项目的要求，认真履行自己的职责。《志愿服务条例》第 22 条规定："志愿者接受志愿服务组织安排参与志愿服务活动的，应当服从管理，接受必要的培训。志愿者应当按照约定提供志愿服务。志愿者因故不能按照约定提供志愿服务的，应当及时告知志愿服务组织或者志愿服务对象。"

（三）志愿服务是不求物质回报的无偿性服务

正因为志愿服务是利他主义的价值追求，所以不求物质回报是志愿服务的基本要求，同时也是社会对志愿服务的基本期待。但是，志愿服务本身不求物质回报，却不意味着志愿服务没有经济性。因为志愿服务同样需要有培训、交通、餐饮、医疗、意外保险购买等支持性活动，所以，志愿服务有赖于一定的经济基础。虽然志愿者本人不以物质回报作为参加志愿服务的目的，但对于参加活动的一些必要开支应该得到补偿。所以，政府应加大对志愿服务的经费支持，同时鼓励社会加大对志愿服务的捐赠力度。《志愿服务条例》第 30 条规定："各级人民政府及其有关部门可以依法通过购买服务等方式，支持志愿服务运营管理，并依照国家有关规定向社会公开购买服务的项目目录、服务标准、资金预算等相关情况。"

（四）志愿服务是社会公益性行为

志愿服务的目的是增加全社会的利益和福祉，而不是服务于特定的具体个人。志愿服务活动的形式多种多样，主要包括助老扶弱、支教助学、环境保护、社区服务，以及其他社会公益性活动。同样，志愿服务活动的公益性，意味着志愿服务不是基于亲属关系和朋友关系。比如，家中晚辈照顾无自理能力的老人，是基于亲属关系的服务，不是志愿服务。此外，企业和其他任何机构都不能打着志愿服务的旗号，从事纯粹的商业行为。

三、志愿服务的必备技能

（一）志愿服务者应具备多种服务技能

随着社会的进步，人们对志愿服务的形式、内容、质量都提出了更高的要求。在针对志愿者的调查中，研究结果有超过半数的志愿者认为"自身知识水平以及社会性实践劳动能力的欠缺"，制约了志愿服务的进一步开展，越来越多的志愿者也已经开始注意从事志愿服务所需技能的问题。深入农村的志愿者必须参加组织培训与学习，了解农村的有关法律、法规、习俗和农业知识，到边远地区支教的志愿者必须学习教学方法、沟通技巧，掌握除专业之外的广泛的知识和技能；走入社区提供社区服务的志愿者，不能将自己的服务定格在具体的形式和具体的内容上，必须提供丰富多样的服务以满足社区不同人员的需求；向社会弱势群体伸出援手的志愿者，必须了解并熟悉当地的孤儿院、敬老院的情况；到伤残人士、军烈属、生活有困难的人家中去，必须想其所想，运用自己所掌握的服务技能提供最贴心的服务。可见，无论从事哪一种志愿服务，都必须掌握基本的专业技能。只有认识到这一点，志愿服务工作做起来才能得心应手。

(二)志愿服务应提高专业化服务技能

在高校青年志愿者组织下设立专门的专业项目团队，除了开展日常志愿服务活动外，还可以让专业团队的活动实施项目化管理，提高专项志愿服务的针对性和实效性，打造品牌性专业志愿者服务项目。高校需要在健全学校志愿者组织的同时，大力加强对志愿者基层组织与专业服务队的扶助和指导。高校成立志愿者专业服务队，再配备高年级骨干志愿者，这种项目团队式组织模式运作起来既可以细化职能分工，强化服务功能，又能提升专业服务水平和组织效能。同时，作为专业化青年志愿服务组织，需要在服务的过程中以更加积极、更加专业的志愿服务精神投入服务中，这就需要志愿者树立专业化的志愿服务精神。对于庞大的志愿者群体，要想紧紧地将志愿者凝聚在一起，需要的是志愿者精神的内驱力，激发志愿者的认同感及作为志愿者的自豪感、归属感、使命感。

(三)志愿服务应提高突发事件应对技能

当代高校学生志愿服务已由刚开始的公益劳动、敬老爱幼、帮残助残等志愿活动，扩展到依托重大活动赛事开展志愿服务活动，新一代的大学生越来越多地参与到志愿服务中，成为青年志愿者的中坚力量。高校学生志愿服务工作越来越多地面向社会，对志愿服务工作的要求也越来越高，因此要系统地对志愿者进行专业的应急救护技能培训，使其掌握志愿服务的方式方法和应对突发事件的技能。

四、志愿服务的重要意义

大学生在参与志愿服务的过程中，不但为社会和他人提供帮助，而且自身得到锻炼和提高，思想境界得到升华和发展。实践证明，志愿服务是培养、教育大学生的有效途径，是实践育人的重要途径。

（一）参加志愿服务对社会的意义

1.大学生志愿服务推动社会建设

社会发展需要政府引导,同样也需要市场经济的支持,更需要培育社会组织来完成。而大学生志愿服务组织就属于对社会事务进行自我管理和自我服务的社会组织。大学生志愿服务组织将大学生志愿者组织起来,从事各种公益事业,帮助政府一起解决各种社会问题,从而推动社会建设。

2.大学生志愿服务引领社会文明风尚

所谓现代公民意识就是指公民所具有的独立主体意识、责任意识、法治意识和公德意识,它与志愿服务中的公益精神一脉相承。所以,志愿精神往往引领着一个国家和社会的现代文明风尚。有数据显示,志愿者组织越多、志愿服务越发达的地区,其文明程度也越高。因为志愿精神可以有效地推动一个国家或一个地区文明的进步。大学生志愿服务致力于助老扶弱、社区建设、抢险救灾社会活动等各项公益事业,有效地拓展了社会动员能力,扩大了志愿服务的社会参与范围,促进了社会文明风尚的形成。

3.大学生志愿服务助推构建和谐社会

传递爱心、传播文明是志愿服务的生动写照。大学生志愿者正是基于"奉献、友爱、互助、进步"的志愿精神参加志愿服务,因此大学生志愿服务活动与构建和谐社会相一致,也是实现和谐社会的推动力量。首先,志愿服务过程可以促进人与人之间相互关爱的人际关系;其次,大学生志愿服务强调力所能及和互相帮助,通过激发社会成员的内在自觉性,倡导"人人为我、我为人人"的道德观念,有助于拉近彼此间距离、建立信任关系、增进和谐相处;最后,大学生志愿服务中的环保志愿服务又促进了人与自然和谐相处。加大力度弘扬志愿精神,推进大学生志愿服务工作,将对构建和谐社会作出重大的贡献。

（二）参加志愿服务对大学生的意义

1.帮助大学生体验奉献的价值

通过帮助他人、服务社会的过程,大学生能够获得精神上的幸福感和成就感。大学生参加志愿活动不仅使助人为乐的优秀品质内化于心,还会通过实践提升思想道德水平和文明素养。实验表明,在思想政治理论课上以明确行为指令的方式要求学生必须排队乘坐公交车,效果不是很理想,但在学生参与组织公交文明排队的志愿活动后,更多的学生选择了主动排队乘坐公交车。

2.帮助大学生提升社会实践能力

实践是检验真理的唯一标准。大学生在学校学习的科学文化知识,只有在实践中才能得到验证和巩固。只有走出校园深入社会、了解社会，才能真正得到锻炼，才能成长成才。习近平总书记在《我的上山下乡经历》中讲道，"我1969年从北京到陕北的延川县文安驿公社梁家河大队插队落户，7年的上山下乡的艰苦生活对我的锻炼很大。最大的收获有两点：一是懂得了什么叫实际，什么叫实事求是，什么叫群众，这是让我获益终身的东西；二是培养了我的自信心。"通过志愿活动，大学生有机会走出校园，深入贫困山区，了解贫困地区人民的生活状况。通过深入社区、敬老院、孤儿院、福利院参加志愿活动，可以看到社会弱势群体的生活状况。这些实践经历，有助于大学生建立实事求是的实践精神，进一步关注社会发展、关爱人类进步。

五、志愿服务的特性及认识误区

志愿服务是指在不求回报的情况下，为改善社会，促进社会进步而自愿付出个人的时间及精力所做的服务工作。奉献精神是高尚的，是志愿服务精神的精髓。志愿服务具有五个特征，即：自愿性、无偿性、公益性、服务性、组织性。

(一)志愿服务的特征

1.自愿性

自愿性并不排斥义务性。举例来说，有的公交线路没有无障碍设施，我们有义务帮助残障朋友同样享受公交出行这项公共服务。为了让社会更美好，让每个人都享受发展带来的福祉，我们就有义务、有责任不求回报地去为他人服务、为社会付出。因此，志愿服务可以在缩小或消除贫富差距，促进共享社会发展成果上发挥作用。

2.无偿性

志愿者无报酬，志愿服务有成本。志愿者在志愿服务中付出时间、劳动、智力等，是不能获取报酬的，但为此付出的交通等成本，是可由志愿服务组织、服务对象或企业，通过补贴的方式来帮助志愿者分担；也可通过提供保险、培训学习等方式，给予志愿者一定回报或保障。志愿服务成本既可由志愿者组织方、志愿者、志愿服务对象独自承担，也可由多方共同承担。

3.公益性

志愿服务最核心的就是拒绝私益。《中国志愿服务大辞典》关于"志愿服务"的定义中，明确提出"服务于非近亲属"。如学生回家做家务等，都不是志愿服务。

4.服务性

志愿服务强调非物质化的援助。如献血、捐款行为，本身是物质化援助，不属于志愿服务。但是参与献血动员宣传、服务于献血者等，是志愿服务。同样，在募捐中参与动员、宣传、组织管理等服务也是志愿服务。

5.组织性

有组织的志愿服务能够极大地提升志愿服务贡献力。经常出现去养老院的志愿者重阳节时多、平常少，应急救援时去往灾区的志愿者多导致道路拥堵等，这些都是志愿服务缺乏管理或组织不力导致的。志愿服务的组织性还有利于推动志愿服务制度化、专业化，如规范志愿者招募和培训等，将有助于志愿服务事业持续、健康发展。

(二)志愿服务的认识误区

1.道德优越感

志愿者和志愿服务缘于利他精神和行善行为，很自然地会被打上道德的标签。遗憾的是，这种标签并不总是利于志愿者的思想理念和志愿服务行为，较易让志愿者产生"居高临下"的道德优越感。

这种道德优越感，突出的表现是让志愿者在志愿服务行为中，自认为是做道德崇高的事，从而轻视规则，对其他相关组织或个人提出一些不合理要求和支持条件，有些甚至给对方带来负担和麻烦，违反规矩，破坏规则，强人所难，造成"道德绑架"。

2.施恩心理

志愿服务并不是施恩，它在给对方带来服务的同时，也成全了自己的道德之善和人性之美。因此，志愿者应该怀有谦卑的感恩心理，要感恩组织方、感恩服务对象，怀着谦卑的心去做崇高的事。

志愿服务是利他行为，从深层次讲，也是志愿者心灵上的"自利"行为，是志愿者自我完善和自我成全的"自益"行为，在以善行影响和改变他人的同时，获得自身的改变和提升。严格意义上的志愿服务，其产出的质与量应该高于有偿服务。

3.领袖欲

志愿服务是社会性活动，属于社会工作。喜爱社会工作的人，一般都热情大方，具有亲和力、号召力等社会性特点。这些都是社会工作者应该具备的良好性格和个人特质。另一方面，这种性格也容易造成个人"领袖欲"的滋生和膨胀，只愿意当主角，不愿意当配角，更不愿意做普通一员。如有的志愿者一旦志愿服务活动不能按自己的意愿想法进行，就会产生负面情绪，不服从管理和工作分配，自行其是。

这种"领袖欲"严重损害志愿团队的团结协作，也违背了志愿服务中平等和对等的人际关系精神。志愿服务团队需要骨干队员和核心力量，但更重要的是，让每一个队员都能感受到平等、亲善的良好氛围,而非等级森严的团队关系。现在很多团队建设,都将小组负责人称为"召集人",就是这个道理。

4. 表现欲

行善本是自我修行和完善自我,有人却把志愿服务和行善当作追逐名誉、求得功名的秀场,如把行善和志愿服务放在聚光灯下,并宣传报道,希望得到表扬表彰,否则,认为自己的志愿服务没有意义。

作为志愿服务组织,理应给予志愿者以精神甚至物质上的褒奖,赋予志愿服务以荣誉感。但这些不应该是志愿者刻意追求的东西,志愿服务精神的最高境界,是利于他人、成全自己,应本着无所求的态度和理念参与其中。否则,当自己的个人荣誉需求得不到满足时,做好事、好心情就只能是一句空话。

5. 英雄主义情结

每个人内心都藏有一个英雄,都有一种英雄主义情结,这是好事,但在志愿服务活动中,要善于把握和表现,要有度。

英雄主义的主要特征是只喜欢做"高大上"的事情,不屑于参与普通小事。其实,志愿服务所从事的事情,多是一些被人忽视或不愿意去做的"脏""乱""差"的小事,是生活日常中不起眼的"小善"。

6. 牺牲精神

志愿服务并不提倡以牺牲个人或家人为代价,服务他人。如果一项志愿服务,需要以牺牲另一部分人的利益或亲情,参与者就应该谨慎权衡。

志愿服务可以牺牲自己的休息时间,可以付出自己的汗水、热情和智慧,但不应该由此损害自己的生活,或以伤害家庭亲情为代价。常有媒体赞美报道某些志愿者因为参与志愿服务,置自己亲人的病痛照料而不顾,这是不提倡的。参与志愿服务要量力而行,不应该以牺牲某些人为代价,去实现服务另一部分人的目的。

7. 排他性

志愿服务积极健康的善意竞争,能促进提高各类志愿者服务的质量,激发拓展志愿服务的领域,也能促进志愿者个人综合素质的提升。但有些志愿者团队,在遇到与自己同类型的志愿服务队或志愿服务活动时,就会持排斥竞争心理,形成恶性竞争。

恶性竞争具体表现有两方面:一是拒绝分享彼此的志愿服务信息;二是拒绝合作,不愿意整合汇聚各自力量,共同完成某项志愿服务。自己没有能力去做的志愿服务,不愿意与别人分享信息;自己隶属于某个志愿服务队,就拒绝参与别的志愿队活动,甚至对参与队友提出批评或抱有抵触情绪。这些,都是极不利于志愿服务精神培育的。

志愿榜样

被人需要是一种幸福

我是符双喜,在大学阶段,有幸参加了一系列志愿服务活动,也因为志愿服务收获了自己的成长。

2016 年暑期曾创建香草燕华公益学生团队,组织第一届"恒爱"四叶草公益夏令营;2017 年寒假担任返乡志愿服务队队长,积极开展特色志愿活动,多次获评"最美返乡志愿者";2017 年暑假组织参与荆门市暑期"希望家园"支教活动,获评荆门市"优秀志愿者";加入上海慈慧公益基金会,连续 3 年到养老院开展孝亲敬老活动,获评慈慧"优秀志愿者";作为地铁文明总队志愿者,连续 3 年参与武汉地铁志愿服务,并获评"武汉地铁十佳志愿者";作为小桔灯志愿者,连续 3 年参与暖冬行动志愿服务,并获评"武铁春运优秀志愿者";作为红十字医疗志愿者,曾多次为武汉马拉松、武汉市女子半程马拉松等大型赛事活动提供医疗保障志愿服务……

2019 年 10 月,第七届世界军人运动会在武汉举办。我有幸成为军运会志愿者中的一员,并很荣幸作为市民代表向武汉市民发起了"迎军运文明我先行"的倡议。10 月,我们志愿者一定会通过热情好客的行动、文明友善的行动,让世界感受到武汉的开阔胸怀,领略武汉的文明风尚!

大学毕业,我希望能够成为中国青年志愿者扶贫接力计划研究生支教团的一员,到西部去,到基层去,到祖国最需要的地方去,圆人生的一个梦想,为中国梦贡献自己的一份力量!

资料来源:《中国青年报》,2019 年 6 月 14 日,有改动。

劳动榜样

打磨时光成高光

罗昭强,中车长客股份公司高级技师,中国中车首席技能专家。10 多年前,他还是一名崭露头角的维修电工,如今,他已成为高铁调试大师、工人发明家,相继捧回了中华技能大奖、国家科技进步奖等,并光荣当选为全国劳动模范。

人生是一场永无止境的攀登,不断为自己制订新的更高目标,并努力地去实现,这或许是他成功的关键。

创新,可谓罗昭强持之以恒追求的目标,而超高的技术水平,为他在创新的舞台上纵情腾跃,提供了坚韧的撑竿。他开创了"由蓝领工人主持的研发项目获北车科技成果奖"

的先河。2018年,其创新项目"高速列车整车调试环境模拟技术及应用"更是荣膺国家科技进步奖二等奖,并取得国际专利授权。

"这一发明能再现真车各种功能、模拟各类运行故障,不仅大大降低了使用价值上亿元的高铁实车来培训调试新人的风险,而且可提升培训效率5倍、提升调试工序效率20％。"罗昭强告诉记者,他们刚开发出的新一代"复兴号"高速动车组模拟实训系统,就是对该项成果的全方位"再升级",这套技术现已申报发明专利16项。

第三节 践行志愿服务精神

大学生是践行新时代志愿精神的主力军,当代中国的发展对大学生志愿服务工作有新的需求,同时也对新时代志愿服务工作提出了新期望和新要求。高校对大学生进行志愿精神的培育具有非常重要的意义。高等学校要在大学教育中加强志愿服务管理的制度化、规范化和专业化,采取相关措施积极探索对大学生志愿精神培育的多样化模式,将志愿精神的培育工作与"一带一路"高峰论坛等国家和社会时事紧密联系,将志愿精神培育和思想道德课程深度融合,以形式丰富的志愿活动为载体,尝试服务领域多样化和服务活动品牌化,确保志愿服务保障体系化和激励机制长效化,促进大学生志愿精神的培育工作。

一、志愿者注册

志愿者可以将其身份信息、服务技能、服务时间、联系方式等个人基本信息,通过国务院民政部门指定的志愿服务信息系统自行注册,也可以通过志愿服务组织进行注册。

(一)注册志愿者的基本条件

(1)年满18周岁或16~18周岁以自己劳动收入为主要生活来源者;14~18周岁者,

须经其法定代理人同意；未满 18 周岁的在校学生申请注册的，按所在学校有关规定办理。

(2)具备参加志愿服务相应的基本能力和身体素质。

(3)遵守国家法律法规和注册机构的相关规定。

(二)志愿者注册机构

市(地、州、盟)、县(市、区、旗)、乡(镇、街道)以及大中专院校团组织及其授权的志愿者组织为志愿者注册机构。

(三)注册志愿者的义务

(1)遵守国家法律法规及团组织、志愿者组织的相关规定。

(2)每名注册志愿者根据个人意愿至少选择参加一个志愿服务项目或活动，每年参加志愿服务时间累计不少于 20 小时。

(3)履行志愿服务承诺，完成志愿服务任务，传播志愿服务理念。

(4)自觉维护团组织、志愿者组织和志愿者的形象。

(5)在志愿者职责范围内，自觉维护服务对象的合法权益。

(6)自觉抵制任何以志愿者身份从事的营利活动或其他违背社会公德的活动(行为)。

(7)依法应当承担的其他义务。

二、志愿服务组织活动规范

2017 年 12 月 1 日起施行的《志愿服务条例》，对志愿服务组织和志愿者活动规范进行了详细的规定。其中，对志愿服务组织活动的规范主要有以下几项。

(1)志愿服务组织可以招募志愿者开展志愿服务活动；招募时，应当说明与志愿服务有关的真实、准确、完整的信息以及在志愿服务过程中可能发生的风险。

(2)需要志愿服务的组织或者个人可以向志愿服务组织提出申请，并提供与志愿服务有关的真实、准确、完整的信息，说明在志愿服务过程中可能发生的风险。志愿服务组织应当对有关信息进行核实，并及时予以答复。

(3)志愿者、志愿服务组织、志愿服务对象可以根据需要签订协议，明确当事人的权利和义务，约定志愿服务的内容、方式、时间、地点、工作条件和安全保障措施等。

(4)志愿服务组织安排志愿者参与志愿服务活动，应当与志愿者的年龄、知识、技能和身体状况相适应，不得要求志愿者提供超出其能力的志愿服务。志愿服务组织安排志愿者参与的志愿服务活动需要专门知识、技能的，应当对志愿者开展相关培训。开展专业志愿服务活动,应当执行国家或者行业组织制定的标准和规程。法律、行政法规对开展志愿服务活动有职业资格要求的,志愿者应当依法取得相应的资格。

(5)志愿服务组织应当为志愿者参与志愿服务活动提供必要条件,解决志愿者在志愿服务过程中遇到的困难,维护志愿者的合法权益。志愿服务组织安排志愿者参与可能发生人身危险的志愿服务活动前,应当为志愿者购买相应的人身意外伤害保险。志愿服务组织、志愿者应当尊重志愿服务对象人格尊严,不得侵害志愿服务对象个人隐私,不得向志愿服务对象收取或者变相收取报酬。

(6)任何组织和个人不得强行指派志愿者、志愿服务组织提供服务,不得以志愿服务名义进行营利性活动。任何组织和个人发现志愿服务组织有违法行为,可以向民政部门、其他有关部门或者志愿服务行业组织投诉、举报。民政部门、其他有关部门或者志愿服务行业组织接到投诉、举报,应当及时调查处理;对无权处理的,应当告知投诉人、举报人向有权处理的部门或者行业组织投诉、举报。

三、志愿者志愿活动规范

《志愿服务条例》对志愿者的活动进行了详细的规定,具体如下。

(1)志愿者可以参与志愿服务组织开展的志愿服务活动,也可以自行依法开展志愿服务活动。

(2)志愿者接受志愿服务组织安排参与志愿服务活动的,应当服从管理,接受必要的培训。

(3)志愿者应当按照约定提供志愿服务。志愿者因故不能按照约定提供志愿服务的,应当及时告知志愿服务组织或者志愿服务对象。

四、志愿服务的领域

志愿服务在我国经过几十年的发展,目前志愿服务的主要领域包括扶贫济困、助学支教、助老助残、社区服务、生态建设、大型活动、抢险救灾、社会管理、文化建设、公益宣传、西部开发、海外服务等。助学类志愿服务的一般工作主要为参与收集调查贫困学生资料、整理贫困学生资料、宣传助学活动、募集助学款、助学后续工作跟进等;助残类志愿服务主要包括宣传全社会公众平等对待残疾人,协助残疾人学习基本生活技能,促进减少社会公众与残疾人的交流障碍等;环保类志愿服务包括环境保护宣传工作及一些身体力行的环境保护活动开展等;社会公益类志愿服务一般包括献血、遗体捐献、戒毒等宣传。

随着志愿队伍的壮大,志愿服务组织的增多,志愿制度的规范,志愿活动的范围逐步拓宽。未来,志愿服务将更加深入地涉及百姓生活的方方面面,成为社会运行不可或缺的因素。

劳动榜样

青春是翠绿的

习近平总书记说,青年是整个社会力量中最积极、最有生气的力量,国家的希望在青年,民族的未来在青年。

春天的呼伦湖,积雪渐融,万物复苏。湖畔的野生动物救护繁育中心一派生机勃勃,40多名青年环保志愿者正在打扫清理野生动物的活动场地,不时用镜头记录下动物们的互动瞬间。

"呼伦湖是这一方水土的母亲湖,保护这片湖水和这里的动物是每个人的责任。"活动组织者、呼伦贝尔环保志愿者协会会长代守扬说。

在她看来,环境保护已成为草原青年日常生活的一部分。31岁的她几年前辞职,专心从事环保工作,2016年发起成立环保志愿者协会,与当地青年每年开展草原捡垃圾、生物多样性保护、垃圾分类宣传等近百场公益活动,累计吸引4000多人次参与。

面向未来,中国青年恰如春天的内蒙古大草原生机勃勃。2019年,代守扬在世界经济论坛"全球杰出青年社区"活动上,与各国青年代表分享了自己的环保实践。她说:"世界的环保事业不能缺少中国青年的力量。"

第四节 "三支一扶"

1999 年高校扩招以后,中华人民共和国高等教育从精英教育向大众教育转化,每年数百万应届大学毕业生走出校园步入社会,大学生就业形势日益严峻。中华人民共和国是世界上人口和劳动力最多的发展中国家,各地经济发展水平很不均衡,农村基层人才缺乏与高校毕业生就业难一直是困扰国家经济发展的两大问题。广大农村农业、教育、医疗方面的人才缺口大,而每年几十万大学毕业生无业可就。为建设社会主义新农村,缓解大学生就业压力,拓宽就业渠道,国家实施了基层人才培养计划。

一、"三支一扶"的基本内容

"三支一扶",即选派高校毕业生到基层从事支教、支农、支医和帮扶乡村振兴的服务项目。该项目是人力资源和社会保障部会同有关部门组织实施的高校毕业生基层服务项目,于 2006 年起正式实施。

"三支一扶"人员在基层从事 2~3 年,在岗期间可享受工作生活补贴、社会保险、一次性安家费等待遇;服务期满后可享受公务员定向考录、事业单位专项招聘、考研加分等优惠政策。"三支一扶"计划已经成为高校毕业生服务基层的重要品牌,为基层输送了大批急需人才,为广大青年人才在基层一线锻炼成长提供了重要平台。

2021 年 5 月 28 日,人社部会同相关部门印发通知,决定于 2021 年至 2025 年实施第四轮高校毕业生"三支一扶"计划,每年选派 3.2 万名左右高校毕业生到基层服务。围绕实施乡村振兴战略,以培养党和国家事业发展需要的基层人才为根本,以服务基层、改善基层人才队伍结构为目的,引导和鼓励高校毕业生到基层干事、创业,加快培养一支扎根基层、奉献基层的青年人才队伍,为全面推进乡村振兴、加快农业农村现代化提供人才和智力支持。

(一)支教计划

农村地区由于各种原因,教育发展面临较大困难。支教计划人员到师资紧缺的基层义务教育学校从事支教服务。通过派遣大学毕业生到农村从事教育工作,可以为农村学校引入新的教学理念、教育资源和教育创新方案,提高教师素质和教育水平,进一步改善农村教育条件,为农村经济发展培养更多的人才。对于支教计划人员,部分地区报考可能存在要求须是已取得教师资格证的高校毕业生,具体以每年各省公告为准。

(二)支农计划

农村地区是农业生产的重要基地,农业是农村地区的重要经济来源,而由于人力资源和技术水平的限制,农村农业发展滞后。支农计划人员到乡镇或农技服务部门从事支农服务。派遣大学毕业生到农村从事农业技术推广及农产品加工等工作,可以为农村农业带来新的科技和管理理念,提升农业生产效率和质量,推动农村农业向现代农业转型,为农村经济的发展提供强力支撑。对于支农计划人员,部分地区报考可能存在要求林业岗位须是林学、林业类、园林、计算机科学与技术专业的高校毕业生,具体以每年各省公告为准。

(三)支医计划

农村地区卫生条件相对较差,医疗资源匮乏,基层医疗服务不足。支医计划人员到乡镇卫生院从事支医服务。通过派遣大学毕业生从事卫生服务工作,可以为农村居民提供更高质量的医疗服务和健康指导,提高农村居民的健康水平,有效解决基层医疗资源不足的难题,推动农村卫生保健事业的发展。对于支医计划人员,部分地区报考可能存在要求须是医疗卫生类专业的高校毕业生,持有护士执业资格证、健康照护师证、医学检验专业技术资格证书、医师资格证书、医师执业证书等职业技能等级证书,具体以每年各省公告为准。

(四)帮扶乡村振兴计划

帮扶乡村振兴计划原为扶贫计划。2021年初,中国宣告脱贫攻坚战取得了全面胜利,因而政策要由集中资源支持脱贫攻坚向全面推进乡村振兴转变。帮扶乡村振兴人员到乡镇从事帮扶乡村振兴开发项目服务,一般对报考帮扶乡村振兴岗位人员无特别要求,具体以每年各省公告为准。

随着新农村建设发展,尤其是随着城乡一体化和公共服务均等化的发展,各地的岗位领域已经突破"支教、支农、支医和帮扶乡村振兴"的初定边界,拓展到基层就业和社会保障服务、文化服务、社区建设服务、计生保健、卫生防疫等多个领域。部分地区报考可能存在要求,例如部分地区要求水利岗位须是水利类专业的高校毕业生,具体以每年各省公告为准。

二、"三支一扶"的组织招募

"三支一扶"一般的招募流程为:网上报名、资格初审、打印准考证、笔试、资格复审、面试、体检、确定拟招募人员、公示、下发招募录取通知、签订协议、岗前培训、正式上岗。具体以每年各省公告为准。

"三支一扶"招募将结合基层人才需求和岗位空缺情况,合理确定招募规模、条件。各地可在下达的中央财政补助名额基础上,适当扩大招募规模。严格选拔招募程序,推进部、省联动发布招募方案、考试公告等工作。招募计划要向乡村振兴重点帮扶县倾斜,向脱贫地区、艰苦边远地区和少数民族地区倾斜。优先招募脱贫户、零就业家庭毕业生,免收报名费和体检费。优先招募已参加住院医师规范化培训的医学类毕业生。对招人难、留人难的艰苦边远地区,可适当放宽专业要求,降低开考比例,提高招募本地户籍毕业生比例。

具体来说,每年4月底前,各部门收集、汇总基层岗位的需求信息,然后统一上报给全国"三支一扶"工作协调管理办公室,同时面向社会公开发布招聘信息。到5月底前,各地根据下达的招募计划和实际情况,采取考核或者考试的方式进行招募选拔。选拔出的大学生在经过审核、体检后,最终确定人选。每年6月底前,各地方部门会将最终名单上报给全国"三支一扶"工作协调管理办公室进行统一备案。被选拔上的大学生还要进行集中的岗前培训,培训内容主要针对今后的具体工作。比如学习党和国家有关基层工作,特别是基层教育、农业、卫生、水利、社会保障方面的方针政策,服务地区基层的工作现状,以及个人服务单位和岗位的基本情况等。7月底前,开始派遣"三支一扶"大学生到服务单位报到。

"三支一扶"大学生在服务期间,其服务单位要全面负责其工作及生活安排。服务单位要承担对大学生的日常管理工作,并根据工作需要积极为大学生提供培训机会。

三、"三支一扶"的期满去向

国家为鼓励"三支一扶"大学生扎根基层,会对服务期满的大学生出台各类优惠政策,具体如下。

(一)定向招募

期满考核合格的"三支一扶"人员,可参与机关定向考录和事业单位专项的招募。根据《中共中央组织部 人力资源社会保障部等十部门关于实施第四轮高校毕业生"三支一扶"计划的通知》,将加大机关定向考录和事业单位专项招聘力度。落实公务员定向考录政策,各省(区、市)每年应拿出公务员考录计划名额的10%左右,面向"三支一扶"计划等服务基层项目人员定向考录。

各省(区、市)县乡基层事业单位公开招聘时,应根据本地区实际拿出一定数量或比例的岗位,对"三支一扶"服务期满考核合格的人员进行专项招聘,并增加工作实绩在考察中的权重,聘用后可以不再约定试用期;省市事业单位公开招聘时,对"三支一扶"服务期满考核合格的人员同等条件下优先聘用。2021 年,"三支一扶"服务期满人员中近七成被机关事业单位录(聘)用。

(二)学习深造

期满考核合格的"三支一扶"人员,可继续学习深造。

"三支一扶"人员在三年内参加全国硕士研究生招生考试可以初试总分加 10 分,且在同等条件下优先录取。已被录取为研究生的应届毕业生如参加"三支一扶"计划人员,学校应为其保留入学资格。

高职(高专)毕业生且为期满考核合格的"三支一扶"人员可免试入读成人高等学历教育专科起点本科,还可按规定享受学费补偿和助学贷款代偿政策。

对符合国家执业医师资格考试规定的支医人员,凭服务地医疗机构出具的试用期考核合格证明,由县级卫生健康行政部门协助办理参加考试手续。本科及以上学历毕业生参加支医服务的,期满且考核合格后由县级卫生健康主管部门统一安排参加住院医师规范化培训。

(三)就业创业

各地要依托公共就业和人才服务机构,为自主就业的服务期满人员提供有针对性的就业服务。对就业困难的,提供"一对一"就业帮扶。及时将有创业意愿的服务期满人员纳入创业引领行动,提供创业培训、孵化等服务,鼓励创办家庭农场(林场)、农民合作社,按规定落实扶持政策。

四、"三支一扶" 的重要意义

(一)有助于农村引进高素质人才

建设社会主义新农村,最关键的还是在人才。从目前的实际情况看,农村基层人才匮乏,素质迫切需要提高,尤其是在教育、医疗卫生、农业技术等方面,表现得更加突出,在有些地方此类问题已成为农村发展的瓶颈。由此看来,解决农村基层人才匮乏的问题已迫在眉睫、刻不容缓。在此种情况下,实施高校毕业生"三支一扶"计划,选派优秀高校毕业生支教、支农、支医和帮扶乡村振兴,将切实为农村输送一大批高素质人才,改善农村人才队伍结构,促进农村各项事业的发展。

(二)有助于拓宽毕业生的就业渠道

高校毕业生是我国宝贵的人才资源。高校毕业生的就业问题,直接关系到人民群众的切身利益和人才作用的发挥,对此,党和国家高度重视。从目前的实际情况看,对一部分高校毕业生来说,并不是无业可就。我国农村基层和艰苦边远的地区急需大量各类人才,但由于此类地区各方面待遇、条件、政策、工作环境等因素,影响了高校毕业生到基层工作的积极性。实施高校毕业生"三支一扶"计划,采取有力的优惠政策,吸引高校毕业生到基层服务且坚持下去,将大大拓宽高校毕业生的就业渠道。同时,帮助大学生深入了解国情、了解社会,培养吃苦耐劳的品质,树立行行建功、处处立业的观念,形成良好的就业氛围。

(三)有助于培养高质量的青年人才队伍

青年人才是国家和民族的希望。所以,我们必须把培养高素质的青年人才作为实施人才强国战略的重点。"三支一扶"岗位无疑向广大有抱负、有志向的年轻人提供了施展才华的广阔舞台。通过"三支一扶"考核合格的大学生,都是既有现代科学文化知识,又有基层工作经验,同时还具备强烈社会责任感的优秀青年,他们必将推动经济社会的全面和谐发展。

虽然有的大学生在"三支一扶"服务期满后,仍然要面临重新择业就业的问题,但是这段难得的经历会锻炼大学生的坚强意志,也为大学生提供了丰富的基层工作经验。所以,择业就业机会比其他从未在基层工作的大学生大得多。从这个角度说,"三支一扶"岗位是大学生择业就业的一个优势因素。同学们应该抓住机遇,多到基层历练,积累基层工作经验,为今后择业就业做好准备。

第五节　扶贫支教

1998 年 7 月 6 日发布的《共青团中央、教育部关于实施青年志愿者支教扶贫接力计划有关政策的意见》(中青联发〔1998〕28 号)指出,为充分开发青年人力资源,促进广大青年在实践中锻炼成长,加强社会主义精神文明建设,同时缓解贫困地区教师数量不足、教学质量偏低的问题,根据中央领导的指示,中央文明办、共青团中央将从 1998 年开始组织实施青年志愿者支教扶贫接力计划。这项计划以公开招募、定期轮换的方式,组织具有一定文化水平的青年志愿者到贫困地区从事 1～2 年中小学教育和科技、文化、医疗等方面的志愿服务。自此开始,中华大地掀起了扶贫支教的热潮。时至今日,支教活动热度不减,每年都有大量青年学生主动请缨,参与支教。

一、扶贫支教的意义

大学生扶贫支教作为高校公益活动的主要形式之一,其积极意义在于引导大学生以脑力劳动为依托，以培育爱国精神为根本，培育社会责任感，践行劳动实践理念。其重要意义有以下几点。

（1）以脑力劳动为依托，接受劳动教育。劳动分为体力劳动和脑力劳动两种。扶贫支教作为一种脑力劳动方式，是大学生体验劳动精神、树立劳动观念的重要途径之一。通过扶贫支教，大学生在利用所学知识、传授所学知识的同时，能够体会到脑力劳动的乐趣，加深对脑力劳动的了解，这对大学生树立劳动观念有重要的实践意义。

（2）以爱国精神为根本，升华劳动观念。扶贫支教的最终目的是改变贫困山区教育落后的现状和面貌，均衡国家的教育资源和力量，以期达到教育均衡发展的目的。大学生能够参与这样具有时代意义的活动，对爱国精神会有更加深刻的体会。同时，在扶贫支教过程中，通过自己的劳动为国家、社会、他人做出应有的贡献，这对大学生体验劳动的收获感、培养劳动自豪感具有重要意义。

（3）以提高综合能力为目的，为全面参加社会劳动打基础。在支教过程中，大学生需要进行方方面面的劳动准备和实践。"台上一分钟，台下十年功"，这句话对台上的教师同样适用。尤其对没有教学经验的大学生而言，要想在支教中获得良好的教学效果，需要做多方面的准备工作。在支教前，大学生需要对当代中国的教学形式、教学理念、教学改革、教学技术、教学方法、教学评价等有大致而深入的了解，需要对教师职业道德有系统地学习，需要对支教地区的教育现状有所了解，需要对所教的学生群体有所了解，需要对支教的课程内容有深入的把握，需要对该课程适合采用的教学方法进行深入研究。不仅如此，在支教过程中，对大学生的生活、学习、思想等各个方面的问题，支教教师都要有应对和解决的能力。

二、扶贫支教的类型

从总体上来讲，大学生参加扶贫支教有两种类型：一种是政府部门、学校组织的扶贫支教，也就是官方组织的扶贫支教；另一种是民间组织发起的扶贫支教或个人进行的扶贫支教。

（一）官方组织的扶贫支教

2003年，团中央、教育部、财政部、人力资源和社会保障部根据国务院常务会议和全国高校毕业生就业工作会议精神，联合实施大学生志愿服务西部计划，招募一定数量的普通高等学校应届毕业生或在读研究生，到西部基层开展为期1～3年的志愿服务工作，鼓励志愿者在服务期满后扎根当地就业创业。

西部计划按照服务内容分为基础教育、服务"三农"、医疗卫生、基层青年工作、基层社会管理、服务新疆、服务西藏 7 个专项。从 2003 年起,团中央、教育部、财政部、人力资源社会保障部联合实施大学生志愿服务西部计划,实施 21 年来,已累计招募派遣超过 50 万名大学生志愿者在 2000 多个县(市、区、旗)基层服务。

作为实践育人工程,西部计划能够引导具有理想主义情怀的青年人通过火热的西部基层实践,进一步坚定理想信念、锤炼意志品格、升华志愿情怀;能够引导和帮助高校毕业生树立正确的就业观与劳动观,并为他们搭建到西部、到基层、到祖国和人民最需要的地方干事创业的通道与平台。

扶贫接力计划采取公开招募和定期轮换的方式,动员和组织青年以志愿服务的方式到贫困地区开展为期半年至两年的教育、农业科技推广、医疗卫生、乡镇企业发展等方面的服务工作,服务期满后,由下一批志愿者接替其工作,从而形成接力机制。

扶贫接力计划实施多年,锻炼了大批青年学生通过自己的劳动奉献社会。此外,各省、市、自治区政府也组织省级的扶贫支教活动,各高校则有学校组织的扶贫支教活动,大学生可根据自身需要选择参加。

(二)民间组织发起的扶贫支教或个人进行的扶贫支教

很多社会团体,如志愿组织、大学生社团等也会组织大量的扶贫支教活动,有精力的大学生可以通过这些组织报名参加扶贫支教。同时,有些需要教师的学校也会在网上发布需求,有精力的大学生可以自行参加扶贫支教。

三、大学生参加扶贫支教的注意事项

大学生参加扶贫支教活动时要注意以下事项。

(1)做好心理准备。大城市里便利的交通、网络条件和物流设施使大学生养成了快节奏、便利化的生活习惯。然而,很多偏远地区仍然相对落后,那里的人们生活相对简朴,那里没有大城市的繁华和喧嚣,同样没有大城市便利的生活设施。因此,大学生要做好过苦日子的心理准备,静下心来,学会动手照顾自己,这样才有可能在支教中真正做到帮助他人。

(2)对于当地教师的意见,大学生要充分理解和尊重,尤其是在管理学生方面。当地教师经过多年的经验积累,对本地区、本班学生的基本情况更为了解,也在实际教学中积累了很多的经验,他们总结出的一套教学管理体系、办法和技巧往往是"接地气"的。大学生初来乍到,对当地情况不了解,仅凭在校期间学习的教育理论就想从根本上打破原有的教育氛围是不切实际的。如果有更好的建议,大学生要和当地教师进行深入的沟通和交流,达成一致意见后才能循序渐进地实施。毕竟教育不能依靠一朝一夕之功,要在实践中慢慢摸索、慢慢总结。

（3）在教学上，没有固定的方法和理念，只有创新的精神。用什么方法能够激发学生的学习兴趣，培养学生养成良好的学习习惯，这是教师一生的必修课。大学生要在有限的支教时间内多学习教育理论，多研究教育案例，多实践、勤总结，方能有所收获。

（4）切忌用物质刺激学生。大学生支教的本意是输出知识的力量，而非物质的力量。因此，支教大学生切不可大肆发放物品，以图博得学生的欢心和自己的满足；可以给予学生适当的奖励，但千万不要发放无度或没有原则，否则学生的价值观被扭曲，会适得其反。

（5）入乡随俗。支教大学生要尊重当地的风土人情，尊重当地居民的生活习俗，切不可挑战当地的一些习俗。尤其是进入少数民族地区支教的大学生，更要提前学习该民族的风土人情，尊重并理解他们，向他们表达友爱。

第六节 "三下乡"

"三下乡"是指"文化、科技、卫生"下乡。大学生"三下乡"活动是各高校开展的一项旨在提高大学生综合素质的社会实践活动。1996 年 12 月，中宣部等十部委下发《关于开展文化科技卫生"三下乡"活动的通知》，号召高校大学生结合农村发展和社会实际需要，发挥自己的知识技能优势，开展各类文化科技卫生服务活动，在社会实践中受教育、长才干、作贡献。由此，大学生"三下乡"社会实践活动正式拉开帷幕。经过 20 多年的努力，大学生"三下乡"活动已成为我国高校普遍的最具影响力的社会实践经典项目之一。大学生将自己学的科学文化知识带到农村，开展丰富多样的支农助农服务，为高等教育努力服务新农村建设起到了促进作用。在文化下乡方面，大学生可以开展文化宣传、文艺展演、教育帮扶等活动。在科技下乡方面，大学生可以结合自身的专业优势，在教师的指导下开展科技成果推广与应用、科技咨询服务、农业人员科普培训等活动。在卫生下乡方面，大学生可以开展健康普查、医疗卫生知识普及宣传、基层医务人员培训等活动。

一、"三下乡"的基本类型

"三下乡"基本类型主要分为考察调研类、公益服务类和职业发展类。

（一）考察调研类

考察调研类型的"三下乡"是指通过观察、调查农村社区的真实情况，对收集到的相关材料进行整理、分析和研究，从而得出某种结论或是能揭示某种规律的社会实践活动。在考察调研活动中，大学生需要深入社会、深入基层、深入群众，通过自身观察和体验，对社会的某些领域或某些现象进行客观全面的了解和学习，从而深化对国情、社情和历史的认知。通过考察调研活动,大学生可以开阔自己的视野,促进自身全面发展,形成正确的世界观、人生观和价值观。例如,医学专业大学生利用课余时间到医疗资源相对匮乏的地区,开展专业相关的体检、义诊工作,除了全面了解农村卫生医疗情况外,还能促进实习锻炼,并进一步为大学生毕业后深入农村发展卫生医疗事业提供动力,增强信心。

(二)公益服务类

公益服务类型的"三下乡"是指大学生利用课余时间到工厂、社区、乡村等地方,帮助他们开展一些力所能及的生产劳动或服务工作等。例如,大学生利用课余时间来到农村、社区,围绕环境污染、资源保护、垃圾处理、气候异常等主题开展环境保护的科普宣讲工作。

(三)职业发展类

职业发展类型的"三下乡"是指大学生为提升自身职业素养、了解专业领域的情况、促进职业发展而开展的到农村或乡镇企业学习参观、实习锻炼、创业实践、创新发明等实践活动。

二、"三下乡"的重要意义

"三下乡"不仅是一次文化、科技、卫生的下乡,也是一次爱的下乡。它具有很重要的现实意义。

(一)磨炼意志,促进了大学生综合素质的提高

大学生"三下乡"活动的开展,不仅磨练了大学生的意志,奉献了爱心;还提高了大学生的组织协调能力、独立思考能力以及分析解决问题的能力,从而大大提高了自身的综合素质,为大学生将来走上工作岗位打下了良好的基础。借着"三下乡"活动,大学生可以直接与农民接触,深刻体验农村和农民的生活现状,对端正大学生的思想认识,帮助他们树立艰苦奋斗的思想,培养他们尊重劳动成果,热爱劳动和尊重劳动人民的情感有积极的促进作用,同时也大大增强了大学生的团结协作精神,提高了大学生的社会活动能力、独立工作能力和社会适应能力。

(二)了解国情,增强了社会责任感和使命感

很长一段时间大学生都生活在象牙塔里,对国情认识不够,对政策把握不透。而"三下乡"活动在学校与社会之间架起了一座桥梁,通过这座桥梁,大学生能够对社会有更深的了解。"三下乡"活动主要是去农村,这就使大学生可以通过自己的切身实践,去知晓民情、国情,进一步去思考、理解和拥护党的路线、方针、政策。同时,大学生"三下乡"活动,也有利于培养大学生形成强烈的社会责任感。通过组织丰富的社会实践活动引导大

学生深入社会、深入基层、深入群众,到改革和建设的第一线去、到条件艰苦的环境中去,让他们在社会的大课堂中正确认识国情、民情,培育为人民服务的责任意识,进一步明确当代青年学生所肩负的历史使命,进而树立国家主人翁的责任感和使命感。

(三)服务农村,传播了先进的科学技术和文化知识

大学生"三下乡"活动是大学生以集体的形式走近农村、服务农村的实践活动。利用大学生参加文化、科技、卫生"三下乡"的活动,来帮助农民解决一些生产生活中的实际问题,提高科技文化素质,对于服务"三农"具有十分重要的意义。大学生"三下乡"活动不但能把党的政策和温暖带到农村,把文明新风和民主法治带到农村,同时也能将先进的科学技术和文化知识传播到农村中,协助培养新型农民,提高农村人口素质,将巨大的农村人口压力转化为人力资源优势,帮助农村培训科技人才,解决生产技术难题。

知识拓展

第七章

生产劳动实践

第一节　专业实践

一、专业实践的重要意义

西汉刘向的《说苑·政理》里讲到"夫耳闻之,不如目见之;目见之,不如足践之",马克思也曾说过:"一步实际行动比一打纲领更重要。"其实这两句话讲的是同一个道理,即"行胜于言"。对于新时代大学生来说,"行"最主要的就是专业实践。专业实践是培养青年的重要载体,既能帮助青年在专业实践过程中了解社会融入社会,又能使青年在服务社会中提高自身专业技能和综合能力,进而认识到专业实践这种高水平专业劳动的重要性。

(一)专业实践是大学生提高职业能力水平的有效途径

国务院于 2015 年 5 月正式发布《中国制造 2025》,这是我国实施制造业强国战略的第一个十年行动纲领,意在推动新一代信息技术和传统制造深度融合,实现制造业跨越式发展,实现我国由制造业大国向制造业强国的蜕变,是实现中国制造强国梦的重要路径。对于大学生来说,通过专业实践提高在制造业领域的职业能力水平至关重要。国家对制造业技术能力要求的提升,将促进高端制造业的快速发展,并将加快高校培养高素质专业技术人才的步伐,加快调整人才培养模式,培养高技能人才。在学生方面,社会实际需求对学生的知识技能结构的调整有着重要的影响,如我国目前高层次人才尤其是复合型人才缺乏,导致就业结构滞后于产业结构,这就需要广大高校学生在进入社会之前,充分利用专业实践的机会,深入社会需要的产业进行充分实践,磨炼技能技艺,使自己成为复合型人才,这样才能够在产业转型升级的社会里有立足之地。

(二)专业实践是高校培养人才的重要环节

高质量发展是高校教育的必然趋势,从发展的角度对高校学生进行全面教育的要求,其中就包括专业实践环节。在这个过程中,高校要对专业实践的发展需求和内涵进行全面研究,采取科学的方式和有效的渠道来全面提升整体教学质量,提高专业实践的有效性、针对性和科学性。此外,还必须明确专业实践各阶段的教育建设目标,对专业实践的一系列行为进行详细规划,全面加强产教融合课程建设,全面提升学生的专业能力、实践能力和技能水平。

随着智能制造时代的到来,大量新技术、新工艺、新创意被率先运用于生产工艺流程和生产岗位,在专业技能上引发了突破性的革新和革命。高校专业实践课的操作性强、大量运用机器、技术技能要求高的工作特质呼吁学生关注本专业领域的前沿信息,及时学习和掌握各种应用于实际操作中的新技术。

(三)专业实践是大学生全面发展的重要路径

2020 年 3 月 20 日,中共中央、国务院印发了《关于全面加强新时代大中小学劳动教育的意见》(以下简称《意见》),提出高校应注重围绕创新创业,高等院校需结合学科和专业积极参加实习实训、专业服务和创新创业活动等,重视新知识、新技术、新工艺、新方法应用,创造性地解决实际问题。对于高校来说,要使学生全面发展,就要注重《意见》中提出的两个核心的关键词:"实习实训""社会实践"。

随着大学生专业知识的积累、智能结构的建立,在充分发掘其潜力、提高其独立分析判断和解决问题能力时,专业实践教育发挥着不可替代的重要作用,专业实践作为一项具有一定社会性、创造性的复杂工作,与理论教育相结合,对促进学生能力全面发展有着重要意义,因此以学生为主体的专业实践教育是一种值得推崇的较好的教育方式。

二、专业实践的重要功能

调研显示,目前多省劳动力供给减少,加剧了企业"用工难""招工难"问题,企业用工成本进一步攀升。为控制用工成本,企业可能采取缩减招工规模等方式,这将使市场整体用工需求下滑。尽管如此,企业对高技能人才的需求仍然持续升温。某机构用工调查结果显示,66.7%的缺工企业缺少技能型人才。这看似矛盾的调研结果,反映了当今社会对高技能人才的需求在增加。

随着中国经济的飞速发展,其经济发展形势也在发生质的变化,促进经济增长由主要依靠增加物质资源消耗向主要依靠科技进步、劳动者素质提高、管理创新转变。以最具代表性的经济特区深圳为例,2013 年以来,深圳先后将生命健康、海洋经济、航空航天、军工、智能装备五个产业列为未来重点发展产业。2014 年初,推出了大力支持未来产业的"1+3"文件,规划自 2014 年起至 2020 年,连续 7 年每年安排 10 亿元作为未来产业发展专项资金,用于支持产业核心技术攻关、创新能力提升、产业链关键环节培育和引进、重点企业发展、产业化项目建设等。同时,继续大力发展以生产性服务业为主的现代服务业,为高端制造业提供有力支撑。而这些逐步建立起梯度发展的产业结构和新的竞争优势,都需要高技能人才提供必要的支持。自然而然地,高校在经济社会的发展转型过程中,担负起培养适应新时代高技能人才的任务。

(一)以专业实践提升职业技能

高校要把专业实践作为提升职业技能的核心环节。在教学中,要基于人才培养定位、职业面向的分析,尤其是对当地产业结构的分析,通过深入企业调研和毕业生跟踪调研,分析就业岗位群的工作任务与岗位能力,融合相关技能标准,明确人才培养目标。围绕人才培养目标,校企协商共同构建专业实践教学体系,把内容联系紧密、内在逻辑性强、属同一层培养能力范畴的一类课程作为一个模块进行建设,打破课程间的壁垒,使项目内容有机融合、互相促进。通过系统规划、循序渐进组织专业实践教学,实现"岗位基础能力→岗位单项能力→岗位综合能力→岗位适应能力"螺旋递进。

(二)以专业实践提升职业素养

有关调查显示,企业录用员工最看重的六种素质依次是综合素质、敬业精神、专业技能、沟通与表达能力、团队精神、诚信。这些基本都是职业素养的核心要素。职业素养是职业内在的规范和要求,是在工作过程中表现出来的综合品质,包含职业道德、职业技能、职业行为、职业作风和职业意识等方面。大学生在专业实践过程中,尤其是在校外企业的专业实践中,要将自己作为职场中的一部分,不管做什么都一定要做到最好,发挥出实力,用心去做,通过专业实践,增强自身的责任感和使命感,提升自己的职业素养,使自己成为高质量的高技能人才。

(三)以专业实践明确职业伦理

随着科学技术的不断进步,我国正在逐步实现工业大国向工业强国的转变,需要大量顶尖高技术人才,同时这些高技能人才需要对职业领域的公众健康、安全和人文等社会影响有足够的认识,具备高度的社会责任感、正确的价值观和利益观、强烈的职业伦理道德意识,能对专业工作进行道德价值判断。专业实践对有效培养学生的职业伦理有得天独厚的优势。大学生在专业实践过程中,能真实感受到这一职业领域从业人员的行为标准、职业精神和态度、职业活动中的社会分工等,从而前瞻性地培养自己在这一领域的职业道德、技术伦理,使自己具备良好的职业伦理。

三、专业实践的社会价值

新中国成立初期,经济基础非常薄弱,技能型人才少之又少,达不到目前我们所说的技能型人才的要求。所以,当时许多商品要从国外引进,如"洋火""洋布""洋车"这些被老一辈冠以"洋"字的物品,记录着当时国内技术基础薄弱,产品和技术都要依靠舶来。

20世纪70年代末到80年代初,中国逐渐走上改革开放的道路,经济发展走上了快车道,产业也在慢慢地转型,这对职业提出了新的要求,也使中国的职业教育迎来新的发展机遇。可以说,中国的职业教育是伴随改革开放的号角发展起来的,其职业技能培养方向也伴随着中国经济的发展而出现不同的培养思路。当前阶段,我国已经建立起世界上规模最大的职业教育体系,为各行各业输送了数以亿计的技术技能型人才。这些技术技能型人才分布在我国第一、二、三产业的各个领域,为我国经济社会的快速发展提供了强大的人力资源支撑,也成为我国实现产业转型升级进程中不容低估的生产力大军。

新时代,中国的高铁走出国门、"天宫"遨游太空、网络支付快捷便利、5G技术引领潮流,"中国制造"遍布世界,并向"中国质造"和"中国智造"挺进。经济的腾飞离不开千百万能工巧匠,社会的进步离不开数以亿计的高素质劳动者。

高校作为职业技能人才的摇篮,有着不可替代的作用。它为学生提供专业实践机会,提高学生的专业能力、职业素养、综合素质,这是具有专业特征的劳动教育。就是这样的专业劳动,培养出数以百万计的工匠,实实在在地开创了中国制造的奇迹,就像习近平总书记在2013年4月同全国劳动模范代表座谈时提到的:"劳动创造了中华民族,造就了中华民族的辉煌历史,也必将创造出中华民族的光明未来。"同样,专业实践劳动也必将创造中国职业教育的光明未来。

第二节　创新创业

一、劳动与创新创业的关系

随着社会的发展和时代的进步,社会上对大学生人才的要求也越来越高,不仅要求大学生具备丰富的专业知识和专业技能,同时还需要大学生具有较高的创新创业能力,能够在严峻的就业环境中实现自身价值。大学生进行创新创业,不仅可以进一步提高学生的基本素质和就业能力,而且还可以拓宽大学生的就业渠道,缓解大学生的就业压力。同时大学生进行劳动就业也可以推动高校创新创业教育的发展。现阶段大学生在就业的过程中应该改变传统的就业思想,放低姿态,到企业中去学习就业技能,丰富自己的工作经验,拓宽自己的专业知识,从而不断提高自身的创新创业能力,也促进高校创新创业教育的不断发展。

二、创新能力

(一)创新能力的含义

创新能力也称创造力,是指每个正常人或群体在现有环境下运用已知的信息发现新问题并寻求答案,进而产生出某种新颖而独特、有社会价值或个人价值的物质或精神产品的能力。这里的产品是指以某种形式存在的思维成果,它既可以是一种新概念、新设想、新理论,也可以是一项新技术、新工艺、新产品。通俗地讲,创新能力就是发现新问题、提出新设想、创造新事物的能力。

早在 20 世纪 90 年代,联合国教科文组织就指出:创新能力是与学术能力和职业能力并重的面向未来的"三张教育通行证"之一。

(二)创新能力的养成

1.创新思维

创新思维又分系统性思维和创造性思维。创新思维能力就是破除迷信、超越陈规,善于因时制宜、知难而进、开拓创新的能力。只有培养创新思维,才能在把握事物发展客观规律的基础上实现变革和创新。

(1)系统性思维。

系统性思维是一种逻辑抽象能力,也可以称为整体观、全局观,是原则性与灵活性有机结合的基本思维方式。只有系统思维才能抓住整体、抓住要害,才能不失原则地采取灵活有效的方法处置事务。

(2)创造性思维。

创造性思维是指思维活动的创造意识和创新精神,它表现为不墨守成规,求异、求变,创造性地提出问题和创造性地解决问题。

2.创新技能

创新技能主要包括知识背景、智力因素和心理因素等方面。

(1)知识背景。

创新需要丰富的想象,但任何想象都不可能脱离相应的知识,因此任何创新也离不开知识,知识是创新的坚实基础,也是创新的载体。回顾近代的创新史可以发现,几乎所有具有重大成就的发明家,往往就是其专业领域知识丰富的人,即使不是知识最丰富的人,至少也是掌握了较多知识的成员,绝不可能是这个知识领域里的门外汉。

（2）智能因素。

创新技能中的智能因素,通常是指一个人在完成一项活动时所表现出来的一种本领,或者说是人们认识客观事物并运用知识解决实际问题的智力与技能。它集中表现在反映客观事物的正确程度上,也表现在应用知识解决实际问题的速度和质量上。它往往是通过观察力、记忆力、想象力、思考力、判断力,以及知识的迁移力等方式表现出来的。智能是由一个人的先天素质、社会历史遗产和教育因素以及个人主观努力这三个方面相互作用的产物,它是人们在参加客观的实践活动中逐渐形成的。

（3）心理因素。

创新技能中的心理因素,指的是一个人在创造过程中所必须具备的稳定的心态。它的主要标志就是意志和毅力,也就是目标始终如一、不怕困难、百折不挠、不达目的决不罢休的心理品质。在任何创新过程中,创新者如果没有这些良好的心理素质,是不可能取得成功的。

三、创业能力

（一）创业的基本概念

创业是创业者对自己拥有的资源,或通过努力对能够拥有的资源进行优化整合,从而创造出更大经济价值或社会价值的过程。杰夫里·提蒙斯所著的《创业创造》一书曾指出:创业是一种思考、品行素质,是一种杰出才干的行为方式,它需要在方法上全盘考虑并拥有和谐的领导能力。

创业有广义和狭义之分。广义的创业是指人类带有开拓、创新并有积极意义的社会活动,即创造一种新的事业的过程。只要是人们以前没有做过的、对社会产生积极影响的事业,广义上都可以说是创业。狭义的"创业"通常是从经济学角度来理解的。它特指创业个人或创业团队通过寻找和把握各种商业机会,投入已有的知识、技能和社会资本,调动并配置相关资源,为消费者提供产品或服务,是一种具有创新或创造性的、以增加财富为目的的活动过程。创业的概念包括以下内涵。

（1）创业的主体是个人或小规模群体。这些个人或小规模群体是资源（社会资本、知识、能力、人力、机会等）所有者和配置者。

（2）创业需要创立新的社会经济单元。

（3）创业的重点是创业者寻找和把握各种商业机会，并通过某种平台和资源，创造出新颖的产品或服务，实现其潜在价值。

（4）创业是一个创造的过程，创业的价值实现有赖于将所提供产品和服务在市场上转化为商品。

（5）创业具有明确的目的性，即增加财富，包括个人和社会的物质与精神财富。

（二）创业能力的构成

"创业能力"从字面上讲是由"创业"与"能力"两个词组成。它通常指个体顺利开展创业活动时所必备的辨别、预料和运用市场机遇的综合知识与能力。创业是一个发现和捕捉机会、创造新颖的产品或服务、实现其潜在价值的复杂过程，因此它需要创业者有开阔的视野、过人的胆识、较强的创新力，还需要创业者投入大量时间和精力，承担相应的财务和社会的风险。因此，创业者不仅需要创业环境和外部条件的支持，还需要良好的个体素质与能力。

四、创业方式与途径

（一）网络创业

互联网改变了人们的生活，同时也提供了全新的创业方式。网络创业不同于传统创业，无须白手起家，而是利用现成的网络资源。目前网络创业主要有两种方式：网上开店，在网上注册成立网络商店；网上加盟，以某个电子商务网站门店的形式，利用母体网站的货源和销售渠道进行经营。网络创业的优势是门槛低、成本少、风险小、方式灵活，特别适合初涉商海的创业者。像易趣、淘宝等知名商务网站有较完善的交易系统、交易规则、支付方式和成熟的客户群，每年还会投入大量的宣传费用，加盟这些网站，创业者可"近水楼台先得月"。

（二）加盟创业

分享品牌金矿、分享经营诀窍、分享资源支持，连锁加盟凭借这些优势，成为备受青睐的创业新方式。这种创业的特点是利益分享、风险共担。创业者只需要支付一定的加盟费就能借用加盟商的金字招牌，利用现成的商品和市场资源，还能长期得到专业指导和配套服务，不必"摸着石头过河"，创业风险也有所降低。但是，随着连锁加盟市场规模的不断扩大，鱼龙混杂现象日趋严重，一些不法分子利用加盟圈钱的事件屡有发生，对此，大学生需引起注意。

（三）兼职创业

如果头脑灵活、有钱有时间，想"钱生钱"又不愿意放弃现有工作，可以充分利用在工作中积累的商业资源和人脉关系创业,实现鱼和熊掌兼得的梦想,而且进退自如,大大减少创业风险。但是兼职需要在主业与副业、工作与家庭等几条战线上同时作战,极大地考验创业者的精力、体力、能力和忍耐力,因此要量力而行。此外,兼职创业最好选择自己熟悉的领域。这种创业方式适合白领族和有一定商业资源的在职人员。

(四)团队创业

在硅谷流传着这样一条"规则":由工商管理硕士和麻省理工学院的博士组成的创业团队几乎就是获得风险投资的保证。这其中蕴含着这样的道理:创业并非是追求个人英雄主义的行为,团队创业成功的概率要远高于个人独自创业。一个由研发、技术、市场、融资等各方面资源组成的优势互补的创业团队是成功的法宝,对于高科技创业企业来说更是如此。这种创业方式适合海归人士、科技人员、在校大学生、在职人员等。

(五)大赛创业

大学生创业大赛来源于美国的商业计划竞赛,此类竞赛旨在为参赛者展示项目、获得资金、提供平台,Yahoo、Netsea 等企业都是从这种竞赛中脱颖而出的,因此创业大赛被形象地称为创业孵化器。从国内情况看,创业大赛也产生了一批大学生企业。创业大赛不仅为青年学生创业者的闪亮登场提供舞台,更重要的是为其提供了锻炼能力、转变观念的宝贵机会。通过这个平台,青年学生创业者可熟悉创业程序、储备创业知识、积累创业经验,接触和了解社会。这种创业方式只适合于在校大学生。

(六)曲线创业

先就业再创业。大学生毕业后,各方面阅历和经验都不够,先到实体单位锻炼几年,积累了一定的知识和经验再创业也不迟。先就业再创业的学生跳槽以后,所从事的创业项目通常也是在过去的工作中密切接触的,而在准备创业的过程中,可以利用与专业人士交流的机会获得更多的来自市场的创业知识。

案例解读

2017 年,华东师范大学中文系"95 后"姑娘小姜在假期回陕西陇县老家时,发现村里大不一样了:走在路上,整个村子都笼罩在蜜蜂的嗡嗡声中。原来村里在政府支持下正大力发展中蜂养殖产业。小姜在惊喜的同时也发现,家乡的蜂蜜在销售环节存在不少问题,比如蜂蜜的卖相不是很好,没有完成质量检测和商标注册等流程,不少村民当时还是通过最传统的赶集方式卖蜂蜜。

小姜萌生了助农营销蜂蜜的想法,并在村干部的支持下开始在她的自媒体账号上写文章宣传家乡的蜂蜜,第一篇文章发送出去,就帮村里卖出 1000 多件蜂蜜。此后,她开始思考,怎样才能帮家乡更好地销售蜂蜜?从 2017 年到 2019 年,小姜进行了各种尝试,逐渐摸索出了一套中文系独特的"讲故事"营销方式:将流行文化或文学经典故事与产品相结合,让消费者更切实地感受到产品特色和使用场景。

2019 年,她成立了"遇农"公司。在驻村第一书记的支持下,小姜的自媒体创业得到了当地政府部门的肯定。系统了解当地的扶贫政策后,小姜借助农产品绿色通道完成了产品质量检测,并与合作社、其他蜂农签订三方协议,确保蜂蜜的供应链。在产品的销售方面,小姜和团队深挖产品品牌故事,打造产品的文创包装,并在上海高校、社区和多个线上渠道进行推介、销售。

2022 年,小姜看准机遇,将业务重点回归到乡村振兴方面。"双 11"期间,小姜受陇县相关政府部门邀请,参与了农特产品的带货直播,3 天时间,直播间的销售额达到了近50 万元。

如今,小姜的团队已经有 100 多人,其中九成是华师大的在校生,此外还有其他高校的大学生,相信大学生源源不断的创意能让她的团队走得更远。

【解读】大学生创业需要创意,还需要全面认识自己,对自己精准定位,此外,了解国家的相关政策、市场动态,可以让自己的创业项目更有序地进行。

五、大学生创新创业实践途径

目前,创新创业实践的主要途径是大学生创新创业计划项目和创新创业大赛。

(一)大学生创新创业计划项目

大学生创新创业计划项目起源于本科生科研训练计划(SRTP),通过设立创新基金和本科生自主申报的方式确定立项并给予资金支持,鼓励大学生在导师指导下独立完成项目研究。SRTP 的核心是支持本科生开展科研训练,大学生参与 SRTP 的过程本质上是在进行研究性学习,为大学生提供直接参与科学研究的机会,引导大学生进入科学前沿,了解社会发展动态。同学们通过发现问题、激发创新思维、独立完成课题等过程,积极主动地探索新的知识领域,从而体验到一种全新的研究型学习的乐趣。

教育部决定从 2012 年起实施大学生创新创业训练计划,内容包括创新训练项目、创业训练项目和创业实践项目三类。

(1)创新训练项目是本科生个人或团队,在导师指导下,自主完成创新性研究项目设计、研究条件准备和项目实施、研究报告撰写、成果(学术)交流等工作。

(2)创业训练项目是本科生团队,在导师指导下,团队中每个大学生在项目实施过程中扮演一个或多个具体的角色，通过编制商业计划书，开展可行性研究、模拟企业运行、参加企业实践、撰写创业报告等工作。

（3）创业实践项目是学生团队，在学校导师和企业导师共同指导下，采用前期创新训练项目（或创新性实验）的成果，提出一项具有市场前景的创新性产品或者服务，并以此为基础开展创业实践活动。

大学生创新创业训练计划已建立了"学校—省级—国家级"三级项目建设和管理体系。项目经费：国家级 10000 元/项，省级 6000 元/项，校级 1000～3000 元/项。项目来源主要包括参与教师的各级各类教学科研课题、各类创新创业竞赛命题、学生自主命题和创业孵化等。一般每年 3 月份启动新一轮项目申报工作，研究期为 1～2 年。

（二）创新创业大赛

创新创业大赛是指在紧密结合课堂教学的基础上，以竞赛的方法，激发大学生理论联系实际和独立探索的动力，通过发现问题、解决问题的过程，激发大学生的学习兴趣和潜能，培养其实践能力和创造精神。《教育部财政部关于实施高等学校本科教学质量与教学改革工程的意见》指出："重点资助在全国具有较大影响和广泛参与面的大学生竞赛活动，激发大学生的兴趣和潜能，培养大学生的团队协作意识和创新精神。"

为进一步规范管理，推动和发挥学科竞赛类活动在教育教学、创新人才培养等方面的重要作用，中国高等教育学会"高校竞赛评估与管理体系"专家工作组，从 2017 年起每年发布我国普通高校学科竞赛排行榜，从获奖贡献、组织贡献和研究贡献三个维度构建模型。该排行榜以向社会发布评估结果的方式，引导高校选择高水平竞赛，提高竞赛活动在创新创业人才培养中的成效。

知识拓展

第八章

劳动安全与教育

第一节　日常安全

一、民以食为天——饮食安全

饮食安全是指人们在饮食过程中所涉及的食品质量和卫生问题。它关系到人们的身体健康和生活质量。饮食安全与大学生的健康息息相关。大学生处于生长发育的高峰期,平时的运动量大、代谢旺盛,学习任务繁重,可以说大学时期是大学生一生中各种营养素需求量最大的时期之一。了解科学饮食的基本常识和自身的营养生理需要,养成良好的卫生习惯并预防各种传染病,对于保证大学生身体健康、精力充沛、提高学习效率具有重要的意义。

(一)大学生常见的饮食误区

随着生活水平的提高、物质的极大丰富,加上大学校园环境的特殊性,大学生在饮食方面有了更多的选择。但在满足自己胃口的同时,不少大学生陷入饮食的误区,为身体健康埋下了隐患。目前,大学生在饮食上的误区主要表现在以下五个方面。

1.饮食"西餐化"

有些大学生饮食"西餐化",喜欢食用牛排、炸鸡、面包、碳酸饮料、巧克力、蛋糕等食品。而这些西式食品具有高热量、少纤维素等显著特点,经常食用不仅会摄入过多热量,引发肥胖,还会造成营养不均衡等问题,影响身体健康。

2.副食主餐化

一般来说,中国的饮食习惯以主食为主、副食为辅,以米面谷物为主要食物,佐以肉类、蔬菜、糖、茶、水果等。实践证明,这种饮食搭配是科学的,对身体有益的。但是,部分在校大学生把副食作为主食,每日三餐以面包、水果、肉、糖为主,很少吃主食与蔬菜,久而久之,就会造成膳食结构不合理,引发营养不良或导致肥胖。

3.饮食偏嗜化

大学生在校住宿,饮食应以学校食堂为主。但有些大学生认为食堂饭菜不合口味,迷恋街头餐饮,而且长期只吃一种饭菜,忽略了饮食的粗细搭配,从而出现饮食偏嗜。也有的大学生偏嗜某一种口味,如好辣、嗜咸等。中医认为,饮食中辛、甘、酸、苦、咸五味调和最好,经常吃过辣、过酸、过甜、过咸的所谓“可口”的食物,对身体健康极为不利。

4.餐点随意化

不少大学生饮食具有随意性,饥一顿,饱一顿,毫无规律。不讲一日三餐,而是不论时间、地点,想吃就吃,毫无顾忌。还有的大学生在考试、写论文等学习紧张的时期熬夜,早晨不起床,或不吃早餐,或到 9 点甚至 10 点才拿着食物进入教室,边吃边听课或上自习,中午没有食欲,晚上常吃夜宵。周而复始,这种饮食习惯会导致胃肠受损、肝脾不和,对身体十分有害。

5.饮食放纵化

有些大学生入校后,少了父母的约束,在饮食上日益放纵自己,暴饮暴食。这些大学生喜欢到校外饭馆大吃大喝,享受美食、美酒。这种不规律的饮食会完全打乱胃肠道对食物消化吸收的正常节律,加重附属消化器官的负担,导致肠胃不适、胸闷气急等病症的出现。

安全提示

如何判别伪劣食品

(1)防过分艳丽。对颜色过分艳丽的食品要提防,如对草莓像蜡果一样又大又红又亮、咸菜梗亮黄诱人、瓶装的蕨菜鲜绿不褪色等,要留意是不是添加了色素。

(2)防超白。凡是食品呈不正常、不自然的白色,大多含有漂白剂、增白剂、面粉处理剂等化学品。

(3)防时间过长。尽量少吃保质期过长的食品,在冰箱内 3℃ 以下储藏的包装熟肉禽类产品采用巴氏杀菌的,保质期一般为 7～30 日。

(4)防小作坊。要提防小作坊式加工企业的产品,这类企业的食品平均抽样合格率低,触目惊心的食品安全事件往往在这些企业出现。

(5)防超低价。“低”是指在价格上明显低于一般价格水平的食品,价格太低的食品大多有“猫腻”。

(6)防散装。散装是指散装食品,有些集贸市场销售的散装豆制品、散装熟食、酱菜等可能来自"地下"加工厂。

(二)大学生应具有的安全饮食常识

1.养成良好的饮食习惯

(1)早餐要吃好。

有些大学生尤其是男生不习惯吃早餐;有些大学生早餐吃得马虎;有些大学生看起来重视早餐,却只喝牛奶和吃鸡蛋。这些都不符合营养学的要求。吃好早餐的标准是:早餐供应的热量要占全天供给量的30%,早餐中的三大营养素(碳水化合物、脂肪和蛋白质)也要搭配好,碳水化合物以淀粉类食品为主,配以一定量的脂肪和蛋白质,三者比例以5:2:1为宜。

(2)节食勿盲目。

这一点女大学生应重视。女性在发育成熟后,生理上就要求有一定的皮下脂肪积存。如果用控制进食量来减少皮下脂肪的积存,求得瘦体型,那将对身体产生严重的影响,往往造成营养缺乏,从而导致整个机体对疾病的抵抗力低下。

(3)零食勿过量。

有些大学生特别喜欢吃零食,零食吃得太多,就会造成营养素摄入的不平衡,如蛋白质、无机盐、维生素进食偏少。此外,零食吃得太多还会影响正餐的进食量,进一步造成营养不平衡。

2.养成饭前洗手的习惯

双手接触各种各样的东西,会沾染病菌、病毒和寄生虫卵。吃食物之前要认真用肥皂洗净双手,才能减少"病从口入"的可能。

3.生吃瓜果要洗净

瓜果、蔬菜在生长过程中会残留农药、杀虫剂等,如果不清洗干净,不仅可能染上疾病,还可能造成农药中毒。

4.不随便吃野菜、野果

野菜、野果的种类很多,其中有的含有对人体有害的物质,缺乏经验的人很难辨别清楚。因此,不要随便吃野菜、野果,以防止食物中毒,确保人身安全。

5.不吃腐烂变质的食物

食物腐烂变质,味道就会变酸、变苦,散发出异味,这是细菌大量繁殖引起的。吃了这些食物就会造成食物中毒。

6.不买劣质食品

不随意购买、食用街头小摊贩出售的劣质食品、饮料,这些劣质食品、饮料往往卫生质量不合格,食用、饮用这样的食品会危害健康。

7.注意保质期

在商店购买食品、饮料时,要特别注意是否标明生产日期和保质期,不购买过期食品、饮料,不购买"三无"产品,不食过期食品、不饮过期饮料。

8.不喝生水

水是否干净,仅凭肉眼很难分清,清澈透明的水也可能含有病菌、病毒,喝开水是最安全的。

9.保持餐具卫生

自己的餐具要洗净消毒,不用不洁容器盛装食品,不乱扔垃圾,以防蚊蝇滋生。

(三)预防食物中毒

1.食物中毒发生的原因

(1)加热不充分。

食物没有经过充分的加热处理,不能杀死耐热性细菌。

(2)储存不恰当。

食物储藏不当或存放时间太久,加上温度变化等原因,导致食物霉变或者亚硝酸盐含量增加。

(3)食物被污染。

食物加工或销售人员个人卫生习惯不好,或者生食与熟食没有分开放,致使食物受到了污染。

(4)食物被投毒。

食物被有意或无意地加入了有毒物质。

2.大学生预防食物中毒的方法

(1)保持良好的卫生习惯。

不良的个人卫生习惯会把致病菌从人体带到食物上去。例如,用沾有致病菌的手去拿食物,受污染的食物进入消化道就会引发细菌性食物中毒,从而导致腹泻。

（2）选择新鲜安全的食品。

在购买食品时，要注意查看其外观、性状，检查其是否有腐败变质现象。尤其是对小食品，不要只看其花花绿绿的诱人外表，要查看其生产日期、保质期、生产单位名称、生产单位地址、生产许可证号（SC号）等标识。不买过期食品和没有生产单位名称、生产单位地址等标识的产品，否则出现质量问题无法追究。

（3）生吃瓜果蔬菜要清洗干净。

生吃瓜果蔬菜要洗净。瓜果蔬菜在生长过程中不仅会沾染病菌、寄生虫卵，还会残留农药、杀虫剂等，如果不清洗干净，不仅可能染上疾病，还可能造成食物中毒。

（4）尽量不吃剩饭菜。

如需食用剩饭菜，应彻底加热。剩饭菜、剩甜点心、剩牛奶等都是细菌的良好培养基，不将其彻底加热会引起细菌性食物中毒。

（5）拒绝霉变食物。

有的粮食、甘蔗、花生米粒上有霉点，其中的霉菌毒素会引起食物中毒。

（6）警惕误食有毒有害物质。

装有消毒剂、杀虫剂或鼠药的容器用后一定要妥善处理，防止误用而引起食物中毒。

（7）加强体育锻炼。

提倡体育锻炼，以增强机体免疫力，抵御细菌的侵袭。

3. 食物中毒后的救护措施

食物中毒后的救护措施有以下几种。

（1）补水。

食物中毒患者都有类似急性胃肠道疾病的特征，有剧烈的呕吐和腹泻症状。上吐下泻很容易导致患者脱水，或者是体内电解质失衡或紊乱。其症状是口干、眼窝深陷、四肢冰凉、皮肤失去弹性、脉象微弱，出现低血压或者低血糖现象。生命征象变弱，患者就容易休克，因此，在确认发生食物中毒以后，应及时送诊，并适当补充水分或者注射生理盐水、葡萄糖。

（2）催吐。

在吃下有毒食物1～2小时后，如果发觉出现中毒症状，可以先用催吐的方法将尚未完全消化吸收的有毒食物排出体外。食物中毒患者若意识清醒，可以自行用手指、筷子等刺激咽喉部位，反复刺激，直至将胃里的食物全部吐出来。用20克食盐兑200毫升开水,待水冷却后一次性饮完,引发呕吐反应。如果效果不明显,可以重复饮用盐水,直至将胃里剩余的食物全部吐出来。

严重的食物中毒者,必须立即送往医院洗胃,以防毒素被迅速吸收。洗胃可以用温水,也可以用高锰酸钾溶液或者碳酸氢钠溶液清洗。

(3)催泻。

在吃下有毒食物2～4小时后,胃里食物已充分消化,用催吐方法能有效使症状减轻的概率变小,这时更适合用刺激机体排泄的方法,减少毒素的吸收,可以服用果导片等泻药及导泻的中草药,如服用生大黄、熟大黄或番泻叶。生大黄的药性比熟大黄的药性更猛烈,一般可以用20～30克的大黄或15克的番泻叶一次性煎服。对于心脏不太好的食物中毒者,最好不要服用番泻叶。对于体弱者,不适合用药性猛烈的大黄,可以用开水冲服20克的元明粉来达到催泻的效果。

(4)解毒。

对于误食腐败变质的海鲜类食物(如鱼、虾、螃蟹等)的食物中毒患者,可以在200毫升的开水中兑入100毫升的食醋口服。对于食用腐败变质的肉类的患者,可以服用藿香正气丸。对于误食毒草类的患者,可以服用甘草紫苏汤或甘草绿豆汤。

(5)清淡饮食。

在食物中毒患者尚未停止上吐下泻前,需要靠生理盐水和葡萄糖注射液来维持必需的能量。在患者呕吐症状结束后,切忌油腻食物,因其很容易刺激胃部,引起呕吐,不利于患者的康复。最好吃一些清淡的流质食物,在病情好转之后,可以慢慢吃一些半流质食物,并且随着症状的减轻逐渐转入正常的进食。

如果发生集体食物中毒事件,应该立即向学校主管领导反映情况,并上报当地防疫部门,及时联系当地医院,准备联合急救。

对于不明原因的食物中毒或集体食物中毒,应该尽量留存食物残渣或食物样本,以留待化验使用。这样,既有利于帮助判断食物中毒患者的中毒原因,又可以在需要的时候帮助警方进行调查。

二、文明出行——交通安全

交通安全是指交通参与者在道路上进行活动、出行时,要严格遵守交通法规和相关法律法规,采取一系列措施以保障自身和他人的生命、身体以及财产安全的状态。它涉及道路交通、铁路交通、水路交通和航空交通领域的安全问题。本节所讲的交通安全是指大学生在校园内外的道路行走、乘坐交通工具等时的人身安全。

（一）大学生交通安全隐患

1.妨碍大学生交通安全的因素

近年来,随着经济的发展,汽车数量的急剧增多,道路交通日趋复杂,交通事故时有发生。

（1）日益增多的校园及周边车辆。

交通运输业的发展和私家车的普及使校园及周边道路安全环境日益恶化。大学日益开放,与社会的互动日益频繁,使校园内的人流量、车流量急剧增加。许多大学教师开始用私家车代步,电动自行车更是普遍;学生也经常骑车去上课,甚至开车去上课。这些不断增加的车辆在给人们的出行带来便利的同时,也带来极大的安全隐患。

（2）复杂的交通环境。

从大学的地理位置看,大多数大学都坐落在交通便利之处,路上车水马龙,往来行人络绎不绝,附近乱摆乱卖和占道经营的摊点更是把道路堵得水泄不通,学生的交通安全成了突出问题。而校内道路建设、校园交通管理滞后于大学的发展,其突出表现为校园道路一般都比较窄、交叉路口没有设置信号灯、无交通管理人员,再加上校园内人员居住集中,上下课时容易形成人流高峰,诸多因素使大学的交通环境日益复杂,交通事故时有发生。

（3）部分机动车驾驶员素质不高。

机动车驾驶员作为道路交通安全管理的基础和源头,其素质的高低直接决定了道路交通事故的发生率。机动车驾驶员教育培训比较落后的局面还没有完全好转,部分驾驶员技术不高,处理问题能力不强,尤其是在紧急状态下,不能采取果断措施及时消除事故隐患。同时,有些驾驶员法律意识淡薄,安全观念不强,违法违规开车现象严重。

（4）一些大学生交通安全意识淡薄。

目前,一些大学生的交通安全知识匮乏,自我约束能力较弱,随意横穿公路、不走人行横道、不走人行道、不按交通信号灯通行等现象十分普遍。特别是在学校周边,一些大学生凭着"人多力量大",无视交通法律法规。

2.常见的大学生交通事故类型

（1）校内交通事故。

校园内发生交通事故的主要原因是思想麻痹和安全意识淡薄。许多大学生刚刚离开父母和家庭,缺乏社会生活经验,思想上交通安全意识比较淡薄,同时思想上存在在校园内骑车和行走肯定比在公路上安全的错误认识,一旦遇到意外,发生交通事故就在所难免。校园内发生交通事故的主要形式有以下几种。

①注意力不集中。这是最主要的形式，表现为行人在走路时，边走路边看书或听音乐或看手机，或者左顾右盼、心不在焉。

②在道路上运动。有的大学生精力旺盛、活泼好动，即使在路上行走也是蹦蹦跳跳、嬉戏打闹，甚至有时还在路上进行球类活动，这极易引发交通事故。

③骑"飞车"。大学校园面积都比较大，宿舍与教室、图书馆等之间的距离比较远，所以许多大学生购买了自行车，课间或放学时骑自行车在人海中穿行是大学的一道风景线。但部分大学生骑车技术也实在"高超"，居然能把自行车骑得比汽车还快，殊不知就此埋下了祸根。

（2）校园外常见的交通事故。

①行走时发生交通事故。部分大学生闲暇时会因购物、观光、访友而去市区活动，这些地方车流量大、行人多，各种交通标志眼花缭乱，与校园相比交通状况更加复杂，大学生若缺乏安全常识，发生交通事故的概率很高。

②乘坐交通工具时发生交通事故。大学生离校、返校、外出旅游、社会实践、找工作等都要乘坐各种长途或短途的交通工具。全国各地大学生因乘坐交通工具发生交通事故的情况时有发生，有时甚至造成群体性伤亡，教训十分惨重。

（二）大学生应具备的交通安全常识

1. 步行安全常识

（1）步行时，走人行道，靠右侧行走。在设有交通信号灯的人行横道，绿灯亮时，可通行；红灯亮时，禁止通行。

（2）不穿越、攀爬、倚坐道口护栏。

（3）在设有过街天桥或地下通道的区域不横穿马路。

（4）不在机动车道、非机动车道上打闹、玩耍、跑跳。

（三）发生交通事故后的处理措施

随着生活水平不断提高，部分大学生也加入有车一族，但随着机动车的增多，交通事故也开始增多。发生交通事故后该如何处理呢？这需要从机动车驾驶员和受害人不同的角度来分析。

1. 受害人注意事项

（1）记录信息。

交通事故发生后，受害人应保持镇定并迅速采取自救措施，首先要确认交通肇事者及肇事车辆,并记录肇事车辆信息,如号牌、车型、颜色等,防止肇事者逃逸。为防止肇事车辆是套牌车,最好让当事人留在事发现场。

(2)保留证据。

无论是人身伤害还是财产损失,在要求赔偿时都必须提供确实、充分的证据,否则将无法理赔。

(3)尽快理赔。

造成严重伤情的,应该要求交通管理部门进行交通事故责任认定,在交通管理部门调解不成功的情况下,应该及时到法院起诉,尽快理赔,以防超过诉讼时效。

(4)慎重"私了"。

"私了"仅适用于未造成人身伤亡、当事人对事实及成因无争议或仅造成轻微财产损失,并且基本事实清楚的交通事故。在"私了"时,双方特别是无责任方要看清对方的证件,记住车牌号,认真填写协议书,确保填写内容准确无误,并妥善保存。这是向保险公司索赔和发生争议后向法院提起民事诉讼的重要证据。

2.机动车驾驶员注意事项

(1)立即停车。

发生交通事故后,切记保持头脑清醒,不慌张,并立即停车。停车后按规定拉紧手制动,切断电源,开启危险信号灯,如夜间发生事故还需开启前灯、尾灯。在高速公路发生事故时还必须在车后按规定设置危险警告标志。

(2)及时报案。

及时拨打122电话或委托过往车辆、行人向附近的公安机关或执勤交警报案,报告事故发生的时间、地点、肇事车辆及伤亡情况,在交警到来之前不能离开事故现场。必要时,在报警的同时也可以向附近的医疗单位、急救中心及消防部门求援。

(3)抢救伤者。

事故中如有人受伤,应尽快送医院抢救治疗,除伤者本人轻伤拒绝去医院诊断外,一般可以拦截过往车辆或通知医院派救护车前来抢救。对于能现场采取抢救措施的,应尽最大努力抢救。在无过往车辆或救护车的情况下,也可动用肇事车辆将伤员送医院抢救,但要将肇事车辆各个车轮的着地点及伤员倒地位置描出,做好标记,并留下人员看护现场。

(4)保护现场。

交警到来之前要保护好现场,除因抢救伤者和财产需要外,不得擅自移动现场肇事车辆、伤者、物品等，必须移动时应当标明位置。如遇下雨、刮风等天气，应就地取材，用塑料布、席子等物品将痕迹盖起来保护好。如有必要，当事人可以用绳索等设置保护警戒线，防止无关人员、车辆进入，避免现场遭受人为破坏。

（5）做好防火、防爆措施。

首先关掉肇事车辆的引擎，消除其他可能引起火警的隐患。不要在事故现场吸烟，以防引燃易燃易爆物品。载有危险物品的车辆发生事故时，要及时将危险物品的化学特性，如是否有毒、是否易燃易爆、是否具有腐蚀性，以及装载量、泄漏量等情况通知警方及消防人员，以便采取防范措施。

（6）协助现场调查取证。

在交警勘查现场和调查取证时，当事人必须如实陈述交通事故发生的经过，不得隐瞒交通事故的真实情况。

三、火灾无情——消防安全

学校是消防安全重点单位之一，无数火灾实例说明，学校一旦发生火灾，不但会影响正常的教学、科研秩序，而且会造成重大的社会影响。正是由于学校的特殊性，校园防火显得尤为重要。根据学校的特点，校园防火的重点部位主要是学生宿舍、教师宿舍与实验室。因为宿舍人员密度大，书籍、棉被、衣物、蚊帐等易燃物品多，一旦失火，火势蔓延速度快；实验室中易燃易爆和化学物品集中，稍有不慎，就会引起火灾或爆炸。

（一）大学引发火灾的常见原因

1.明火引燃

在床上点蜡烛，吸烟者乱扔未熄灭的烟头和火柴；在宿舍内焚烧杂物，在宿舍内不当使用煤气、液化气、汽油、酒精炉、煤油炉等易燃易爆物；电灯泡靠近可燃物长时间烘烤起火；长时间使用电器不检修，电线绝缘老化、漏电短路而起火；等等。

2.乱拉乱接电线

因电线短路或接触不良发热而引起火灾；因用铜丝或铁丝代替保险丝，电路过载发生故障时不能及时熔断而造成电线起火；等等。

3.使用大功率电器

大学宿舍内的线路是按日常照明、使用小功率电器等情况而设计的，如使用电炉、电饭煲、电热杯、热得快等电器，会使电线过载发热而起火。

4. 实验室安全

易燃易爆物品保存不当或打碎洒落；实验过程中违反操作规程；实验过程缺少专人指导；实验项目缺少防火措施；试剂混存；等等。

(二)预防火灾发生的措施

大学人员密集，火灾的隐患较大，一旦发生火灾危害极大，所以要防患于未然。火灾主要从以下几个方面进行预防。

(1)禁止携带烟花、爆竹、火柴、打火机等易燃、易爆物品进入校园。

(2)实验用的易燃易爆物品要在专门库房存放，随用随领，不要在现场存放和让做实验的学生带出实验室。

(3)注意经常检查电器设备的安装使用情况，用完后要切断电源，特别是使用大功率电器时。

(4)遵守学校消防规定。不要私自在住地、宿舍乱拉电线，不准使用电炉、电热水器、电吹风、电热杯等电器设备。

(三)大学生应掌握的火灾逃生常识

大学生要掌握火灾逃生常识，知晓自救的方法，只有这样，当火灾发生时，才能最大限度地减少火灾造成的损失。那么，遭遇火灾时我们应该怎么自救并逃生呢？

1. 提前熟悉，镇定从容

大学生对自己学习或居住所在的建筑物的结构及逃生路线要做到了然于胸；当身处陌生环境，如入住酒店、商场购物、进入娱乐场所时，为了自身安全，务必留心疏散通道、安全出口及楼梯方位等，以便在关键时刻能尽快逃离火场。

2. 不慌不乱，尽快撤离

突遇火灾时，首先要保持镇静，千万不要盲目地跟从人流、相互拥挤、乱冲乱撞。撤离时要注意朝明亮处或外面空旷地方跑，要尽量往低楼层跑，若通道已被烟火封阻，则应背向烟火方向离开，通过阳台、窗台等通往室外的出口逃生。

3. 不贪财物，不入险地

已逃离火场的人，千万不要重返险地。在火场中，人的生命最重要，不要把宝贵的逃生时间浪费在穿衣服或寻找、搬运贵重物品上。

4. 湿巾敷鼻，匍匐撤离

火场逃生，经过充满烟雾的路线时，可采用湿毛巾、口罩蒙住口鼻，匍匐撤离，以防止烟雾中毒、窒息。另外,也可以采取向头部、身上浇冷水或用湿毛巾、湿棉被、湿毯子等将头、身裹好后冲出去。

5.选择通道,莫入电梯

规范标准的建筑物都会有两条以上的逃生楼梯、通道或安全出口。发生火灾时,要根据情况选择进入相对较为安全的楼梯、通道。除可利用楼梯外,还可利用建筑物的阳台、窗台、屋顶等攀爬到周围的安全地带;沿着下水管、避雷线等建筑上的凸出物也可滑下楼脱险。千万要记住,高层楼着火时,不要乘坐电梯。

6.无法逃离,固守待援

假如用手摸房门已感到烫手,一旦开门,火焰与浓烟势必迎面扑来。此时,首先应关紧迎火的门窗,打开背火的门窗,用湿毛巾、湿布等塞住门缝,或用水浸湿棉被,蒙上门窗;然后不停用水淋透房间,防止烟火渗入,固守房间,等待救援人员到达。

7.传送信号,寻求援助

被烟火围困时,尽量待在阳台、窗口等易于被人发现和能避免烟火近身的地方。在白天可向窗外晃动鲜艳的衣物等;在晚上,可用手电筒光不停地在窗口晃动或敲击物品,及时发出有效求救信号。在被烟气窒息失去自救能力时,应努力滚到墙边或门边,既便于消防人员寻找、营救,也可防止房屋塌落时砸伤自己。

8.火已及身,切勿惊跑

在火场中如果发现身上着了火,惊跑和用手拍打只会形成风势,促旺火势。正确的做法是赶紧设法脱掉衣服或就地打滚,压灭火苗;若能及时跳进水中或让人向身上浇水,则更有效。

9.就地取材,滑绳自救

高层、多层建筑发生火灾后,可迅速利用身边的绳索、床单、窗帘、衣服等自制简易救生绳,并用水打湿后,从窗台或阳台沿绳滑到下面的楼层或地面逃生。即使跳楼也要跳在消防队员准备好的救生气垫上(4层以下才可考虑采取跳楼的方式),还可选择有水池、软雨篷、草地等地方跳。如有可能,要尽量抱些棉被、沙发垫等松软物品或打开大雨伞跳下。跳楼虽可求生,但会对身体造成一定的伤害,所以要慎之又慎。

10.发现火情,及时报警

一旦发生火灾,要迅速拨打"119"向消防部门报警,并立即组织人员扑救。扑救时要先救人后救物,先重点后一般,先断电后救火,并注意顺风救灾。灭火时一般就地取材,如用水、砂、土等灭火,特别要设法控制火势蔓延。

四、珍爱生命——远离黄、赌、毒

"黄"是指组织、参与卖淫嫖娼或者传播制作黄色信息;"赌"是指参与赌博或者组织赌博;"毒"是指制造、买卖或吸食毒品。在中国,黄、赌、毒是法律严令禁止的活动,是政府打击的主要对象,也是大学严查严打的重点对象。

(一)大学生接触黄、赌、毒的原因

1.缺乏正确的主观认知

目前,有些大学生对黄、赌、毒仍然缺乏正确的主观认知,他们的心理发育不够成熟,思想比较简单,考虑问题不够全面,对事物没有独自的分析和判断能力。因为大学生对黄、赌、毒缺乏全面的认识,所以会出现接触黄、赌、毒的情况。

2.好奇心过重

部分大学生对黄、赌、毒没有深刻的认识,对黄、赌、毒这些概念还比较模糊。这会使他们对黄、赌、毒产生一种强烈的好奇心,强烈的好奇心会使他们产生一种不亲身体会就感到浑身不自在的强烈欲望,而这种好奇心往往会带来很多严重的不良后果。

3.模仿心理

大学生有集群倾向,身边伙伴影响的力量可能会远远超过教师、父母的说教。如果某位学生的很多伙伴吸毒,而唯独他不吸毒,他就会与朋友有疏离感。大多数吸毒者第一次获得毒品是从朋友处获得的,很多吸毒者都有拉新手吸毒的经历。

4.逃避现实

有的大学生因父母离异、成绩不理想、学习压力大等不顺心的事情而出现心理上的问题,感到情绪低落、内心苦闷等,从而产生想要通过某种方法来麻痹自己的心理。这是一种极不健康的心理状况。

5.受到蛊惑

部分大学生不仅不能够正确地制定择友标准,还缺乏一定的主见,盲目地跟从他人,当择友不慎时很容易沾染上黄、赌、毒。

(二)黄、赌、毒对大学生的危害

1.荒废学业

大学生是社会主义现代化的建设者,是现代科学知识的传承者,他们带着美好的理想、成才的愿望进入大学校园,使大学殿堂充满蓬勃向上的朝气,而一旦被黄、赌、毒污

染,理智的防线就会崩溃,轻则不思进取、想入非非、精神萎靡不振、课上不认真听讲,重则沉溺其中不能自拔、荒废学业,甚至坠入犯罪的深渊。

2.损害身心

大学生处于黄金年龄段,身体发育已趋于成熟,性意识已经觉醒,如果整日只知寻求欲望的满足,极不利于健康成长,在欲望得不到满足的情况下,就容易出现心理障碍或患身心疾病。赌博是多种疾病的导火索,经常出入赌博场所的人往往嗜赌成性,表现出一种病态,一旦进入那种长时间精神高度集中的紧张状态,加之作息时间不规律,极易出现消化系统紊乱和腰肌劳损等症状,患生理疾病和精神疾病。毒品之所以被人们称之为"幽灵""魔鬼",是由于吸毒极易上瘾且很难戒断,久而久之,身体严重中毒便会产生各种病态反应,如不安、失眠、疲乏、精神不振、腹痛、呕吐等。特别是使用不洁净的针头、注射器注射毒品,客观上为艾滋病的传播提供了渠道。总之,吸食毒品使人懒惰无力、意志衰退、智力降低、记忆力减退、荒废学业,对自己、家庭都会造成巨大的损失。

3.引发犯罪

黄、赌、毒不仅对涉及者造成肉体和精神上的伤害,使他们陷入难以解脱的痛苦之中,还会引发多种犯罪,从而在更大范围和程度上危害社会。涉黄者需要黄资,好赌者需要赌资,吸毒者需要毒资,而大学生是消费者,大多需要依靠父母供给来维持学习和生活,如果大学生沾染黄、赌、毒,那么势必会引发犯罪(如抢劫罪、杀人罪等)。

(三)大学生预防黄、赌、毒的方法

1."黄"害的预防

大学生对于淫秽物品要坚决做到不看、不传,更不能走私、制作和贩卖;要洁身自爱,读好书,交好友,参加有益健康、积极向上的文娱活动,做一个"四有"青年。

2."赌"害的预防

目前,赌博行为已由以前的聚众赌博演变为利用各种方式进行赌博。这类赌博活动地点大都在校外或互联网上,参加对象为个体,具有较强的隐蔽性。大学生要从以下几个方面预防"赌"害。

(1)违法往往从违纪开始,大学生要自觉遵守校纪校规,养成遵纪守法的良好习惯。

(2)要充分认识赌博的危害,培养高尚的情操,多参加健康、积极的文体活动,充实自己的业余生活。

(3)要防微杜渐,分清娱乐和赌博的界限。

(4)思想上要警惕,不要因为顾及朋友、同学的情面而参与赌博。

（5）要从根本上关心朋友、同学为出发点,制止他们参与赌博,必要时要向教师或学校有关部门报告。

3."毒"害的预防

尽管与涉黄、赌博相比,吸毒在大学校园内还是极个别现象,但其危害极大,绝不可掉以轻心。要预防"毒"害,需从以下几方面注意。

（1）严守心理防线,切记不要盲从。大学生由于社会阅历浅,辨别是非能力弱,往往会对同龄人的行为加以推崇。特别是在有人大肆吹嘘毒品的妙处,甚至无偿提供毒品的情况下,更要提高警惕、抵制诱惑,以防止中圈套,同时将这些人的行为报告家长、学校和当地公安机关。

（2）杜绝吸烟的不良嗜好。那些从学生时代就开始吸烟的人最容易因好奇而染上吸毒的坏毛病。对于没有鉴别能力的大学生来说,从吸烟到吸毒只有一步之遥,甚至有人认为吸烟者是吸毒者的预备军。所以,大学生要预防吸毒,就要从不吸烟开始,养成不吸烟的良好习惯。

（3）慎重交友,杜绝攀比,"近朱者赤,近墨者黑"。

第二节　财产安全

一、守护财物安全——防盗窃

盗窃是指以非法占有为目的,秘密窃取国家、集体或他人财物的行为。盗窃历来是社会关注的治安热点,也是各大学治安防范的重点,在大学发生的各类案件中,盗窃案占90%以上。

（一）大学盗窃的主要手段

1.宿舍盗窃手段

大学生大多住集体宿舍,由于贵重物品、现金较集中,所以学生宿舍的入室盗窃案发生概率相对较大。此类案件一旦发生,不仅大学生财产遭受损失,还可能导致同学失和,影响学生的学习、工作心情,甚至引发集体恐慌。宿舍入室盗窃的主要手段如下。

（1）顺手牵羊。

不法分子往往乘人不备将放在桌上、床上的钱、手表及文具等或者晾晒在阳台的衣服偷走。这种盗窃手段不用撬门,不用撬窗,实施方便。

（2）撬锁入室。

不法分子乘室内无人之际，撬坏门锁，入室盗窃。

（3）溜门盗窃。

不法分子乘室内无人、房门未锁之际，溜进门来将物品盗走。尤其是盛夏季节，多数大学生夜间睡觉不关门，不法分子乘机入室盗窃"浮财"（如存折、信用卡、手机、照相机等贵重物品）。这种盗窃手段速度非常之快，甚至不到 1 分钟就可以完成。

（4）翻窗入室。

不法分子往往乘窗户敞开之机，破坏纱窗，进入室内。

（5）窗外"钓鱼"。

不法分子乘宿舍内无人或室内人员睡觉之机，用竹竿、木棒等工具在窗户外边将室内的包、衣物等物品勾走。

（6）先盗钥匙，再盗物品。

不法分子乘人不备，在宿舍等处偷来钥匙，或在图书馆、教室、食堂等公共场所从书包中盗窃学生的钥匙，然后尾随学生认清他的宿舍，之后乘宿舍无人之际用钥匙开门，进行盗窃。

除了上述盗窃手段之外，还有偷配钥匙预谋行窃的，以找人、卖东西等名义混入宿舍伺机行窃的，等等。

2.校园公共活动场所盗窃手段

大学盗窃案件除发生在宿舍之外，发生在食堂、图书馆、浴池、运动场等场所的盗窃案件也极为普遍。

（1）食堂。

就餐时，与同学边吃饭边聊天或独自吃饭看手机，容易忽略放在桌面或掉在地上的钱包、手机、饭卡、钥匙。

（2）图书馆。

不少大学生为了占座位而将自己的书包、笔记本电脑等贵重物品放在桌面，这有丢失的风险。

（3）浴池。

大学生洗澡时，放在公用衣柜里的手机、钱包等贵重物品容易遭到偷盗。

（4）运动场。

大学生在做运动时将外套、书包等随意放置在运动器材旁边，一旦开始运动很容易转移注意力，造成个人随身物品的丢失。

（二）大学盗窃案件的防范

1.宿舍盗窃的防范

（1）贵重物品务必妥善保管。

手机、钱包、饭卡要随身携带，不可随意乱放；离开宿舍时，要将数码照相机、笔记本电脑等贵重物品放入储物柜中并上锁；大额现金不要随身携带，要及时存入银行，同时身份证、银行卡、记有密码的笔记本电脑一定要分开存放，以免这些物品同时被盗；放长假前，最好将贵重物品带走或交给可靠的人保管，不要留在宿舍。

（2）牢记锁门关窗。

离开宿舍时一定要锁门关窗；天气炎热，午睡、晚睡时切莫贪图凉快而敞开大门；晚上用完笔记本电脑要及时存放；早起出门的室友要注意关门，谨防溜门作案者。

（3）注意信息安全。

切莫将宿舍的作息时间、课程表贴于宿舍门外，以免被作案者掌握规律，溜门串户、破门盗窃。

（4）不留宿外来人员。

不随意留宿外来人员，留宿外来人员要遵守学校规定，以防造成严重后果。

（5）保持警惕。

提高警惕，遇到形迹可疑的外来不明人员要警惕。不法分子以各种借口和掩护进入宿舍后，往往会来回走动，四处观察，伺机下手。一旦遇到与有类似行为的人应当主动上前询问，并要求其提供证件，或者报告学校保卫部门处理。

（6）排除安全隐患。

及时检查宿舍门、窗、锁的使用情况，一旦有破损或无法使用的，应立即修理或更换，排除安全隐患。

2.校园公共活动场所盗窃的防范

（1）教学楼、图书馆防盗。

在教学楼、图书馆占座只需用写着个人姓名的书本即可；自习中途接电话或去卫生间,应将贵重财物随身携带,不能心存侥幸,以免被不法分子顺手牵羊。

(2)运动场防盗。

若在运动场所进行集体性运动,应留下专门看管衣物和背包的人员;若个人临时加入,可将外套、背包等物品暂时存放在运动场所保安室等安全场所,如果条件不允许,则可选择就近明显位置存放,存放之前先观察四周是否有闲杂人员,只有在确保安全后才可进行运动。

(3)公共浴池防盗。

进入公共浴池场所,尽量不带较多的现金和贵重物品,不法分子往往选择这些场所进行盗窃。

(三)发生盗窃案件后的应对措施

无论是宿舍、图书馆还是浴室及其他地方,如发现被盗,一定要保持头脑清醒,不要大呼小叫。例如,回宿舍时,如果发现门窗被打开,或玻璃被打碎、纱窗被割破、室内物品被翻得比较乱等情况,要第一时间想到这是室内发生了盗窃。遇到这种情况发生,头脑要清醒,不要急于到室内查找自己的物品。要做到以下几点。

1.及时报案

发现财物被盗时,要立刻报告学校保卫部门或公安机关,请其第一时间到现场进行调查了解。

2.保护现场

要保护好不法分子留下的现场,任何人不要进入现场,以便公安人员在现场准确、完整地提取不法分子留下的痕迹。

3.随机应变

进入宿舍时,若恰逢盗贼作案,应该在保证自身安全的情况下,义正词严地大声呵斥,或高声呼喊同学、保安前来支援,共同将不法分子擒获。在孤身一人的情况下要与不法分子保持一定距离,谨防不法分子行凶伤人,可随手拿起身边的棍子、板凳、砖头等进行自卫。

4.配合公安保卫工作

发生盗窃案件后,要配合公安保卫部门查破案件,如果发现存折或银行卡丢失,要马上到银行挂失。

安全提示

必知的手机防盗小常识

(1)在公共场合和公交车上尽量避免戴耳机听音乐。

(2)不要把手机放在外衣口袋或裤兜内。

(3)手机放在手提包内时,要将拉链的头朝向自己走路的方向。

(4)在公共场合,手机不要轻易放在桌面。

(5)手机可以设置开机密码,这样不法分子想要使用手机就要颇费周折来破解开机密码。

二、提高警惕意识——防诈骗

诈骗是指以非法占有为目的,用虚构事实或者隐瞒真相的方法骗取款额较大的公私财物的行为。大学生生活环境单一,社会阅历较浅,具有独立性差、好奇心强、识别力差的特点,也正是因为如此,许多诈骗组织和个人将触角伸向大学生,致使部分大学生的财产受到损失,严重影响了社会的稳定与和谐。因此,加强安全教育,有效防范大学生诈骗案件的发生是大学日常工作的当务之急。

(一)大学常见的诈骗手段

1.网络诈骗手段

网络诈骗是伴随互联网的发展在黑暗中滋长起来的。大学生使用网络的广度、深度和频度都大于一般网民,但由于社会经验较少,对网络信息真伪的辨别能力较弱,往往易成为不法分子的目标。网络诈骗常见的手段有以下几种。

(1)网络兼职诈骗。

不法分子通过互联网虚假宣传,用刷网络广告、"刷单"、收敛会费等手段进行诈骗,QQ群和微信群经常会出现淘宝"刷单"、网络小说打字兼职可日赚300～500元等消息,此类型的诈骗在大学生群体中出现的概率很高,受骗概率也高。不法分子在施以小利,骗取受害人信任后,再以高额返利为诱饵,诱导受害人交纳兼职保证金并不断汇出钱款,诈骗得逞后,立即将受害人拉"黑"并消失。

(2)假冒好友诈骗。

在社交平台上经常会出现好友的账号被不法分子利用木马程序盗取,冒充好友,以好友的口吻说自己有经济困难,寻求帮助,让好友帮忙转账或充话费之类的骗局。此类诈骗在受骗大学生群体中所占比例仅次于网络兼职诈骗。

（3）网络购物诈骗。

网络购物作为一种新型的消费方式，渐渐被网民接受和热捧。但网络购物类诈骗也逐渐成为最常见的电信网络诈骗手法之一。

常用的网络购物诈骗手段有以下四种。

①低廉价格，吸引眼球。不法分子往往是自己建立电子商务网站，或是通过比较知名、大型的电子商务网站发布虚假的商品销售信息，以所谓的"超低价""走私货""免税货""违禁品"等名义出售各种产品，一些人因受低价诱惑或好奇的心态而上当受骗，同时不法分子会以"减少手续费""支付时间长""交易快捷"等借口劝说受害人不要通过支付宝等合法网站进行汇款支付，而是要求受害人直接将现金存入其指定账户，钱到账后，购物信息被删除。

②巧立名目，连环诈骗。不法分子在网上发布一些价格低廉的物品信息广告，承诺"货到付款""送货上门"，但要收取订金。在骗取第一笔订金后，会继续编造各种理由（如需继续交纳风险保证金、押金、税款之类的费用）行骗，受害者由于担心自己以前的订金遭到损失，会按照不法分子的要求再次或多次汇款，从而陷入连续诈骗陷阱。

③物不符实，以假乱真。不法分子在收到货款后，还向受害人寄出货物，但受害人收到的货物的价值远远低于受害人所购买的货物价值，如汇款邮购的是品牌手机，而发的货只是儿童用的玩具手机；有的甚至只邮寄一个空的货物包装盒，并将责任和矛盾推给物流公司，造成物流公司和买家的纠纷，掩盖诈骗事实。

④钓鱼网站，隐藏很深。

a.虚假链接的传统型"钓鱼"方式。在网购过程中，当进行到第三方支付平台准备付款之时，就会链接到不法分子做的虚假页面，该页面在页面形式、扣款金额等方面做得与原网购网站非常相似，而通过这个虚假页面进行支付的金额则会自动进入不法分子的账户。

b.木马型"钓鱼"方式。这是一种更隐蔽、危害性更大的方式，当手机或电脑中了这种木马病毒，在网购交易中进行到银行扣款的环节时，木马程序会自动在后台生成另一笔交易，新的交易指向一个新的账户，银行的扣款会自动进入不法分子的账户，而用户毫无察觉。

（4）冒充权威人士或政府机关工作人员进行网络诈骗。

这是比较常见的诈骗手段。不法分子通常在网上冒充学校辅导员、教师或者部门领导对学生群体进行诈骗。学生群体出于对权威人士的信任，往往不加思考辨别而上当受骗。

安全常识

常见的电话诈骗内容

(1)"我是×××通信公司(或公安局、检察院),您的电话已欠费,而且您的银行账户涉嫌洗钱、诈骗等犯罪行为,请配合我们的工作。"

(2)"我是×××税务局(或财政局、车管所),现在国家下调了购车附加税率(购房契税),向你退还税金。"

(3)"喂,猜猜我是谁? 我是你老朋友啊! 贵人多忘事,连我都记不得了? 改日再联系。"

(4)"请把钱直接汇到×××银行账号就可以了,户名 ×××。"

(5)"顾客您好! 您已经在×××超市透支消费×××元,垂询电话××××××××。"

(6)"恭喜您获得 ×××公司或者 ×××节目抽奖活动机会,您获得了×等奖,公司电话××××××××。"

安全提示

网络购物五"不"

(1)不乱用支付工具。网上购物,专卡专用,单独办理一张专门用于网上购物的银行卡,并绑定支付宝、安付通等第三方支付平台,确保支付安全,保持银行卡内只有小额现金存款。

(2)不贪心。虽然网上卖的物品一般比市面上卖的物品要便宜,但对价格明显偏低的商品一定要提高警惕,不要轻易受骗上当。消费者要对所购买的物品有所了解,包括目前市场的价格,以便核实网络卖家留下的信息的真伪。

(3)不轻信。对于 QQ、手机短信等网络工具上收到的推销信息不要轻易相信,这些推销信息多是骗局。

(4)不大意。尽量去大型、知名、有信用制度和安全保障的购物网站购买所需的物品,先货后款,收到货物后当面验货,要格外谨慎对待卖方交付订金的要求。

(5)不随意。尽量不要使用公用的电脑进行购物支付等操作,更不要轻易地将自己的网络账号、信用卡账号和密码泄露给陌生人,发现有网站发布不良、违法信息及涉嫌诈骗的,或已经掉进网络诈骗陷阱的,应及时向公安机关举报或报案。

2. 其他诈骗手段

（1）假冒身份，直接骗钱。

不法分子多个人配合，自称是大学生，多以自己银行卡被吞、包被盗或是同学走散无钱返校为由，利用大学生特别是女大学生涉世未深、单纯善良、容易产生同情心的特点进行诈骗。冒充大学教师或是工作人员进行诈骗的不法分子往往年龄偏大，衣着讲究，对学校情况了如指掌，利用学生社会经验不足、勤工俭学心切的弱点作案。

（2）投其所好，引诱上钩。

不法分子通过某些途径了解到大学生的手机号码和家庭住址等信息，然后通过电话进行诈骗。不法分子多以大学生患病或遭受严重伤害为由，利用学生家长恐慌急切的心理实施诈骗，并要求家长尽快将所要费用汇入其指定账户。此类诈骗数额一般较大，易于得手且较难侦破。

（3）借贷为名，骗钱为实。

不法分子以高利集资为诱饵，使部分教师和学生上当受骗。个别大学生常以"急于用钱"为借口向其他同学借钱，然后挥霍一空，要债的人追紧了就再向其他同学借款补洞，拖到毕业一走了之。

（4）招聘为名，设置骗局。

不法分子利用大学生找工作心切，以工作轻松自由为诱饵，对大学生实施诈骗，有的被骗求职报名费、中介费，有的被骗"保证金""保密费"，有的甚至被骗入传销组织或是卖淫组织而被限制人身自由，等等。

安全案例

网络兼职半月反被骗17万

躺在家里，也能轻松赚钱，动动手指，就能日赚百元……如此诱人的兼职刷单广告，是不是让人很心动？家住江苏扬州的王女士，就是被这样的广告吸引，加入了一个微信群。没想到半个多月过去了，不仅没赚到钱，还损失了17万元。这是怎么回事？

王女士是位家庭主妇，为了减轻家里的经济压力，一直想找份兼职的工作，2023年，在一次上网时，她无意中看到了这样一则广告。广告上说招手工兼职，只要添加微信，就能免费领取手工材料包。她想着在家闲着也没事做，就挣点零花钱吧，就添加了广告上的微信。对方表示，他们公司的手工活以串珠和装笔芯为主，日薪可达150～500元，王女士只需要下载一个App，就能在上面接到派单。很快，王女士按要求下载该App并注册成功。因手工材料包需6~7天的时间才能到货,客服向王女士提议,等待收货的时间里,可以在平台做任务,完成任务也可以得到相应的奖励。

王女士跟着客服做任务,一开始基本上是关注"公众号"这些小事,很快就拿到了10元的返利。后来客服又发起1元公益捐款活动,她没多想,就按要求绑定了自己的银行卡,转了1元钱。绑定银行卡后,任务便开始"丰富"起来,其中充值返利是最诱人的。充值60元,到账100元,充值的钱越多,佣金就越多。然而随着王女士充值的金额越来越高,返利的钱却再也无法提现了。客服诱导王女士不断提高预付金额,进行大额转账,后续又以账号输入错误或转账时间超期等理由让她无法及时提现。等到王女士察觉到不对劲时,已经累计充值17万余元。

安全提示

应聘须知

(1)高薪招聘防有诈。违背市场需求的"好事"是不存在的,如遇到招聘薪水与市场薪水形成很大差价的招聘邀请,务必警惕。

(2)拒绝事先交费用,让学生先掏钱的工作很有可能有陷阱。

(3)通过正规途径兼职。许多不良招聘平台会曝光用户个人信息,给用户带来不必要的损失。

(4)以次充好,恶意行骗。一些不法分子利用教师、学生"识货"经验少又苛求物美价廉的特点,上门推销各种产品使师生上当受骗。还有一些到办公室、学生宿舍推销产品的人,一旦发现室内无人,就会将贵重物品顺手牵羊后溜之大吉。

(二)预防诈骗的措施

1.谨防"首感"效应

"首感"效应也称"第一印象、初次印象的作用"。不法分子在实施犯罪时往往刻意伪装自己,精心打扮,注意自己的言谈举止,力争给对方留下一个好的印象。许多大学生在与他人交往中往往"一见如故""一见钟情",实际上就是"首感"效应在作祟。不少大学生很容易仅凭第一印象去评价一个人、处理一件事,从而被迷惑,最终上当受骗。

2.谨防"标签"效应

"标签"效应最容易发生在社会经验缺乏、辨别能力低且本身虚荣心强的人身上。不法分子利用一些大学生心理上存在的"标签"心理,冒充各种身份,打着唬人的招牌和迷人的头衔使大学生信以为真。例如,有的大学生崇洋媚外,不法分子就以国产货冒充进口货,牟取暴利,或者自称有海外关系或是冒充华侨骗取女大学生的芳心;有的大学生羡慕权贵,不法分子就自称是高干子女引诱大学生上钩。

3.谨防"贪利"心理

"贪利"心理是许多大学生上当受骗的重要原因。不法分子多以公开的方式与受害人接触,许以好处,让人信以为真,自愿交出钱财或奉献其他。有些大学生爱占小便宜、爱买便宜货、喜欢时髦等,不法分子正是以蝇头小利来吸引大学生注意,或投其所好,送其所需;或"帮"其所急,"解"其所难,从而骗取信任,大肆行骗。所以,对不法分子的防范,关键是大学生自己不要贪小利、占小便宜,要一身正气。

4.谨防"急功近利"

无论是找工作还是做兼职,很多大学生都急于求成。例如,有的大学生就业为了找个好单位,盲目相信他人,走偏门,往往就会陷入骗局,上当受骗。

5.谨防"盲目同情"

同情弱者是人们常有的一种心态,一些不法分子就是利用这种心态,施以诈骗。有的不法分子以遗失钱包诈骗,有的不法分子以家乡受灾诈骗,有的不法分子以本人患病诈骗,大学生富有同情心,轻信于人很容易被其利用,防范这类不法分子就要求大学生凡事要三思而行,不要盲目同情导致上当。

6.谨防"感情用事"

大学生情感丰富、单纯善良。但是,在助人为乐、奉献爱心的时候,要确实搞清对方的真实身份和意图,提高警惕性,不能轻信花言巧语。交友要谨慎,感情交流要理智,单凭感情用事、一味"跟着感觉走",往往容易上当受骗。有些大学生信奉"老乡见老乡,两眼泪汪汪""朋友的朋友就是朋友",其实这正是不法分子常用的诈骗手段。对于那些打着"朋友""老乡"的旗号找上门来的人,要善于察言观色,不要轻易"掏心窝子",更不能言听计从,受其摆布利用。对于那些"来无影,去无踪"的上门客,更要谨慎小心,尽量不为他们提供单独行动的时间和空间,更不能随意留宿,以免给不法分子可乘之机。

7.谨防"信息泄露"

对于个人及家庭的资料要注意保密,要培养自己的隐私意识。在大学里集体生活,不可能不与他人交往,但与他人交往要有分寸,交朋友要有原则,在不充分了解对方时,不要轻易将个人和自己家庭的资料和盘托出。有的大学生总是大大咧咧,在存取现金输入密码时也不注意回避,更有甚者将密码直接告诉他人。"说者无意,听者有心",有些不法分子正是利用这些途径获取受害人详细资料的。

(三)发现被骗时的应对措施

1.细致留心除疑虑

如发现自己可能上当受骗,在与对方交往时,应细心观察其一言一行、一举一动,看对方神态表情是否自然镇定,举止动作是否慌张,言语之间是否前后一致,所持证件是否真实可靠,以此来消除自己的疑虑或为以后提供证据做准备。如有必要,可以找同学、老师或相关人员商量,听取他人的意见,千万不能粗心大意、马马虎虎。

2.巧妙周旋找破绽

如果在交往当中认为对方存在可疑之处但又不敢肯定,不妨与其巧妙周旋,采取一定的谈话方式、交往策略,旁敲侧击,以便从中发现对方的破绽来验证自己的揣测。在进一步排查之前,千万不能泄露与自己财物有关的信息给对方。

3.从容镇定巧脱身

如果在与对方周旋的过程中发现陷入骗局,千万不要惊慌失措,更不要与对方大吵大闹,以防止对方狗急跳墙,采取暴力措施。不妨镇定下来,找借口使对方放松警惕,脱离对方的控制后,用其他方式挽回损失。

4.理智冷静做善后

如果不法分子已经得手而逃,应该尽快从被骗的噩梦中清醒过来,及时向公安部门报案,而不是自怨自艾,贻误破案时机。在报案的同时,要积极向学校保卫处和公安机关提供不法分子的相关线索,包括不法分子的体貌特征和遗留下来的电话信息、身份证件、文字资料等。

三、远离危险境地——防抢劫

抢劫是行为人以暴力胁迫或其他方法强行抢走财物的行为。抢劫具有较大的危害性、骚扰性,往往转化为凶杀、伤害、强奸等恶性案件,严重侵犯大学生的财产及人身权利,威胁大学生生命安全,造成大学生生命健康及精神上的损害。大学生只有提高自我保护能力和自我保护意识,才能避免自己成为受害对象,并在危急时刻保护自己的生命安全和财产安全。

(一)大学校园抢劫案件的特点

大学校园抢劫案件的特点如表8-1。

表 8 - 1　大学校园抢劫案件的特点

要　素	特　点
时间	夜深人静、行人稀少之时；新生入学时。
地点	偏僻、阴暗、人少地带，如树林中小山上、远离宿舍区的教学实验楼附近或无路灯的人行道、正在兴建的建筑物内。
对象	多为单身行走的人员，特别是单身行走的女性，或滞留在暗处的情侣。
行为人	一般为校内或学校附近有劣迹的人员，他们熟悉校园环境，往往结伙作案，作案时胆大妄为，作案后逃遁。有时也有外地流窜人员伺机作案。
手段	抓住部分大学生胆小怕事的心理，对被侵害对象进行暴力威胁或言语恫吓，实施胁迫型抢劫。 利用部分大学生的单纯幼稚，设计诱骗大学生上当，实施诱骗型抢劫。 不法分子采用殴打、捆绑等行为实施暴力型抢劫。 利用大学生热情好客等特点，冒充老乡或朋友，骗得大学生的信任，继而寻找机会用药物将大学生麻醉，实施麻醉型抢劫等。

（二）预防抢劫的措施

1. 防外出抢劫

（1）不带大量现金。

现金是不法分子抢劫的最主要目标，要将现金及时存入银行。学费最好通过银行转账，平时只带少量的零花钱。如必须携带，一定要贴身放置，不要向人炫耀。

（2）外出结伴而行。

不法分子实施抢劫的对象多为独行者，外出时，应结伴而行，避免独行晚归。深夜尽量不要单独出行，特别是女生，外出时最好有同学同行，或者携带防卫工具。

（3）不走偏僻小道。

很多大学校园树林茂密，给不法分子提供了作案条件，大学生尽量不要到人烟稀少、环境阴暗、偏僻的地方，如后山、树林等地闲游、散步或谈情说爱。

（4）牢记校规校纪。

深夜外出、晚归或通宵在外不归给不法分子作案提供了机会。大学都有相应的纪律规定，如按时就寝、不得擅自在外租房、不得晚归等，大学生要自觉遵守。

（5）穿戴朴素得体。

大学生如果在穿着打扮上张扬个性、过分时髦、刻意炫富，极易给自己埋下祸根。大学生的穿着应以整洁、大方、朴素为主,外出穿戴应以方便为原则。

(6)遇事机灵大胆。

发现有人尾随或窥视,不要紧张不安、露出胆怯神态。可回头多盯对方几眼,或哼首歌曲,并镇定地改变原有路线,朝有人、有灯的地方走,或拨打手机通知熟人接护。如发现对方带有凶器,可暗自报警。

(7)不进校外网吧。

网吧是大学生被抢劫的主要场所之一。不法分子之所以盯紧网吧,是因为网吧环境嘈杂,人员较为混乱。很多大学生在网吧遭抢劫之后,因害怕遭到报复不敢报案。

2.防飞车抢夺

一般是两人骑摩托车,减速跟随"目标",在从被害人身上抢走钱包、手机和金银首饰等贵重物品后立即加速逃离。

(1)走路要走人行道。

走路要走人行横道,不要靠马路太近,更不要走车行道。拎包要放在胸前,背包最好靠内斜背,对于周围可疑车辆、人员要提高警惕,特别是对驾驶摩托车行驶速度较慢、骑车人东张西望、故意遮盖车牌等异样情况要加强防范,以免遭到不法分子突然袭击。

(2)手机不要挂胸前。

手机最好不要挂在胸前,放在口袋里比较安全,打电话时要注意身边是否有可疑的陌生人,以防手机被抢。

(3)钱、物不放车筐内。

骑自行车时不要随意将钱、物不加固定地放置在自行车车筐里,不宜单肩背包,以防止不法分子"飞车"拎包或抢夺。随身物品要放在有遮盖的地方。

3.防麻醉抢劫

麻醉抢劫是指采用麻醉手段使人丧失或削弱反抗力,乘机抢走财物的行为,属于抢劫的一种特殊形式。不法分子利用同受害者偶然结识,引诱受害者上钩,伺机作案。不法分子多采用饮食麻醉和呼吸麻醉的手段,手法隐蔽,容易得手。不法分子往往流窜作案,连续作案。

(1)在火车站、汽车站等公共场所不接受陌生人送的香烟、饮料和食品;遇陌生人聊天时特别客气、殷勤的要注意提防。

(2)不要轻易让对方获悉自己随身携带的钱财状况。一般情况下,不法分子不会对一个没有"价值"的目标下手。

（3）宿舍和家庭地址、电话号码或家人情况不要随意告诉陌生人。

（4）遇陌生人按门铃、敲门时，先从猫眼观察，不要随便开门，尤其是晚上，以防不法分子入室抢劫。

（5）家门口出现特殊符号时，应提高警惕，因为这很可能是不法分子的"踩点儿"信号。

4.防公共场所抢劫

（1）不要在公开场所暴露巨额现金和金银首饰等贵重物品。

（2）不要在夜间到公园、绿化带内休息，更不要去灯光昏暗和偏僻的地方。

（3）遇到陌生异性引诱或邀请到某一地方玩耍，切勿答应，防止被色诱抢劫。

（4）乘坐公共汽车时，要保护好自己的随身物品，防止不法分子趁公共汽车靠站时突然进行抢劫。

5.防电梯抢劫

（1）尽量不要在电梯运营时间之外外出或回家。如果外出或回来太晚乘不上电梯，独自下楼梯或爬楼梯则容易遭到不法分子的袭击。

（2）最好不要单独乘坐电梯，女生更不要与行踪可疑的男子同乘电梯。如果发现有陌生男子跟踪进入电梯，要立即退出去，等下一趟人多时再乘坐。

（3）尽量站在靠近电梯报警按钮的地方，一旦出现紧急情况，可以按其报警。

（4）在势单力薄、无法反抗的情况下遭遇电梯抢劫，勿以性命相拼，应待不法分子离开后，立即拨打110报警求助。

6.防约会抢劫

大学生恋爱时，有时会选择僻静处约会，殊不知这也是不法分子喜欢的作案地点。不法分子轻则恐吓、抢夺财物，重则进行抢劫，并对女性进行猥亵、强奸。

（三）遭遇抢劫时的自救和逃离

假如大学生遇到抢劫，要保持精神上的镇定和心理上的平静，克服畏惧恐慌情绪，冷静分析自己所处的环境，对比双方的力量，针对不同的情况采取不同的对策。

1.头脑清醒

想办法让自己恢复理智，千万不可慌乱、大喊大叫，这样会激怒不法分子，让不法分子失去耐心起杀意，所以遇事不可鲁莽，要三思而行。

2.量力而行

当自己经过冷静分析，认为自己的实力在对方之上时，可以进行应对抢劫适当的反抗,如趁对方不注意时迅速对其进行反击,尽量将其捉拿归案,如果不能将其捉拿归案,可以在反击之后趁其慌乱时迅速逃走。要注意的是,一定要对自己和对方的实力正确评估,如果是女生的话,尽量不要进行反抗,最好采取智斗方式。

3.麻痹罪犯

当自己处于不法分子的控制之下而无法反抗时,可按照其要求交出部分财物,视情况对不法分子进行说服教育,造成其心理恐慌。切不可一味求饶,应尽力保持镇定,采取默认方式表明自己交出全部财物并无反抗的意图,使其放松警惕,看准时机进行反抗或脱身。

4.间接反抗

趁不法分子不注意时在其身上留下记号,如在其衣服上涂抹泥土、血迹,在其口袋中装点有标记的小物件,在不法分子得逞后注意其逃跑去向,等等。

5.伺机逃脱

当自己实在无法与不法分子抗衡时,可以看准时机向有人、有灯光的地方或宿舍区奔跑。

6.收集证据

注意观察不法分子,尽量准确记下其特征,如身高、年龄、体态、发型、衣着、胡须、口音、随身携带的物品、乘坐的交通工具等特征。

7.保证安全

自己如果遭到不法分子的袭击,视情况进行自我保护,在保证自身安全的前提下,遇到手持匕首等刀具的不法分子,应与对方保持一定的距离,寻找时机,转身逃走或用脚踢开刀具,如若遭到对方从背后袭击,可用肘部或腿部猛击对方的头部、腹部等部位。

8.及时报案

不法分子得逞以后,很有可能继续寻找下一个抢劫目标,甚至在作案现场附近的商店和餐厅挥霍赃物。大学一般都有较为严密的防范措施,及时报案和准确描述不法分子特征会有利于有关部门及时组织力量布控,抓获不法分子。

四、强化风险意识——理财安全

金融是社会与国家经济发展的基础、实体经济的血脉。随着社会经济的快速发展,各种金融经济活动早已渗入人们日常生活之中。理财成为人们的热点话题。大学生是未来经济活动的重要参与者、推动社会与国家发展的重要力量,因此引导大学生树立正确的理财观念已经成为学校不容忽视的当务之急。

(一)大学生面临的理财安全问题

1.普遍缺乏财务管理能力

大学生收入结构单一,基本是父母供应生活费,虽然大多数能达到收支平衡,但对某些生活费较高还经常"月光"的大学生来说,就不可避免地陷入财务危机。另外,大学生普遍缺乏财务管理能力,也容易产生财务问题;普遍具有自我控制能力薄弱、喜欢攀比、追求个性化、崇向奢侈消费等特点。另外,由于大学生娱乐休闲方式的转变及网购的普及,个人消费内容和消费方式容易受到周围大多数人的影响,消费结构通常都会出现共同的趋向和特点,但是大学生可支配的钱财却不尽相同,导致如今部分大学生学期初或月初是"富翁",期末或月末就成"负翁"了。

2.普遍缺乏理财知识

大学生的理财知识大多是通过自学和周围环境的影响而获取的,大学生往往片面地认为个人理财就是投资赚钱,却不清楚个人理财应该是对自己现有资金的科学管理和合理配置。由于不了解理财的真正含义,大学生往往空有强烈的理财意识,却未能在日常生活中形成科学的理财观念。理财知识的缺乏使得大学生养成了不做消费记录、不做支出预算、投资只会储蓄、没钱就找父母要的习惯,觉得理财是工作后的事。

3.盲目进行投资理财

理财是一门实践性很强的现代生活技能,没有经过长期的实践训练和经验积累,很容易造成盲目投资。大学生普遍缺乏系统的理财实践,理财技能欠缺,而且由于特殊的集体生活方式,大学生很容易跟风投资理财,没有分析自己的财务状况和风险承受能力,不惜挪用学费等必要支出,甚至是借钱来投资,最后导致投资血本无归,付出惨痛的代价。

(二)培养大学生理财能力的途径

大学时代是形成世界观、人生观、价值观和培养生活技能的关键时期,是提高理财技能的黄金时期,也是人生理财规划的起步阶段。因此,培养大学生的理财能力刻不容缓。

1.认真学习理财知识

大学生不会理财的一个重要原因就是对投资充满恐惧,觉得投资充满风险,很容易就血本无归。然而,理财对某个人来说,可能是高风险的投资;对另一个人,则可能风险很低甚至是几乎没有风险,原因就在于是否具备专业的理财知识。投资产品本身没有办法度量其风险高低,是因为投资者缺少相关的专业理财知识才会带来高风险。学习专业理财知识可以提升应对投资中意外事件发生的能力,减少意外的发生并降低风险。

2.养成良好的理财习惯

大学生要了解投资市场,为今后步入社会后的个人理财积累一定的经验,并在大学生活中养成良好的理财习惯。大学生培养理财能力分为三个层次:初级阶段以培养财务规划的意识为目标,可以从坚持记账和控制消费支出入手,在手机端下载各种理财客户端,学会对钱的合理分配和使用;中级阶段则可以通过对理财知识的学习,了解各类理财产品的特点,分析各类理财产品的优缺点,熟悉各种投资渠道,在一定的范围内进行模拟操作以积累经验;高级阶段则可以适当进行投资,无论是股票、基金或外汇,都可以从实践中摸索投资技巧。

3.合理使用信用卡

大学生控制消费的能力较差,一不留神,信用卡就会透支,由于没有固定的经济来源,一般不易及时还款,这样就可能造成不必要的利息损失,甚至出现巨额透支,造成财务危机。所以,建议大学生合理使用信用卡。

安全提示

大学生使用花呗的建议

花呗是由蚂蚁金服提供给消费者"这月买、下月还"的网购服务,是一项消费信贷产品。大学生使用花呗并无好与不好之分,而在于能否理性消费、量入为出。

(1)花呗关联征信。支付宝会根据中国人民银行《征信业管理条例》的规定,定期上传花呗记录。

(2)尽量避免逾期。如使用花呗消费,建议按时还款,避免逾期造成不良影响,如是正常还款的用户,会帮助累积信用,不会对银行征信产生不利影响。

(三)大学生网络贷款引发的安全隐患及其防范途径

近年来,随着信息技术的快速发展,一种新兴的金融贷款模式——网络贷款应运而生。网络贷款从 2007 年最先开始在我国上海出现,之后迅速传播到全国各地。大学生往往被其低门槛、宽审核的放贷程序所吸引,成为网络贷款的主体。

目前,大学生网贷途径大致分为三类:一是学生分期购物平台,旨在满足大学生购物需求,主要有趣分期、任分期等;二是单纯的 P2P 贷款平台(中介机构推出的能完成小额贷款交易的新型金融业务的网络平台),包括投投贷等平台;三是阿里巴巴、京东、苏宁、国美等传统电商平台。

但是,由于网络贷款在我国还是一个新生事物,我国对这一贷款模式的相关监管制度还比较欠缺,监管机构的设置和政府的监管也不到位,蕴藏的风险非常大。2017 年问题平台数量占比为 33.49%,暴露出收费混乱、暴力催收等诸多问题,很多贷款学生深陷网贷的泥潭无法抽身,甚至出现因无力偿还而自杀的恶性事件。

2016 年 4 月 15 日,教育部联合中国银行业监督管理委员会(现中国银行保险监督管理委员会)发布《教育部办公厅 中国银监会办公厅关于加强校园不良网络借贷风险防范和教育引导工作的通知》,明确要求全国各大学要建立校园不良网络贷款日常监测机制和实时预警机制,建立校园不良网络贷款应对处置机制,以加强对校园不良网络贷款平台的监管和整治,教育和引导学生树立正确的消费观念。由此可见,关注大学生理财安全,积极引导大学生增强金融、网络安全防范意识,引导大学生树立合理消费、理性消费、适度消费的理财观念成为亟待解决的问题。

1.大学生网络贷款引发的安全隐患

网络贷款的特点鲜明、方便快捷,但网络贷款经营自身存在的缺陷、政府监督不力、社会信用体系不完善、消费者对网贷的认识不足等方面的原因也导致了诸多安全问题的出现。

网络贷款平台存在欺诈现象,导致大学生被骗受害现象频发。

2.大学生防范网络贷款风险的途径

(1)树立正确的价值观、消费观。

大学生要树立正确的价值观和消费观,养成诚实守信的美德,强化风险意识,拒绝盲目冲动消费。对自己的偿债能力,大学生应该有一个合理的评估,不盲目消费,不过度借贷,主动纠正超前消费、过度消费的行为及攀比等错误观念,建立合理消费、理性消费、适度消费的观念。在日常生活中,大学生应该问自己几个问题:我是否具备理性消费意识?这笔消费对我而言是必需且必要的吗? 在规定的期限内,我是否能按时还款? 我是否能承担逾期还款的后果?大学生应养成节俭及投资的习惯,如每个月强迫自己存下一些钱,重要的不是能存下多少钱,而是养成一个终身受用的好习惯。

(2)提升个人信用意识。

大学生应该提高个人信用意识,在向合法的借贷公司借贷后,要按时偿还所欠贷款,重视个人征信档案的建立。大学生应主动学习并掌握一定的金融知识,从而合理规划消费和收入的关系,重视信用档案对个人进入社会发展后的影响。

安全案例

学生小王从某校园贷平台贷款 7000 元,期限 6 个月,利息 477 元。从表面上看,半年利率为 6.81；实际上，小王贷的 7000 元扣除掉手续费 420 元和押金 700 元，实际到手只有 5880 元，但是还款却要按照 7000 元还。如果还款不逾期，半年费率则为 15.3，年费率为 30.6；如果还款逾期，700 元押金将要扣除，半年费率高达 27.2。除此之外，贷款过程中逾期罚款、逾期管理费、借款服务费、借款手续费等数十种变相收费也无形增加了借贷成本，使得借贷实际费率高得惊人。在这样的陷阱下，"借款 7000 元还 7 万元"也就不足为奇了。

不少非法网贷平台通过欺骗手段，以"零利息""偿还周期长"等噱头诱惑大学生群体，大学生借贷后又借以各种名头追加违约金等。还有不少不法分子假借网贷欺骗大学生，引诱上钩，实则胁迫借贷还贷。另外，平台上注册登记的借款人的征信情况并非真实可靠，信息容易作假，并非全部符合 P2P 网贷准入规定。

安全常识

非法网络贷款平台的典型特征

（1）贷款前收取手续费用及利息费用；提前收取保证金、考察费。

（2）网上宣传，网站规模较小，一般为个人建立的二级网站，网站只留有手机号码，无正规的联系方式。

（3）市场监督管理部门网站上无法查得该公司的相关信息；该公司网站留下的手机号码所属地与当地城市不相符。

（4）网站留下的所谓获奖证书一律模糊处理，看不清实际内容；网站图片多半是盗用。

（5）自称放款速度更快，放款额度更高；承诺低于市面上正规贷款公司的利息；承诺可以全国各城市放款，而实际上无法达成。

（6）自称与银行合作放款，但与银行沟通后实际无此合作客户。

（7）要求客户汇钱至个人银行账户；利息和手续费还可以讨价还价。

（8）提供很少的资料，审核即可通过，可以通过某某电话查询账款。

（9）承诺只要花几千元，一星期内就可以把你的信用变成如同一张白纸一样良好。

（10）告知交足手续费即可当天放款。

第三节 心理健康

心理健康是指心理的各个方面及活动过程处于一种良好或正常的状态。这包括保持性格完好、智力正常、认知正确、情感适当、意志合理、态度积极、行为恰当、适应良好等。心理健康对于个体的整体幸福感、生活满意度以及社会适应能力都有重要影响。心理健康的维护涉及多个方面，包括优化现实环境、加强心理修养、接受心理教育等。

心理健康与劳动教育之间的联系在于，心理健康是劳动教育的基础和保障。一个心理健康的个体更容易形成积极的劳动态度，更愿意参与劳动活动，也更能从劳动中获得满足感和成就感。同时，劳动教育也有助于促进个体的心理健康。通过参与劳动活动，个体可以锻炼自己的身体，提高自信心和自尊心，培养坚韧不拔的意志品质，从而增强自己的心理素质。

因此，在教育实践中，我们应该注重心理健康与劳动教育的相互促进和融合。

一、劳动的心理过程

人的心理过程，一般指认知过程、情感过程和意志过程，劳动的心理过程也由这三部分组成。

在劳动过程中，认知、情感、意志过程三者相互关联、相互制约。例如，人们通过认知识别劳动环境的整洁舒适，产生愉悦的情绪，从而加强意志力，更加投入工作。有时，意志也可以控制情感，让人们克服畏难情绪，不轻言放弃。

心理过程是人类共有的心理现象，但不同个体表现不同，如每个人的观察力、注意力、记忆力、想象力和思考力不同，这是能力差异；每个人的心理加工速度和强度等不同，这是气质差异；每个人对现实的态度、意志和情绪特征不同，这是性格差异。此外，每个人的需要、动机、兴趣、理想和信念、世界观等也各有差异。所有这一切形成了每个人独一无二的个性心理，也形成了每个人独特的劳动风格。

二、劳动效率与心理效应

(一)霍桑效应

近一百年前，美国哈佛大学教授乔治·埃尔顿·梅奥(George Elton Mayo)在芝加哥西方电力公司霍桑工厂进行工作条件、社会因素、生产效益关系的研究实验，发现了著名的实验者效应，即霍桑效应。它是指当被观察者知道自己成为观察对象、受到别人注意时而改变行为倾向的心理效应。实验结果发现：第一，员工不是只受金钱刺激的"经济人"，其态度在决定行为方面起了重要作用，员工因受到关注，从而提升参与感，感受到自己是公司中的重要一员，会提高劳动生产效率。第二，员工的良好情绪对生产效率提高影响很大。人们的行为并不单纯受利益驱动，还有心理方面的驱动。在工作中人们甚至更看重精神激励与人际关系。

（二）社会促进与社会抑制

社会心理学家诺曼·特里普利特（Norman Triplett）在一次偶然的观察中发现,在有竞争时人们的骑车速度比单独骑车时更快。因此他设计了一项实验,探讨儿童在有他人存在时是否会工作得更快。结果证明了他的预期,在拉钓鱼线的实验中,集体干活时儿童更加卖力,一起绕线比单独绕线的效率要高10%。据此他得出结论:个人在集体劳动中的效率要比单独劳动的效率高。他因此提出社会促进效应,后来又细分为结伴效应和观众效应。

结伴效应,即在结伴活动中,个体会感到社会比较的压力,从而提高工作或活动的效率。

观众效应,即个体从事活动时,是否有观众在场、观众的多少及观众的表现对其活动的效率有明显影响。

1965年美国社会心理学家扎永茨（R. B. Zajonc）提出驱力水平理论,以此来解释社会促进效应。扎永茨认为,他人在场时所唤起的驱力有两种:一种是与人竞赛的动机。他人在场,个体会在无意中产生与他人竞争的感觉,因此,个体会希望表现得更好。另一种是希望得到他人良好评价的动机。当别人在场时,个体会不由自主地认为别人在观察自己,因此时刻关注自己的表情、行为和作业,希望获得好评价,从而影响个体的作业水平。

但是在研究中人们也注意到,在某种情况下社会促进现象并未发生,而且相反,当他人在场时反而会抑制个体的表现,使个体的作业水平下降而产生社会抑制现象。例如学者达希尔发现,有观众在场时,个体进行乘法运算会出现许多差错,其原因主要来自个体的心理紧张。这种心理紧张主要是由于个体想从群体中得到尊重和赞许的愿望与对自身工作的信心之间的差距造成的。简单来说,对于熟练、易学、有自信的活动,他人在场带来的常常是社会促进作用。而对于困难、生疏、欠缺自信的活动,他人在场则常带来社会抑制作用。

（三）社会懈怠

德国心理学家林格曼（Ringelmonn）设计了拉绳实验,在研究中他让参加实验的工人用力拉绳子并测量拉力。实验包括三种情境:单独拉绳;三人一组拉绳;八人一组拉绳。结果发现:单独拉绳时,人均拉力63公斤;三人一起拉绳时总拉力160公斤,人均拉力53公斤;八人一起拉绳时总拉力248公斤,人均拉力只有31公斤,不到单独拉绳时的一半。

林格曼发现人们一起拉绳时的平均拉力要比一个人单独拉绳时的平均拉力小,他最早提出社会懈怠现象。其产生的原因可能是个体在集体中的劳动不记名,不被量化,觉得团体中的其他人没有尽力工作,为求公平,于是自己也就减少努力;也可能是人们认为个人的努力对团体微不足道,或是团体成绩很少能归于个人,个人的努力难以衡量,与团体绩效之间没有明确的关系,故而个体便降低努力程度,或不能全力以赴地努力。

社会懈怠效应明显降低了群体的劳动效率。减少社会懈怠的有效途径是:首先,量化并公布整个群体的工作成绩以及每个成员的工作成绩。其次,督促成员之间互相观察,帮助群体成员认同他人的努力和工作成绩。再次,控制劳动的群体规模,减少"磨洋工"的可能性。

(四)作业疲劳与合理休息

劳动中的作业疲劳是一种复杂的生理和心理现象,指在劳动生产过程中、逐渐出现不适感、作业能力下降的状态。一般分为肌肉疲劳和精神疲劳两类。本质上,两种疲劳均是机体的一种正常生理保护机制,是大脑发出的警觉信号,提醒人们适当休息。作业疲劳具有几个特点:疲劳在劳动作业过程中产生,疲劳的过程是渐进的,长期作业疲劳可能引发一系列功能失调。预防作业疲劳是保障劳动安全的重要措施。

劳动强度越大,持续时间越长,人体负荷越高,疲劳越容易出现。测评疲劳的方式很多,如测量劳动者的生理指标(如脉搏、血压、能量代谢、乳酸、肾上腺素等)的变化、记录劳动者的感受、分析劳动者脑电图和注意力改变、观察劳动产品的质量和数量。

证据表明,合理休息虽然减少了一天中的净劳动时间,但并不会降低劳动效率,甚至还会提高劳动效率。

三、劳动者的心理健康

美国心理学家亚伯拉罕·马斯洛(Abraharn Harold Maslow)和乔尔·米特尔曼(Joel Mittleman)提出了心理健康的十个标准:第一,充分的安全感,在关系中能够独立存在;第二,充分了解自己,并对自己的能力有客观而适当的估计;第三,生活的目标切合实际;第四,与现实的环境保持接触;第五,保持人格的完整与和谐;第六,具有从经验中学习的能力;第七,能保持良好的人际关系;第八,适度的情绪表达与控制;第九,在不违背社会规范的条件下,对个人的基本需要作恰当的表达;第十,在集体要求的前提下,较好地发挥自己的个性。

(一)劳动中的各种"心病"

2018年,《中国城镇居民心理健康白皮书》发布,通过对全国26个省市总计约110.3万城镇居民的心理健康状况进行大数据分析,发现中国城镇居民心理健康状况不容乐观。数据显示,73.6%的城镇居民处于心理亚健康状态,存在不同程度心理问题的城镇居民有16.1%,心理健康的城镇居民仅为10.3%。同时,城镇慢病人群心理问题伴发率极高,心理健康的仅有5.1%。

这一结果向人们敲响警钟,加强国民心理健康工作已迫在眉睫。近年来国家及各级政府下发了各类政策文件推进心理健康工作发展,建立生物-心理-社会全方位健康管理及诊疗路径与服务模式。

"心病"属于心理健康范畴,指一系列心理问题。它会间接地改变人的性格、世界观及情绪等。如同感冒一样,几乎人人都曾经历过不同程度的心理问题。据世界卫生组织统计,全球完全没有心理问题的人口比例只有 9.5%。

在临床心理学实践工作中,常常从本人评价、他人评价和社会功能状况三个方面来进行心理健康状态的分析。临床心理学家常将人的心理健康状态分为四个等级:健康状态、不良状态、心理障碍、心理疾病。

1. 一级状态:健康状态

心理健康状态与非健康状态的区分标准一直是心理学界讨论的话题,不少国内外心理学学者根据自己调查研究的结果提出了多种心理健康标准。简洁的评价方法即从本人评价、他人评价和社会功能状况三方面分析。此状态的特点如下。

(1)本人不觉得痛苦。即在一个时间段内(如一周、一月、一季或一年)快乐的感觉大于痛苦的感觉。

(2)他人不感觉到异常。即心理活动与周围环境相协调,不出现与周围环境格格不入的现象。

(3)社会功能良好。即能胜任家庭和社会角色,能在一般社会环境下充分发挥自身能力并利用现有条件(或创造条件)实现自我价值。

2. 二级状态:不良状态

介于健康状态与疾病状态之间的状态,是正常人群中常见的一种亚健康状态,它由个人气质和性格特点(如过于好胜、孤僻、敏感等)、生活事件(如工作压力大、晋升失败、受到上级批评、婚恋挫折等)、身体不良状况(如长时间加班劳累、身体疾病)等因素所引起。此状态的特点如下。

(1)时间短暂。此状态持续时间较短,一般在一周内能得到缓解。

(2)损害轻微。此状态对个体的社会功能影响比较小。处于此类状态的人一般都能胜任日常工作、学习和生活,只是愉快感小于痛苦感,"很累""没劲""不高兴""应付"是他们常说的词汇。

(3)能自我调整。大部分人能通过自我调整如休息、聊天、运动、旅游、娱乐等方式使自己的心理状态得到改善。小部分人若长时间得不到缓解可能会形成一种相对固定的状态,应该及时寻求心理医生的帮助,以尽快得到调整。

3.三级状态:心理障碍

心理障碍是一个人由于生理、心理或社会原因而导致的各种异常心理过程、异常人格特征、异常行为方式,其心理状态表现为某一方面(或几方面)发展的超前、停滞、延迟、退缩或偏离。此状态的特点如下。

(1)不协调性。心理活动的外在表现与其生理年龄不相称或反应方式与常人不同。如:成人表现出幼稚状态,儿童出现成人行为,对外界刺激的反应方式异常(偏离),等等。

(2)针对性。处于此类状态的人往往对障碍对象(如敏感的事物、人及环境等)有强烈的心理反应,而对非障碍对象可能表现很正常。

(3)损害较大。可能使当事人不能按常人的标准完成生活或工作事务,如社交焦虑者不能完成社交活动,锐器恐怖者不敢使用刀、剪等。

(4)需求助于心理咨询师或心理医生。此状态者大部分不能通过自我调整和非专业人员的帮助而解决问题,需要通过心理医生的指导来应对心理障碍。

4.四级状态:心理疾病

心理疾病是由于个人及外界因素引起个体强烈的心理反应(思维、情感、意志)并伴有明显的躯体不适感。此状态的特点如下。

(1)强烈的心理反应。如出现思维判断上的失误,思维敏捷性下降,记忆力下降,头脑黏滞感、空白感,强烈自卑感及痛苦感,缺乏精力,情绪低落忧郁,紧张焦虑,意志减退,有行为失常(如重复动作、动作减少、退缩行为等)表现,等等。

(2)明显的躯体不适感。中枢控制系统功能失调可引起人体各个系统功能失调,如影响消化系统,出现食欲不振、腹部胀满、便秘或腹泻(或便秘与腹泻交替)等症状;影响心脑血管系统,出现心慌、胸闷、头晕等症状;影响内分泌系统,出现女性月经周期改变、男性性功能障碍;等等。

(3)损害大。此状态下的人不能或只能勉强完成其社会功能,缺乏轻松、愉快的体验,痛苦感极为强烈。"哪里都不舒服""活着不如死了好"是他们真实的内心体验。

(4)需要心理医生的治疗。处于此状态的患者一般不能通过自我调整和非心理科专业医生的治疗而康复。心理医生对此类患者的治疗一般采用心理治疗和药物治疗相结合的综合治疗手段。

(二)大学生劳动中的心理健康工作

劳动与心理健康之间存在着密切的关系,对于大学生而言,参与劳动不仅是锻炼技能、提升能力的过程,同时也是调整和维护心理健康的重要途径。在劳动中,大学生可以积极采取以下措施来调整心理健康。

（1）要树立正确的劳动观念。劳动是一种创造和付出的过程，通过劳动，我们可以实现自我价值，提升生活品质。因此，大学生应该认识到劳动的重要性和意义，摒弃对劳动的偏见和误解，以积极的心态投入到劳动中。

（2）要合理安排劳动时间和强度。适度的劳动可以促进身心健康，但过度劳动则可能导致身体疲劳和心理压力。因此，大学生在参与劳动时，要根据自己的身体状况和劳动能力合理安排时间和强度，避免过度劳累。

（3）大学生在劳动中要学会调整自己的心态。面对劳动中的困难和挑战，要保持冷静和乐观的态度，相信自己有能力克服困难并取得成功。同时，要学会与他人合作和交流，分享劳动中的经验和感受，以缓解压力和增强信心。

（4）大学生还可以通过参与有意义的劳动活动来提升自己的心理健康水平。例如，参加志愿服务、社区劳动等公益活动，不仅可以锻炼自己的劳动能力，还可以培养社会责任感和奉献精神，增强自我价值感和成就感。

最后，如果大学生在劳动中遇到心理问题或困扰，可以积极寻求帮助和支持。可以与同学、朋友或家人倾诉，寻求他们的理解和支持；也可以向学校的心理辅导老师或专业机构寻求帮助，获取专业的心理咨询和治疗。

第四节　网络安全

随着互联网技术的不断发展与深化应用，特别是移动互联网的应用，信息沟通的效率大大提高，但同时也带来信息泄漏的隐患，如监看他人电子邮件、盗取他人账号密码及其他不法获取他人信息的网络窥探；消费者购物习惯、喜好、经济状况等信息在其不知情的情况下经由数据处理形成商业价值资料；等等。

近年来，因大学生个人信息泄露造成的大学生求职被骗、"被贷款"、电话诈骗等危害社会安全稳定事件屡有发生。虽然，这些事件的发生暴露了网络中存在的一些监管漏洞，但经过深入分析，我们发现很多大学生在使用网络中对网络安全认知度低、自我保护意识差也是造成这些事件发生的原因。

一、提高大学生个人信息安全意识的重要性和必要性

随着移动端设备的更新速度加快和应用软件的多领域发展，大学生作为接受和推广新生事物最快的群体，在使用网络浏览信息、求职、网络购物等过程中，个人信息的安全性显得尤为重要。

1. 有利于学生自身的健康发展

近几年,由于大学生个人信息泄露造成的不良社会事件屡次发生,不仅给社会带来负面影响,也对学生个人造成了伤害。所以,只有大学生对自己的信息有了安全保护意识,能明辨信息的是非,能正确地填写、授权个人信息,才不会让自己受到不法分子的干扰,才能正确地认识社会工作,树立正确的价值观,有利于自身健康的发展。

2. 能够提高大学的管理水平

现代化的大学管理离不开对信息的管理,大学生对自身信息安全保护意识的提高,还能够促进学校管理层对信息安全的重视。随着社交软件的发展,一些境外敌对势力利用网络对大学生的意识形态进行干扰,如果不法势力掌握了大量学生的个人信息,结合心理学等模型进行大数据分析,掌握学生的意识行为,再通过定向干预影响学生的价值观,就会给国家的安全带来隐患。所以,大学的管理者应该重视,应该在做好教育宣传的同时,加大相关人员和技术力量的投入,减少校园网络入侵、窃取事件的发生,减少或杜绝学生的个人信息从学校有关部门泄露,建立良好的网络文化氛围,为学生提供一个健康的网络环境。

3. 有利于国家的信息安全建设

大学生是国家未来建设发展的主力军,大学生对个人信息安全保护意识的增强,有利于培养大学生对国家信息安全的忧患意识、保密意识,有利于大学生去主动学习相关法律、法规,增强保护国家信息安全的责任意识,能够从多元文化中树立正确的人生观。

安全案例

2023 年 7 月北京海淀警方发布消息称,接到"某大学部分学生信息被非法获取"情况的报警后,警方立即开展调查。经查,嫌疑人、该校毕业生马某某涉嫌非法获取该校部分学生个人信息等违法犯罪行为,马某某已被依法刑事拘留。此前,某大学部分学生个人信息被制作成网页,公布在网上任人查看。被盗取的学生信息包括照片、姓名、学号、籍贯等。

二、大学生在个人信息安全防护方面存在的隐患

1. 对个人信息安全认知比较模糊

如果大学生对个人信息的界定模糊,当发生个人信息泄露时,就不知道该如何利用法律、法规来维护自身权益,这就给网络安全建设带来困难。

个人信息主要包括以下类别。

（1）基本信息。

个人基本信息主要包括姓名、性别、年龄、身份证号码、手机号码、E-mail 地址及家庭住址、学校名称、院校名称等，有时甚至会包括婚姻、信仰、职业、工作单位、收入等相对隐私的个人信息。

（2）设备信息。

设备信息主要是指消费者所使用的各种计算机终端设备（包括移动和固定终端）的基本信息，如位置信息、Wi-Fi 列表信息、MAC 地址信息、CPU 信息、内存信息、SD 卡信息、操作系统版本信息等。

（3）账户信息。

账户信息主要包括网银账号、第三方支付账号、社交账号和重要邮箱账号等。

（4）隐私信息。

隐私信息主要包括通讯录信息、通话记录、短信记录、应用软件聊天记录、个人视频、照片、身体健康状况等。

（5）社会关系信息。

社会关系信息主要包括好友关系、家庭成员信息、工作单位信息等。

（6）网络行为信息。

网络行为信息主要是指上网行为记录、消费者在网络上的各种活动行为，如上网时间、上网地点、输入记录、聊天交友、网站访问行为、网络游戏行为等个人信息。

《中华人民共和国宪法》《中华人民共和国民法典》等相关法律、法规都有对个人信息保护的相关条文。国家为了保障网络安全，维护网络空间主权和国家安全、社会公共利益，保护公民、法人和其他组织的合法权益，促进经济社会信息化健康发展，还在 2016 年11 月制定了《中华人民共和国网络安全法》，这是一部规范网络空间安全管理方面问题的基础性法律，有着里程碑的意义。

2.日常网络使用行为存在个人信息安全隐患

对于大学来说，培养学生良好地使用网络行为规范是管理者提升大学信息管理水平的有效措施，也是减少校园网络信息安全事件发生的重要手段。对于大学生来说，良好的网络使用行为不仅可以更好地保护个人信息，也能促进校园网络文化健康发展。

安全常识

在互联网上,你的"个人信息"可能从哪里泄露

(1)姓名。可能从需要实名认证的软件泄露。

(2)身份证件号码。可能从需要实名认证的软件泄露。

(3)联系方式。可能从外卖、购物、交友类软件泄露。

(4)住址。可能从外卖、购物、交友类软件泄露。

(5)账号密码。可能从金融类软件泄露。

(6)财产状况。可能从金融类软件泄露。

(7)行踪轨迹。可能从打车、地图类软件泄露。

三、大学生维护个人信息安全的方法

1.账号密码要安全

注册账户时,如必须填写个人信息,要尽可能少提供个人信息,"节约"使用个人信息;要按一定的标准或模式分级分类设置密码并保证重要账户的独立性。网银、网购的支付密码最好定期更换。尽量不要使用"记住密码"模式,上网后注意个人使用记录。在手机上被要求输入银行卡密码时要格外小心,尽量不要在非官方的 App 上输入密码。

2.不安全链接慎进入

(1)网上测试。

各种打着网上测试幌子的测试活动往往需要输入姓名、生日、手机号码等,这些信息会被存入后台,经过对其梳理,有可能拼凑出完整的个人信息。

(2)来历不明的二维码。

不要轻信来历不明的二维码,防止被其中植入的木马等病毒窃取账号信息。

(3)手机短信中的链接。

收到短信内容涉及网络链接的,不确定短信发送者时,尽量不要去点击。

3.手机丢失冻结账号

当手机不小心丢失或者被盗,第一时间要进入官方网址进行微信或者 QQ 号的冻结,以防被人利用来诈骗亲朋好友的钱财;随后要对手机号码进行挂失处理,以确保其他资金账户的安全。

4.手机隐私功能要关掉(以微信为例)

(1)关闭消息显示预览功能。

大家都不希望微信消息内容被别人看到,因为里面可能有我们的隐私。想要避免这个问题,可以在微信——设置——消息通知选项中把系统默认的选项改变一下,这样新的消息就不会直接显示在手机屏幕上,只能在解锁手机后才可以看到。

(2)关闭不用的加好友方式。

想要避免不熟悉的人加自己,可以在微信——设置——隐私——朋友权限——添加我的方式中选择需要的方式。

(3)关闭允许查看功能。

在微信——设置——隐私——朋友权限——朋友圈选项中,关闭"允许陌生人查看十条朋友圈"。

5.防止手机中病毒

手机病毒往往隐藏在一些应用App里面,一旦手机中病毒,不法分子将会窃取用户通讯录信息或者银行账户密码资料,或者在手机后台偷偷向其发送短信,等等。因此,建议不要对手机进行"越狱"或者Root处理,否则将大大降低手机运行环境的安全性。

6.正确处置旧手机

恢复出厂设置,手机里面的资料表面看是没了,但是储存的数据在硬盘上仍有痕迹。硬盘上的数据可以反复被覆盖,但数据恢复软件只能读取覆盖在最上层的信息。因此,应先将手机恢复出厂设置或者格式化,然后从网上下载大量无关紧要内容,反复存储、删除。这样即使被不法分子恢复数据,对方得到的也只是此前存入的一些无关紧要的内容。

7.公共设备谨慎用

(1)公共Wi-Fi。

公共场所尽量不使用无须密码登录的免费Wi-Fi。使用Wi-Fi进行涉及资金交易时,要通过专门的App客户端进行。为保护自己的个人信息,最好把Wi-Fi连接方式设置为手动。

(2)公共手机充电桩。

在充电时,不要点击任何手机提示框出现的"同意"或者"信任"按钮,尽量使用自己携带的充电设备。手机里要安装一些手机防护软件。

8.个人信息别乱晒

很多大学生喜欢在网络上或者朋友圈上"晒图",但是以下几类照片不要随意晒:火车票、飞机票、登机牌,护照,家门钥匙,车牌,位置,家人照片和姓名,等等。对上述几类照片,一定要晒的,要用好马赛克或做特殊处理。

安全案例

快递送礼引流骗局

2024年4月2日,受害人(46岁)在家门口发现一个自己的快递包裹,包裹内有一张淘宝购物节宣传单,宣传淘宝正在做活动抽奖。受害人刮开抽奖区后发现中奖,遂按宣传单上的提示扫码添加企业微信,根据对方指引加入到微信群内领取奖品。在微信群内,受害人看到有网友发布兼职信息,称可以刷单返利。受害人遂按对方要求下载"万源"App进行操作,先后转账7笔共计115万元人民币。直至民警上门,受害人才发现被骗。

第五节　求职择业创业安全

一、自我保护——求职择业安全

求职择业贯穿大学生活的始终,低年级的学生通过兼职、实习赚取生活费用、锻炼自身能力,毕业生则通过择业规划未来之路。由于大学生对职业选择的基本看法和观点还不成熟,对社会环境不是非常了解,所以对招聘广告、签订劳动合同、洽谈就业岗位和确定工资福利待遇等事项往往知之甚少。而少数企业和单位利用大学毕业生没有社会经验,在这些环节设置陷阱,损害大学生的合法权益。

(一)大学生求职择业陷阱的种类

1.应聘员工,反成"义工"

少数招聘单位以招聘虚构职位为诱饵,用笔试、实践考核等形式让大学生进行无偿劳动或骗取大学生的设计成果。

2.应聘交费,布置陷阱

少数招聘单位在招聘时,用较低的录用条件引诱大学生前来应聘,之后再利用报名费、押金、保证金、培训费、材料费、工本费等名目向应聘者收取费用,同时找各种理由不开付收据证明,待成功收费后,便不再与应聘者联系,甚至搬离原来的办公场所。

3.高薪聘用,低薪雇用

少数企业在招聘网站以高收入为诱饵,吸引大学生前来应聘并迅速入职。等到入职后,这些企业再以经验不够、能力不足等为借口降低大学生的收入。

4.不法中介,骗钱骗财

中介往往是大学生兼职的主要信息来源,如家教、发广告、陪读等信息,大都集中在中介机构。但是,有部分不法中介利用大学生信息封闭、思想单纯的弱点,骗取钱财。有的不法中介让大学生交一定数额的押金,然后迟迟不给介绍工作;有的不法中介待大学生交了押金之后随即消失;有的不法中介收费名目繁多,大学生不堪重负;有的不法中介与招聘企业联合设置骗局,引诱大学生上当受骗。

5.吃苦耐劳,亦无保障

某些单位尤其是工厂或建筑单位利用大学生赚钱心切却缺乏对市场基本工资及最低工资标准的了解的特点,骗取大学生做一些廉价而危险的工作(如搬运重物、高空作业等),而不提供任何安全保障,一旦发生事故,导致工伤,用人单位立即与受雇大学生撇清关系,不予赔偿,让大学生很难保护自己的合法权益。

6.巧用合同,设计陷阱

一些用人单位利用大学生缺乏社会经验、法律意识淡薄、怕失去工作机会不敢提出异议等弱点,在合同中"动手脚",致使应聘者的正当权益受到侵害。例如,有的企业合同中只规定被雇用者的义务,对用人单位的义务和被雇用者的权利较少提及或者直接不涉及。还有的企业欺骗、威胁求职者签订"生死合同"或模糊合同,利用合同逃避法律责任。

安全案例

编织美梦,骗财骗色

某些企业或单位以招聘歌手、演员、模特为诱饵,在"试镜"中为应聘者拍摄大量暴露照片,之后以此作为威胁诈取钱财;也有一些娱乐场所以高薪聘用歌手、舞者为诱饵吸引大学生,之后逼他们做色情交易。还有一些别有用心的雇主以招聘为名,将涉世未深的大学生骗至家中或特设的办公地点进行性侵害。

(二)防范求职择业陷阱的措施

1.树立正确的择业观

择业观是指对职业选择的基本看法和观点,它对人们的求职择业和怎样从事职业有直接影响。大学生要树立科学、合理的择业观。

职业不分贵贱，只要能够体现自身价值就值得去努力。不要轻视平凡、普通和简单的工作，大学生不可能一参加工作就到"中心领域"，担任科长、部门主管、技术总监，而必须先经过"试用期""见习期"的"周边参与"，做具体、简单的，看似平凡、普通的事情。大学生随着职业经验的增加和贡献的增多，才有可能逐步接近"中心领域"。每个人只有不断地学习、不断地工作，才能在更加重要的岗位上做出一番事业来。

择业观是可以不断变化并调整的。作为刚刚从"象牙塔"中走出的学子，往往容易将现实想象得过于美好，其实社会的现实生活往往与我们的主观愿望之间存在一定的差距。在面临就业选择的时候，大学生应该审时度势地调整自己的就业观，使其在发展变化中不断完善、不断补充，从而帮助自己主动积极地适应社会，而不是守株待兔，消极地等待。

2. 修补自身安全漏洞

（1）部分大学生自身存在安全漏洞，让不法企业和中介有可乘之机。

①缺乏社会经验，社会阅历少，对社会存在的阴暗面了解不多。

②思想单纯，容易轻信他人。

③个性懦弱，受到欺骗时敢怒不敢言，尤其是少数女大学生在受到侵害时，往往忍气吞声，使不法分子的气焰更加嚣张。

④心智还未完全成熟，对事物好坏的分辨能力较弱。

⑤就业、求职心切，对招聘单位、求职行业缺乏了解，对其他深层次的问题也缺乏进一步的思考。

⑥过分注重金钱名利，无法抵挡高薪诱惑。

⑦爱慕虚荣、追求明星梦，尤其是不够稳重的女大学生，更容易遭遇色情陷阱。

⑧法律意识淡薄，无法很好地利用法律在求职、就业或权益受到侵害时保护自己。

（2）大学生要确保求职择业安全，就要修补自身安全漏洞。

①主动、积极地了解社会，借助社会实践活动多层次、多方面地参与社会活动，从而加深对社会的了解，促使自己尽快适应社会。

②谨慎处事，在工作的过程中应当牢记"害人之心不可有，防人之心不可无"，遇事多观察，凡事多思量，防止陷入就业陷阱。

③注重个人品格修养，不要过分注重对金钱和虚名的追求，要学会脚踏实地地努力做事；应当对自己有客观的评价，对自己的优点和缺点都要有深入的了解，以便快速定位，得知自己适合什么样的工作。

④加强法律知识学习，强化自身的法律意识，了解目前我国关于大学生就业、兼职的

有关方针、政策和法律法规,熟悉大学生在就业、求职过程中的权利和义务。如果在求职过程中发现用人单位的规定与国家政策、法规相抵触,侵犯了自己的权益,就应依据法规维护自己的合法权益。

3. 警惕就业陷阱

就业之途充满挫折,大学生在就业途中既要勇往直前,又要预防就业陷阱。大学生只有加强自身安全意识,同时在择业、应聘、试用等各个环节提高警惕,小心防范,才能免遭就业陷阱的毒害。

(1)通过正规组织、平台、渠道求职。

大学生应尽可能多地利用各大学的专场招聘会或地方大型的供需见面会寻找工作机会,在这些招聘会上,应聘者可以在安全的地方与招聘人员面对面交流,实现安全的双向选择。一些学校还会成立就业指导中心,及时发布各用人单位的招聘信息,这些信息都经过了学校的审核过滤,相对安全。通过中介公司选择就业单位时,应当选择信誉度好的大型中介公司。此外,还可以通过专业的就业网站求职,但千万不要进入非门户网站、非专业的就业网站和没有在市场监督管理部门备案登记的网站选择就业单位。

(2)应聘时要谨慎小心,保证自身安全。

当需要前往招聘单位应聘时,应当在应聘前再次求证该单位的真实性。当招聘单位安排的招聘地点隐蔽、偏僻或安排在夜间招聘时,都应当加倍小心,绝对不可贸然前往,应聘前后都应当与亲人、同学保持联系;应聘中如发现用人单位一开始就收取押金、培训费、工本费等资金,应当提高警惕,拖延时间暂缓缴费。在应聘过程中还可以向用人单位的正式员工了解该用人单位的管理制度和用人制度是否规范,以确保就业安全。

(3)试用期间的安全防范。

如果用人单位与应聘者彼此满意,就应当尽快与用人单位签订劳动协议或劳动合同,劳动合同一式两份。劳动合同中的条款应当表述清晰,能确保就业者自身的工作权利、休息权利、福利待遇和人身安全,具体而言,劳动合同中应当特别注意以下内容。

①劳动者的工作权利、休息权利和福利待遇,如有试用期,应明确标注试用期限。

②用人单位必须为劳动者缴纳基本养老保险、失业保险、基本医疗保险、工伤保险和生育保险。

③从事危险工作时,用人单位应当在合同中注明为劳动者提供劳动安全保护工具、定期为劳动者安排身体检查等。

安全提示

未毕业的大学生不能签订劳动合同

《关于贯彻执行〈中华人民共和国劳动法〉若干问题的意见》第 12 条规定，在校生利用业余时间勤工助学，不视为就业，未建立劳动关系，可以不签订劳动合同。

还没拿到毕业证的学生仍然属于在校生，不具备签订劳动合同的主体资格。在保留学生身份之前，公司与之建立的都不是劳动关系，只是劳务关系，符合雇佣关系特征的，可以认定为雇佣关系。如果在上学期间到企业实习或者勤工俭学，可以与用人单位签订实习协议，或者在毕业前签订三方就业协议。

（三）求职择业维权

在求职择业的过程中，遭遇陷阱受到人身安全的侵害时，不要选择逃避、退让、忍气吞声的处理方式，应当鼓起勇气报警，同时可以向当地劳动保障监察机构进行投诉，也可以向当地劳动争议仲裁委员会提出申诉，运用法律手段维护自身的合法权益。

毕业生就业工作是一项政策性、时限性、操作性都比较强的工作。毕业生要学会依据国家有关就业法律、政策、规章来对自身的合法权益进行保护。与毕业生就业相关的法律、法规主要有《中华人民共和国高等教育法》《中华人民共和国合同法》《中华人民共和国劳动法》《中华人民共和国公务员法》《中华人民共和国劳动合同法》《劳动保障监察条例》等。

1.与就业协议有关的维权途径

大学毕业生就业中存在的一个突出问题，就是毕业生在履行就业协议的过程中，与用人单位产生纠纷。

当就业过程中出现一些侵害毕业生权益的行为，毕业生可通过以下途径对自身权益实施保护。

（1）双方当事人在自愿、平等的基础上协商解决纠纷。毕业生在履行就业协议书的过程中与用人单位产生纠纷，可以通过协商的方式解决。

（2）依靠学校的保护。学校对毕业生权益的保护最为直接。学校可以通过制定各项措施规范、指导毕业生就业，当用人单位在录用毕业生过程中存在不公平、不公正行为时，学校有权以拒绝签署就业协议等手段维护毕业生的就业权益。

（3）依靠权力机关、行政机关、司法机关、新闻媒体力量保护自己的合法权益。当毕业生的合法权益受到侵害时，可以及时向当地行政部门（如劳动保障监察机构）投诉，也可以直接向主管用人单位的行政机关（如市场监督管理局）投诉或举报。经有关部门处理后，若其合法权益仍未得到保护，有权依法向有关机关进行申诉。此外，毕业生权益受到侵害时，还可以向有关新闻媒体披露真实情况,借此获得社会舆论的监督、关注和支持。

2 就业后的劳动争议维权途径

《中华人民共和国劳动法》规定,用人单位与劳动者发生劳动争议,当事人可以依法申请调解、仲裁、提起诉讼,也可以协商解决。劳动争议发生后,当事人可以向本单位劳动争议调解委员会申请调解;调解不成,当事人一方要求仲裁的,可以向劳动争议仲裁委员会申请仲裁。当事人一方也可以直接向劳动争议仲裁委员会申请仲裁。对仲裁裁决不服的,可以向人民法院提起诉讼。

由此可见,就业后的劳动争议维权途径主要有调解、仲裁、诉讼。调解是指在查明事实、分清是非、明确责任的基础上,依照有关法律规定及劳动合同的约定,推动用人单位和劳动者之间相互谅解,解决争议的方式。当调解不成,一方当事人要求仲裁的,可以向劳动争议仲裁委员会申请仲裁,也可以不经调解直接向劳动争议仲裁委员会申请仲裁。诉讼程序是处理劳动争议的最后一道程序,对仲裁裁决不服的,可自收到仲裁裁决书之日起 15 日内向人民法院提起诉讼。

二、筑梦未来——创业安全

大学生是富有创新思维的一个群体。大学生创业有利于缓解就业压力。而且,大学生创业使得大学生能够深入社会、感受社会,培养其动手、动脑的能力。在创业实践活动中,大学生能够学会逻辑分析、辩证思考,面对问题不断改进和创新,能够积累丰富的实践经验,提高发现问题、分析问题、解决问题的能力。

在实际的创业实践中,很多大学生或盲目投资,或过于保守,失去了创业的最佳机会,有的甚至被骗得血本无归。因此,大学生在创业过程中,要注意确保创业安全。

(一)大学生创业的认识误区

大学生在创业时常常对创业活动存在一些认识和观念上的误区,其主要包括以下几项。

1 担心创业失败

有些大学生在选择创业时,对自己信心不足,总担心自己会承受不了创业失败的沉重打击。实际上,创业可能会成功,也可能会失败。失败不可怕,但创业者要能从失败中有所收获,积累经验和教训,对大学生来说,这是最为宝贵的财富。

创业者要认识到在创业的路上,每个人都需要不断地积累和学习,只有在创业中接受磨炼,才能锻炼自己的经营管理能力。大学生创业可以增加自身对社会的了解,提高自身适应现实、适应社会的能力。创业能力的提高从某种角度来看也是一种成功。为避免损失过大,大学生在创业时可选择难度小、需要资金较少的小项目做起。

2.急于成功

大学生对创业的成功总是非常期待的,他们总想着一旦创业便即刻成功,对创业充满憧憬、满怀期盼。事实上,创业必须要经过一个过程,这一过程要持续一段时间。不同的项目有着或长或短的投资回收期,急于求成的想法是不正确的。因此,大学生创业者应冷静、理性地面对创业机会与项目,对创业前景不能过于乐观,对创业项目的可行性要做全面和严谨的分析,从各方面了解项目的情况,要有可行性的实施方案做保证。创业不能一蹴而就,大学生作为创业者应放下浮躁的心态,只有一步一个脚印地走下去,才能到达成功的目的地。

3.仅凭一个创意或想法就轻易创业

有不少大学生认为,只要有了一个好的创意或想法,创业就一定能成功。事实上,有了好的创业想法,仅仅代表创业刚刚迈出了一步,此时还需要有一个优秀的创业团队来确保项目的实施。因此,创业者要将想法变为现实,除了确保想法的新颖、市场的认可情况外,还要计划好团队的建设、企业定位、战略策划等事项。如果创业者在创业准备时对可能遇到的问题准备不充分或根本就没有设计好对策与退出机制,就容易使创业活动一开始便遇到各种各样的难题,企业无法继续发展,导致创业失败。

4.在遇到困难时选择放弃

现在的大学生多数缺少挫折的锻炼,在困难出现时容易自暴自弃,不能坚持下去。创业环境变化无常,存在着太多影响创业的不确定因素,再充分的创业准备都可能存在不完善的地方,再周密的商业计划书也难免有顾及不到之处,再团结的创业团队也可能会出现矛盾和分歧。在困难出现时,有的大学生第一时间选择了逃避放弃,草草地结束了创业尝试。

安全案例

大四的小欣今年就要大学毕业了。同学们都在忙着找工作,她有自己的想法——找个公司上班,不如自己创业。于是,她在网上搜索了一些大学生快速致富的项目,经过反复斟酌,她选择了在网上开一家服装加盟店。与这家服装加盟店联系后,对方并没有考察她的开店能力,马上以建档案和保证个人信息的名义要她汇1万元的创业经费。小欣想都没想就把钱汇过去了。次日,该加盟店又以考验诚信为由要求小欣再汇1万元,创业心切的小欣马上又照办了。第三天,加盟店又给她打电话称,创业基金越多越好,如果她凑不够,公司可以贷给她5万元,但要先交半年8%的利息。于是小欣备齐贷款材料后,又汇了4000元的利息过去。

就在小欣把第三笔钱汇过去后的半小时内,加盟店又要求她在半小时内再汇货款总额 2‰ 的保证金,以确保她在经营过程中有应急能力。直到这时,小欣才恍然大悟:自己陷入了一个网络骗局。没有拿到加盟许可合同、任何货物的小欣一再要求退款,但加盟店却百般推脱。

这时,小欣已经身无分文,万般无奈的情况下她选择了报警。

(二)大学生正确创业观的树立

如何树立正确的创业观,为自己铺就一条创业的平坦道路,对准备创业的大学生来说十分重要。

1.端正态度,正确看待创业

在时代的大潮中,大学生创业的激情高涨,但是创业更需要理智。拥有激情并不表示创业就能取得成功,创业需要回归理智,创业的激情只能作为创业初期的推动力,接下来还有一条漫长的道路,需要艰辛付出。大学生应该理智地看到创业既有成功又有失败,明白大学生创业的优势与劣势,学会处理创业过程中主观和现实之间的矛盾与冲突,运用辩证的方法明辨是非曲直、纠正认识的误区,在思想上对创业有一个科学而现实的认识。

2.明确创业目标

在开始创业前,大学生要弄清楚自己为什么要创业、如何去创业;要了解自己的个性特征,明确自己的创业动机;要树立正确的符合社会要求的、远大的创业目标。创业者要有高瞻远瞩的视角,知道自己的终极目标在哪儿、终极目标通过哪些途径可以实现、目前处于哪一个阶段及正在面临哪些问题等。

3.转变观念,提高创业能力

一个成功的创业者绝不能因循守旧、墨守成规,应学会观察国内外市场的变化,以善于变革的精神去迎接创业的挑战。创业的过程是一个系统工程,它要求创业者在企业定位、战略策划、生产组织、团队组建、财务管理等领域有一定的知识积累。

大学生创业能力能否提高是创业成败的决定因素。在校大学生应充分利用大学校园提供的平台积极学习各方面的知识,通过专业课学习、各种校园活动及社会实践活动不断扩大自己的视野;积极参加一些社团活动及志愿者活动,在活动中锻炼与人沟通、协作的能力,树立团队意识;增强自主学习的能力,在学习中培养创新的思维与发展的意识,通过日常学习中的不断积累逐渐增强创业的自信心。

4.积极实践,丰富社会经验

创业过程中不仅要学习文化知识,还要在所从事的行业中积累相关经验,加深自己对行业的特点、行业的发展情况的深刻了解。大学生长期身处校园环境当中,与社会的接触很少,非常需要积累社会经验。大学生应该积极参加学校举办的创业大赛及创业实践活动,进入企业参加社会实践活动,了解社会、观察社会,不断提高自身的创业实践能力。

三、看清套路——远离传销

传销是指组织者或者经营者发展人员,通过对被发展人员以其直接或者间接发展的人员数量或者销售业绩为依据计算和给付报酬,或者要求被发展人员以交纳一定费用为条件取得加入资格等方式牟取非法利益,扰乱经济秩序,影响社会稳定的行为。

当下,大学生求职就业压力比较大,给传销组织可乘之机,他们利用大学生求职心切的心理诱惑大学生。近年来,加入传销组织的大学生有增多趋势。据了解,几乎每个传销组织都有大学生加入,有的传销组织中大学生竟然占到了80%。

(一)传销行为的界定

《禁止传销条例》规定,下列行为属于传销行为。

(1)组织者或者经营者通过发展人员,要求被发展人员发展其他人员加入,对发展的人员以其直接或者间接滚动发展的人员数量为依据计算和给付报酬(包括物质奖励和其他经济利益,下同),牟取非法利益的。

(2)组织者或者经营者通过发展人员,要求被发展人员交纳费用或者以认购商品等方式变相交纳费用,取得加入或者发展其他人员加入的资格,牟取非法利益的。

(3)组织者或者经营者通过发展人员,要求被发展人员发展其他人员加入,形成上下线关系,并以下线的销售业绩为依据计算和给付上线报酬,牟取非法利益的。

安全提示

传销活动惯用的名词

(1)"北部湾建设""资本运作""1040工程""自愿连锁""民间互助理财"。

(2)"消费返利""连锁销售""特许经营""点击广告获利""爱心互助""消费养老""境外基金、原始股投资""电子币买卖"。

(3)"静态收益""动态收益""直推奖""层推奖""对碰奖""见点奖""领导奖""培育奖""报单奖""管理奖""小区业绩奖"。

(二)传销组织的洗脑技巧

1.精心筛选"市场"

传销组织需要发展"下线"来补充新鲜的血液。所谓的"下线"就是"新朋友"。每一位传销组织成员都有自己的"市场",分内线市场和外线市场。外线是与家人没有联系的所有朋友,包括同学、战友、工友及认识的一切好友,内线是指与家人有联系的所有亲朋好友。传销人员发展的人员大都是"五同四友"(同学、同宗、同事、同乡、同好;朋友、酒友、战友、室友),因为彼此熟悉,防范心理较弱,最容易成为他们欺骗的对象。

2.发出邀请

市场筛选好以后,有了"猎物",传销人员就开始下手了。一般情况下,电话问候是第一步。第一个电话是问候电话,主要是了解对方的情况,以做到有备而来,对症下药。第二个电话就是吸引,粉饰所在城市和工作等,以高工资、高回报做诱饵,根据第一个电话了解的情况抛出一个诱饵吸引对方上钩。第三个电话就是直接邀约,邀请对方过来。有了前两个电话的铺垫,第三个电话就有了成功的可能。

3.火车站接人

"新人"来之前,推荐人要将情况告知领导。领导根据具体情况安排一位"第三者"与邀请人一起前往火车站接人。这个"第三者"往往是经验丰富的老"业务员",能够迅速拉近与"新人"的距离,能够随机应变转移新人的注意力,给新人洗脑,能通过观察和谈话了解新人的心理,及时向领导汇报。

4.煽情授课

传销组织的授课一般安排在一个封闭的环境中,通过所谓"成功人士"的经验介绍,大肆宣讲"成功学",为新加入者描绘出一个"光明的前景",如告诉学员如何可以快速致富,点燃"新人"发财的欲望。

5.打消疑虑

新加入者一般都会有疑虑。传销组织会利用各种办法打消这些疑虑,如告知"新人"传销不是行骗、传销是合法的、传销是公平的、传销是自由的、传销是帮助他人的等。通过这些回答,"新人"往往容易放松警惕,接受传销的洗脑理论。

6.限制人身自由

对于新加入者,传销组织一般会严格限制人身自由,如出入有人跟踪、手机被没收、吃住一起等,使新加入者没有机会逃跑,也没有机会和外面联络。有的传销组织甚至对成员进行殴打、谩骂,使误入者受尽折磨。

(三)误入传销后的自救

大学生一旦发现自己误入了传销组织,不要惊慌,要保持头脑冷静。

1.保管好自己的财物

保管好自己的手机、身份证、银行卡等物品,最好藏在安全的地方,尽量不要让它们落入对方手中。如果手机还没被收走,要第一时间给朋友发定位信息,让其帮忙报警。

2.冷静观察

如果运气不好,一进入便被控制,没有人身自由,也没有手机,这时要保持头脑冷静,如果知道自己被带到了什么地方,一定要记住地址。如果不知道地址,可以观察附近标志性建筑或者记住路线,留意自己所处的具体位置,为日后逃脱或报警做好准备。

3.假装顺从

不要和传销人员发生肢体冲突,不要硬碰硬,不当面拆穿和反抗,要假装顺从,保全自身安全是首要的。只要配合一段时间,总会有机会逃离,哪怕身份证和钱财被扣留,也可以通过报警或找当地人(传销组织一般不发展当地人)寻求帮助来解决。在传销组织要求"新人"交费时,可以利用筹钱的机会,向朋友发出求救信号。

4.抵制诱惑

要保持清醒认识,时刻提醒自己不要被洗脑。面对传销组织的"狂轰滥炸",要时刻提醒自己"天上不会掉馅饼""短时间实现上百倍财富的增长,不是骗就是抢""没有无缘无故的暴富"等,保证自己的心理防线不被击破,抵制传销组织的各种渗透。

5.不要过多泄露家人信息

传销组织往往利用家人对新加入的成员打感情牌,或者以家人作为威胁。所以,误入传销组织,一定不要轻易泄露家人信息,避免给传销组织可乘之机。

6.伺机逃生

可以利用传销组织上街或考察的时机突然挣脱控制,抓住任何逃生的机会;或者发现对方放松警惕时,伺机逃跑或报警。传销组织一般不敢在人多的地方公然抓人。逃生时,一定要往人多的地方跑,以确保逃生成功。

第六节　国家安全

一、忠于祖国——保守国家秘密

国家秘密是关系国家安全和利益,依照法定程序确定,在一定时间内只限一定范围的人员知悉的事项。《中华人民共和国保守国家秘密法》规定,一切国家机关和武装力量、各政党和各人民团体、企业事业组织和其他社会组织以及公民都有保密的义务。任何危害国家秘密安全的行为,都必须受到法律追究。

(一)国家秘密的范围

(1)国家事务重大决策中的秘密事项。

(2)国防建设和武装力量活动中的秘密事项。

(3)外交和外事活动中的秘密事项及对外承担保密义务的秘密事项。

(4)国民经济和社会发展中的秘密事项。

(5)科学技术中的秘密事项。

(6)维护国家安全活动和追查刑事犯罪中的秘密事项。

(7)经国家保密行政管理部门确定的其他秘密事项。

此外,政党的秘密事项中符合前款规定的,属于国家秘密。

(二)国家秘密的载体

国家秘密的载体是指载有国家秘密信息的物体。国家秘密的载体主要有以下几类。

(1)以文字、图形、符号记录国家秘密信息的纸介质载体,如载有国家秘密的文件、资料、文稿、档案、电报、信函、数据统计、图表、地图、照片、书刊、图文资料等。这种载体形式是目前最常见的国家秘密载体。

(2)以磁性物质记录国家秘密信息的载体,如记录国家秘密信息的计算机磁盘(软盘、硬盘)、磁带、录音带、录像带等。这种形式的载体随着办公现代化技术的发展,将越来越多。

(3)以电、光信号记录传输国家秘密信息的载体,如电波、光纤等。国家秘密以某种信号形式在这种载体上流动、传输。国家秘密信息只有通过一定技术手段才能还原,知悉信息具体内容。

(4)含有国家秘密信息的设备、仪器、产品等载体。

上述四类载体是国家秘密载体的基本形式。我国开展的保密工作主要是针对有形的国家秘密事项的载体,依照法定程序对国家秘密确定密级,制定具体保密措施,将这些秘密载体管住、管好。

(三)密级的划分

国家秘密的密级分为绝密、机密和秘密三级。绝密级国家秘密是最重要的国家秘密,泄露会使国家安全和利益遭受特别严重的损害。机密级国家秘密是重要的国家秘密,泄露会使国家安全和利益遭受严重的损害。秘密级国家秘密是一般的国家秘密,泄露会使国家安全和利益遭受损害。

对于国家秘密的保密期限,除另有规定外,绝密级不超过 30 年,机密级不超过 20 年,秘密级不超过 10 年。

(四)失密、泄密

失密是指由于组织或个人的疏忽而导致国家秘密被不应知悉者知悉,不存在主观泄密的动机。泄密即泄露国家秘密,是指违反保密法律、法规和规章的,使国家秘密被不应知悉者知悉的;使国家秘密超出了限定的接触范围,而不能证明未被不应知悉者知悉的。

《中华人民共和国保守国家秘密法》第二十四条规定,机关、单位应当每年审核所确定的国家秘密。国家秘密的保密期限已满的,自行解密。在保密期限内因保密事项范围调整不再作为国家秘密,或者公开后不会损害国家安全和利益,不需要继续保密的,应当及时解密;需要延长保密期限的,应当在原保密期限届满前重新确定密级、保密期限和知悉范围。提前解密或者延长保密期限的,由原定密机关、单位决定,也可以由其上级机关决定。

第二十八条规定,机关、单位应当加强对国家秘密载体的管理,任何组织和个人不得有下列行为。

①非法获取、持有国家秘密载体;

②买卖、转送或者私自销毁国家秘密载体;

③通过普通邮政、快递等无保密措施的渠道传递国家秘密载体;

④寄递、托运国家秘密载体出境;

⑤未经有关主管部门批准,携带、传递国家秘密载体出境;

⑥其他违反国家秘密载体保密规定的行为。

(五)大学生保守国家秘密的途径

大学生保守国家秘密,应做到以下几个方面。

1.学习保密常识,接受保密教育

大学生要学习保密常识,接受保密知识教育,正确认识保密与窃密斗争的尖锐性,增强保密意识,严格遵守保密制度;既要对外开放,扩大对外交流,又要确保国家机密不被泄露,正确处理两者的关系,克服有密难保、无密可保的错误认识。

2.谨慎对待境外人员,提高防范意识

大学生要提高防范意识,在对外交往中坚持内外有别的原则。在与境外人员交往的过程中,凡涉及国家机密的内容,要么回避,要么按上级的对外口径回答,不要随便谈及内部的人事组织、社会治安状况、科技成果、技术诀窍和经济建设中各种尚未公开的数据资料等。

在与境外人员接触时不带秘密文件、资料和记有秘密事项的记录本,对方直接索取

科技成果、资料、样品或公开询问我方内部秘密时,要区别情况,予以灵活拒绝。

未经主管部门批准,不带境外人员参观或进入非开放区。不准境外人员利用学术交流、讲课的机会进行系统的社会调查。未经有关部门批准,不得填写境外人员的各种调查表,或替对方撰写社会调查方面的文章。

3.谨慎新闻出版,注意保密原则

大学生在新闻出版工作中须注意保密原则,不得随意刊载有关国防、科研等事关国家机密的事项。参加国际学术会议或在国外刊物上发表文章时,要按规定办理审查手续,不得为境外人员提供或代购内部读物和资料,即使是学校内部的校报,也要严格按照要求操作,避免泄露相关机密。

4.遵守保密规定,增强保密意识

大学生要自觉遵守保密的相关规定,做到不该说的国家秘密绝对不说,不该问的国家秘密绝对不问,不该看的国家秘密绝对不看,不该记录的国家秘密绝对不记录。不通过普通电话,明码电报,普通邮政传达国家秘密事项,不携带国家秘密材料游览、参观、探亲、访友和出入公共场所,不在通信中谈及国家秘密,不在普通邮件中夹带任何需要保密的资料。

二、热爱祖国——维护国家安全

国家安全是指国家政权、主权、统一和领土完整、人民福祉、经济社会可持续发展和国家其他重大利益相对处于没有危险和不受内外威胁的状态,以及保障持续安全状态的能力。国家安全关系到国家的生死存亡和民族的兴衰。中华人民共和国公民、一切国家机关和武装力量、各政党和各人民团体、企业事业组织和其他社会组织,都有维护国家安全的责任和义务。大学生是国家的未来和希望,其国家安全意识的强弱直接关系到国家的长治久安。

(一)树立国家安全意识的必要性

大学生树立国家安全意识的必要性如下。

(1)国际环境复杂多变。

和平与发展虽然是时代的主题,但影响和平与发展的不确定因素在不断增多。例如,随着我国国际竞争力、综合国力和国际地位的空前提高,一些西方国家别有用心地提出了"中国威胁论",使我国国家安全形势受到一定的挑战。另外,周边安全也存在不少隐患,国家间的竞争也日趋广泛、激烈。但不少大学生对目前严峻的国际环境缺乏清醒的认识。

(2)非传统安全问题日益突出。

传统的国家安全包括主权独立、领土安全和政治稳定等。随着国际环境的巨大变化和科技革命的深入发展,在国际局势总体趋于缓和的情况下,国家安全出现了一些新的非传统安全问题,如走私、贩毒、非法买卖枪支、环境污染、跨国犯罪、经济情报战、疾病的跨国传播等。这些非传统安全问题自 20 世纪 90 年代初出现后,威胁性越来越大。

（3）对国家安全认识模糊。

大学生主要的生活环境是在校园,社会交往很少,缺少社会经验,这使得他们很难接触各种危害国家安全的行为,对其危害缺乏亲身体验,对树立国家安全意识的必要性体会不深。一些大学生的国家安全意识还停留在军事、战争、国防、领土、情报、间谍这样一些传统领域,而对文化、科技、金融、信息等新领域的安全问题没有防范意识。还有一些大学生把国家安全等同于情报间谍活动,认为"国家安全与己无关",对国内外敌对势力的破坏活动放松了警惕,安全意识淡化,认为"对外开放无密可保""和平期间无间谍"。因此,全方位理解国家安全的内容有助于提高大学生的思想认识,增强大学生的国家安全意识。

安全案例

大三学生王某和庞某是登山爱好者,每到周末,他们都相约在郊区的山里穿梭。夏日的一天,王某和庞某发现进山的路边有"军事禁区,严禁进入"的标志牌,他俩商量了一下认为可以进入,便继续前行。在行走的过程中,他们一边对准一些设备进行拍照一边议论。这时,一名工作人员走上前来,告知王某和庞某说这里是军事禁区,不能随便出入,要求他们将所拍照片删除。王某和庞某坚持照片是自己拍的,有权利将美景发到朋友圈。

经过工作人员的解释和说明之后,王某和庞某意识到自己的行为是危害国家安全的行为,主动删掉了手机里的照片。

(二)维护国家安全的义务

公民和组织应当履行维护国家安全的义务包括以下几方面。

(1)遵守宪法、法律法规关于国家安全的有关规定。

(2)及时报告危害国家安全活动的线索。

(3)如实提供所知悉的涉及危害国家安全活动的证据。

(4)为国家安全工作提供便利条件或者其他协助。

(5)向国家安全机关、公安机关和有关军事机关提供必要的支持和协助。

(6)保守所知悉的国家秘密。

(7)法律、行政法规规定的其他义务。

任何个人和组织不得有危害国家安全的行为,不得向危害国家安全的个人或者组织提供任何资助或者协助。

(三)培养大学生国家安全意识的途径

"国家利益无小事。"大学生要视国家利益为最高、最根本的利益,将维护国家安全列为首要任务。所以,每位大学生都应当成为国家安全和利益的自觉维护者。

1.树立国家利益高于一切的观念

国家安全涉及国家社会生活的方方面面,是国家、民族生存与发展的首要保障。大学生应该把国家安全放在高于一切的地位,认识到国家安全既是个人安全的需要,又是国家利益的需要,也是世界各国的一致要求。对此,大学生应该积极接受爱国主义教育,树立正确的世界观和人生观,抵制西方敌对势力诱惑,确保国家安全;应在实践中真正意识到自己是国家的主人,认识到维护国家安全既是公民的一项权利,也是必须履行的一项义务,切实肩负起保卫国家安全的重任。

2.掌握相关法律,提高守法意识

法律是引导人们意识的手段之一。因此,加强对大学生的相关法律教育是培养正确的国家安全意识的前提。据统计,我国涉及有关国家安全和保密工作的法律、法规、规章制度有100多种。其中,《中华人民共和国国家安全法》是维护国家安全的专门法律,规定了国家安全机关在国家安全工作中的职责及公民和组织维护国家安全的权利和义务,规定了各类危害国家安全的行为所应承担的法律责任。《中华人民共和国刑法》也专门规定了危害国家安全罪,包括背叛国家罪、分裂国家罪和武装叛乱、暴乱罪等具体罪名。大学生需要深入学习相关法律法规,辨别什么是合法的、什么是违法的,可以做什么、不能做什么,不断增强国家安全意识,依法同各种危害国家安全的行为做斗争,共同承担起维护国家安全和社会政治稳定的责任。

3.克服麻痹思想,提高防范意识

在日常生活中,大学生不要被"和平""友好""交往"中一些假象所迷惑,认为世界处处充满爱,认为改革开放的年代没有那么多的间谍,意识不到隐蔽战线上尖锐复杂的斗争。如果发现有人在不恰当的场所宣扬西方的"自由""民主""人权"、散布极端的个人主义和无政府主义思想、宣传西方物质文明及拜金主义等,要及时向有关部门报告。对于收到的反动心理战宣传品,要及时主动上交,防止其扩散而产生不良影响。与外国人接触时要严守国家秘密。

4.善于识别各种伪装,提高分辨能力

从理论上讲,有关国家安全的规定都比较完善,依规行事不会出现违法犯罪问题。但是,实际生活比我们想象的要复杂得多。例如,情报人员会采用一切手段套取国家秘

密、科技政治情报和内部情况,大学生如果丧失警惕,就可能上当受骗,甚至违法犯罪。因此,大学生应该提高分辨能力,识别各种伪装,对发现的别有用心者要依法及时举报,坚决进行斗争,绝不准其恣意妄行。在对外交往中,既要热情友好,又要内外有别、不卑不亢;既要珍惜个人友谊,又要牢记国家利益;既可争取各种帮助、资助,又不可丧失国格、人格。

5.树立民族自信心和自豪感

任何国家都有自己的安全与利益,有其他国家没有的政治、经济、文化、军事、科技、资源的优势,还有独具特色的传统工艺等。中国是发展中国家,但又是不可小视的国家。所以,大学生要树立民族自信心和自豪感,看到我国的"世界第一"和"中国特色",意识到我国有一系列的国家秘密和单位秘密,相信依靠自己的力量能够迎接挑战、战胜困难,使中国屹立于世界民族之林,而不是妄自菲薄、悲观失望,甚至做出有损国格和人格的行为。

6.加强对国家安全制度的了解

国家安全制度包含对人的权利和义务进行划分与分配的内容,具有赏罚效应,对人们的意识起着引导作用。因此,大学生应该加强对国家安全制度的了解,在此基础上用制度引导国家安全意识的形成和强化国家安全意识。为此,大学生应该明确公民在维护国家安全方面具有的权利与义务,在提倡行使维护国家安全权利的同时,履行大学生的相应义务。《中华人民共和国反间谍法》(根据宪法制定,2014 年 11 月 1 日实施)规定,国家安全机关是反间谍工作的主管机关。

安全案例

某外国语学院大学生吕某,学习非常努力,经常与外教玛丽交流学习情况,玛丽对她也特别关照。在玛丽的引导下,吕某将父亲的科研资料拿来翻译,并交给外教评判。父亲知道后非常生气,严厉批评了吕某。在父亲的指导下,吕某向国家安全机关进行了反映,经过调查,证实了玛丽以外教身份搜集我国科技情报的违法事实。

三、心如明镜——远离恐怖活动组织和邪教组织

(一)拒绝加入恐怖活动组织

恐怖主义是指通过暴力、破坏、恐吓等手段,制造社会恐慌、危害公共安全、侵犯人身财产,或者胁迫国家机关、国际组织,以实现其政治、意识形态等目的的主张和行为。

恐怖主义是人类的公敌。国家反对一切形式的恐怖主义,依法取缔恐怖活动组织,对任何组织、策划、准备实施、实施恐怖活动,宣扬恐怖主义,煽动实施恐怖活动,组织、领导、参加恐怖活动组织,为恐怖活动提供帮助的,依法追究法律责任。国家不向任何恐

活动组织和人员做出妥协，不向任何恐怖活动人员提供庇护或者给予难民地位。大学生要意识到恐怖活动组织的危害，拒绝加入恐怖活动组织。

(二)远离邪教组织

很多邪教组织将大学生作为发展的主要对象，给大学生本人及其家庭、社会带来了巨大的影响。大学生要主动地抵制邪教组织。

(1)树立崇高的理想信念。当代大学生要立足时代，树立崇高的理想信念。这个信念在当下，便是实现中华民族伟大复兴的中国梦。习近平总书记指出，每个人都有理想和追求，都有自己的梦想。实现中华民族伟大复兴，就是中华民族近代以来最伟大的梦想。实现中华民族伟大复兴的中国梦是一项光荣而艰巨的事业，需要一代一代中国人共同为之努力。当代青年学生要有所作为，就必须投身人民的伟大奋斗。

(2)学习科学知识，树立科学观念。大学生作为科技迅速发展时代的青年，一定要树立科学观念，不断更新知识，掌握科学方法，培养科学精神，养成科学思维的方法，学会用科学分析、判断事物，提高辨别是非的能力，自觉抵制邪教理论，远离邪教。

(3)大胆对邪教理论说"不"。对于邪教理论，大学生要做到不听、不信、不传，既不听信邪教的宣传，也不相信邪教的谬论，更不传播邪教。如果发现自己对某些邪教理论存在疑问或自身陷入苦恼困惑，一定要及时向学校老师或家长讲清楚自己的状况，积极接受学校的帮助。如果邮箱中收到邪教组织的邮件，要立刻删除，不要互相传看。

安全提示

远离邪教社团

对于大学新生而言，各种各样的社团是大学生活的新内容。面对各种社团，大学生往往心生好奇，渴望在社团中发展自己的兴趣爱好同时拓展自己的社交面。然而，邪教分子会专门"欺负"大学新生，在车站、学校门口装扮成新生接待员或学长，"热情"地提供帮助，骗取他们的信任，为后面假借"学生会社团招人"等名义发展信徒奠定基础。

所以，大学生在加入社团时，一定要查实社团的背景；如有可疑之处，在拒绝加入的同时，要立即向学校老师汇报。

知识拓展

第九章

劳动与法律法规

通过学习劳动与法律法规，大学生可以深入理解国家关于劳动关系、劳动保护、劳动争议等方面的法律规定，掌握法律的基本原则和具体条款。增强个人的法律意识，明确自己在劳动关系中的权利和义务，以及如何依法维护自己的权益。

第一节 劳动法和劳动合同

一、《中华人民共和国劳动法》

《中华人民共和国劳动法》（以下简称劳动法）是我国社会主义法律体系中的一个重要组成部分。

（一）劳动法概述

劳动法是为了保护劳动者的合法权益，调整劳动关系，建立和维护适应社会主义市场经济的劳动制度，促进经济发展和社会进步，根据宪法，制定本法。1994 年 7 月 5 日第八届全国人民代表大会常务委员会第八次会议通过。根据 2009 年 8 月 27 日第十一届全国人民代表大会常务委员会第十次会议《关于修改部分法律的决定》第一次修正。根据2018 年 12 月 29 日第十三届全国人民代表大会常务委员会第七次会议《关于修改〈中华人民共和国劳动法〉等七部法律的决定》第二次修正。该法共十三章一百零七条，主要内容有：总则、促进就业、劳动合同和集体合同、工作时间和休息休假、工资、劳动安全卫生、女职工和未成年工特殊保护、职业培训、社会保险和福利、劳动争议、监督检查、法律责任和附则。

（二）劳动法的调整对象和适用范围

1.劳动法的调整对象

劳动法的调整对象为劳动关系和与劳动关系有密切联系的其他社会关系。

劳动法调整的劳动关系的范围包括企业、个体经济组织、民办非企业单位等组织的劳动关系;国家机关、事业单位、社会团体的劳动合同关系。国家机关、事业单位、社会团体的非劳动合同关系,不由劳动法调整,而是由公务员法以及其他相关法律调整。

2.劳动法的适用范围

劳动法第二条明确规定:"在中华人民共和国境内的企业、个体经济组织和与之形成劳动关系的劳动者,适用本法。国家机关、事业组织、社会团体和与之建立劳动合同关系的劳动者,依照本法执行。"

劳动法调整对象的劳动者包括:①与企业、个体经济组织之间形成劳动关系的劳动者;②国家机关、事业组织、社会团体的工勤人员;③实行企业化管理的事业组织的非工勤人员;④其他通过劳动合同(包括聘用合同)与国家机关、事业单位、社会团体建立劳动关系的劳动者。但是劳动法不包括下列人员:①公务员和比照实行公务员制度的事业组织和社会团体的工作人员;②农业劳动者(乡镇企业职工和进城务工、经商的农民除外);③现役军人;④家庭保姆;⑤事业单位、社会团体未建立劳动合同关系的干部。

(三)劳动法律关系

1.劳动法律关系简介

劳动法律关系是指劳动者与用人单位在劳动过程中基于劳动法律规范而形成的劳动权利和劳动义务关系。

2.劳动法律关系的构成要素

(1)劳动法律关系的主体。

劳动法律关系的主体是指在实现社会劳动过程中依照劳动法律规范享有权利并承担义务的当事人,包括劳动者、用人单位。

(2)劳动法律关系的内容。

劳动法律关系的内容,是指劳动法律关系主体双方依法享有的权利和承担的义务。

(3)劳动法律关系的客体。

劳动法律关系的客体,是指劳动者和用人单位的权利义务所共同指向的对象。劳动法律关系的基本客体是劳动行为,即劳动者为完成用人单位安排的任务而支出劳动力的活动。劳动法律关系的辅助客体主要是劳动条件。

二、《中华人民共和国劳动合同法》

《中华人民共和国劳动合同法》(以下简称劳动合同法)被誉为劳动者的"保护伞",为构建与发展和谐稳定的劳动关系提供法律保障。我国劳动合同制度产生、发展到逐步健全的历程也是我国劳动力市场化实践逐步取得成效的过程。从 20 世纪 80 年代起，以劳动合同形式建立劳动关系的实践已经开始，并且该实践过程始终与国家经济体制改革的脉络相一致，在曲折中不断前行，并最终形成了独特的劳动合同制度。

（一）劳动合同法概述

劳动合同法是为了完善劳动合同制度，明确劳动合同双方当事人的权利和义务，保护劳动者的合法权益，构建和发展和谐稳定的劳动关系，制定本法。由第十届全国人民代表大会常务委员会第二十八次会议于 2007 年 6 月 29 日通过，自 2008 年 1 月 1 日起施行。2012 年 12 月 28 日第十一届全国人民代表大会常务委员会第三十次会议《关于修改〈中华人民共和国劳动合同法〉的决定》修正。该法共八章九十八条，主要内容有：总则、劳动合同的订立、劳动合同的履行和变更、劳动合同的解除和终止、特别规定、监督检查、法律责任和附则。

（二）劳动合同订立的基本规定

劳动合同是劳动者与用人单位确立劳动关系、明确双方权利和义务的协议。建立劳动关系应当订立劳动合同。订立劳动合同，应当遵循合法、公平、平等自愿、协商一致、诚实信用的原则。

1.劳动合同的形式和具体内容

建立劳动关系，应当订立书面劳动合同。用人单位自用工之日起超过 1 个月不满 1 年未与劳动者订立书面劳动合同的，应当向劳动者每月支付 2 倍的工资。劳动合同应当具备以下条款：①用人单位的名称、住所和法定代表人或者主要负责人；②劳动者的姓名、住址和居民身份证或者其他有效身份证件号码；③劳动合同期限；④工作内容和工作地点；⑤工作时间和休息休假；⑥劳动报酬；⑦社会保险；⑧劳动保护、劳动条件和职业危害防护；⑨法律、法规规定应当纳入劳动合同的其他事项。除了前述必备条款外，用人单位还可以在劳动合同中与劳动者约定试用期、培训、保守秘密、补充保险和福利待遇等条款。

2.劳动合同期限

劳动合同分为固定期限劳动合同、无固定期限劳动合同和以完成一定工作任务为期限的劳动合同。

固定期限劳动合同，是指用人单位与劳动者约定合同终止时间的劳动合同。用人单位与劳动者协商一致，可以订立固定期限劳动合同。

无固定期限劳动合同,是指用人单位与劳动者约定无确定终止时间的劳动合同。用人单位与劳动者协商一致,可以订立无固定期限劳动合同。有下列情形之一,劳动者提出或者同意续订、订立劳动合同的,除劳动者提出订立固定期限劳动合同外,应当订立无固定期限劳动合同:①劳动者在该用人单位连续工作满 10 年的;②用人单位初次实行劳动合同制度或者国有企业改制重新订立劳动合同时,劳动者在该用人单位连续工作满 10 年且距法定退休年龄不足 10 年的;③连续订立二次固定期限劳动合同,且劳动者没有劳动合同法第三十九条和第四十条第一项、第二项规定的情形,续订劳动合同的。用人单位自用工之日起满 1 年不与劳动者订立书面劳动合同的,视为用人单位与劳动者已订立无固定期限劳动合同。

以完成一定工作任务为期限的劳动合同,是指用人单位与劳动者约定以某项工作的完成为合同期限的劳动合同。用人单位与劳动者协商一致,可以订立以完成一定工作任务为期限的劳动合同。

3.劳动合同的试用期

劳动合同的试用期是用人单位和劳动者为了相互了解、选择而在合同中约定的一定期限的考察期。劳动合同期限 3 个月以上不满 1 年的,试用期不得超过 1 个月;劳动合同期限 1 年以上不满 3 年的,试用期不得超过 2 个月;3 年以上固定期限和无固定期限的劳动合同,试用期不得超过 6 个月。同一用人单位与同劳动者只能约定一次试用期。以完成一定工作任务为期限的劳动合同或者劳动合同期限不满 3 个月的,不得约定试用期。试用期包含在劳动合同期限内。劳动合同仅约定试用期的,试用期不成立,该期限为劳动合同期限。

劳动者在试用期的工资不得低于本单位相同岗位最低档工资或者劳动合同约定工资的 80%,并不得低于用人单位所在地的最低工资标准。

在试用期内,除劳动者有劳动合同法第 39 条和第 40 条第一项、第二项规定的情形外,用人单位不得解除劳动合同。用人单位在试用期解除劳动合同的,应当向劳动者说明理由。

4.劳动合同服务期与竞业限制

用人单位为劳动者提供专项培训费用,对其进行专业技术培训的,可以与该劳动者订立协议,约定服务期。劳动者违反服务期约定的,应当按照约定向用人单位支付违约金。违约金的数额不得超过用人单位提供的培训费用。用人单位要求劳动者支付的违约金不得超过服务期尚未履行部分所应分摊的培训费用,用人单位与劳动者约定服务期的,不影响按照正常的工资调整机制提高劳动者在服务期期间的劳动报酬。

　　用人单位与劳动者可以在劳动合同中约定保守用人单位的商业秘密和与知识产权相关的保密事项。对负有保密义务的劳动者，用人单位可以在劳动合同或者保密协议中与劳动者约定竞业限制条款，并约定在解除或者终止劳动合同后，在竞业限制期限内按月给予劳动者经济补偿。劳动者违反竞业限制约定的，应当按照约定向用人单位支付违约金。

(三)劳动合同履行与变更

　　用人单位与劳动者应当按照劳动合同的约定，全面履行各自的义务。用人单位应当按照劳动合同约定和国家规定，向劳动者及时足额支付劳动报酬。用人单位拖欠或者未足额支付劳动报酬的，劳动者可以依法向当地人民法院申请支付令，人民法院应当依法发出支付令。用人单位应当严格执行劳动定额标准，不得强迫或者变相强迫劳动者加班。用人单位安排加班的，应当按照国家有关规定向劳动者支付加班费。劳动者拒绝用人单位管理人员违章指挥、强令冒险作业的，不视为违反劳动合同。劳动者对危害生命安全和身体健康的劳动条件，有权对用人单位提出批评、检举和控告。用人单位变更名称、法定代表人、主要负责人或者投资人等事项，不影响劳动合同的履行。用人单位发生合并或者分立等情况，原劳动合同继续有效，劳动合同由承继其权利和义务的用人单位继续履行。用人单位与劳动者协商一致，可以变更劳动合同约定的内容。变更劳动合同，应当采用书面形式。变更后的劳动合同文本由用人单位和劳动者各执一份。

(四)劳动合同的终止和解除

1.劳动合同终止与解除的情形

　　劳动合同的终止，是指符合法律规定情形时，双方当事人的权利义务不复存在，劳动合同的效力消失。劳动合同终止不存在约定终止，只有法定终止。用人单位与劳动者不得再另行约定其他的劳动合同终止条件。有以下情形之一的，劳动合同终止：①劳动合同期满的；②劳动者开始依法享受基本养老保险待遇的；③劳动者死亡，或者被人民法院宣告死亡或者宣告失踪的；④用人单位被依法宣告破产的；⑤用人单位被吊销营业执照、责令关闭、撤销或者用人单位决定提前解散的；⑥法律、行政法规规定的其他情形。因此，当出现劳动合同法规定的上述事实之一时，劳动合同即行终止。

　　劳动合同的解除，是指当事人双方提前终止劳动合同的法律效力，解除双方的权利义务关系。劳动合同解除分为：意定解除、劳动者提前通知单方解除即劳动者主动辞职、劳动者随时单方解除即被迫解除、用人单位单方通知解除、用人单位提前通知单方解除。除了意定解除以及劳动者在人身受到威胁，被强迫情形下解除劳动合同，不需要履行相应的法定程序外,其他均需履行相应的程序。

2. 经济补偿与经济赔偿

经济补偿是指劳动合同解除或者终止时,用人单位应当在法定情形下向劳动者支付相应的经济补偿金的制度。需要用人单位支付经济补偿金的情形包括:第一,因用人单位存在劳动合同法第 38 条规定的违反劳动法律法规规定或者合同约定的情形,劳动者行使单方解除权解除劳动合同的。第二,用人单位提出并最终双方协商一致解除劳动合同的。第三,用人单位因劳动者存在劳动合同法第 40 条规定的客观原因解除劳动合同的,也就是无过失辞退劳动者的。第四,用人单位因符合劳动合同法第 41 条规定进行经济性裁员的。第五,除用人单位维持或者提高劳动合同约定条件续订劳动合同,劳动者不同意续订的情形外,固定期限劳动合同期满终止的。第六,因用人单位被依法宣告破产或者用人单位被吊销营业执照、责令关闭、撤销或者用人单位决定提前解散而终止劳动合同的。第七,以完成一定工作任务为期限的劳动合同因任务完成而终止的。

经济补偿按劳动者在本单位工作的年限,每满 1 年支付 1 个月工资的标准向劳动者支付。6 个月以上不满 1 年的,按 1 年计算;不满 6 个月的,向劳动者支付半个月工资的经济补偿。劳动者月工资高于用人单位所在直辖市、设区的市级人民政府公布的本地区上年度职工月平均工资 3 倍的,向其支付经济补偿的标准按职工月平均工资 3 倍的数额支付,向其支付经济补偿的年限最高不超过 12 年。月工资是指劳动者在劳动合同解除或者终止前 12 个月的平均工资。

用人单位违法解除或者终止劳动合同,劳动者要求继续履行劳动合同的,用人单位应当继续履行;劳动者不要求继续履行劳动合同或者劳动合同已经不能继续履行的,用人单位应当依照前述经济补偿标准的 2 倍向劳动者支付赔偿金。

三、大学生应知的《中华人民共和国劳动合同法》内容

(1)用人单位招用劳动者,不得扣押劳动者的居民身份证和其他证件,不得要求劳动者提供担保或者以其他名义向劳动者收取财物。

(2)建立劳动关系,应当订立书面劳动合同。

(3)劳动合同期限三个月以上不满一年的,试用期不得超过一个月;劳动合同期限一年以上不满三年的,试用期不得超过两个月;三年以上固定期限和无固定期限的劳动合同,试用期不得超过六个月。

(4)劳动者在试用期的工资不得低于本单位相同岗位最低档工资或者劳动合同约定工资的 80%,并不得低于用人单位所在地的最低工资标准。

（5）劳动者拒绝用人单位管理人员违章指挥、强令冒险作业的，不视为违反劳动合同。

（6）经济补偿按劳动者在本单位工作的年限，每满一年支付一个月工资的标准向劳动者支付。六个月以上不满一年的，按一年计算；不满六个月的，向劳动者支付半个月工资的经济补偿。

（7）非全日制用工双方当事人任何一方都可以随时通知对方终止用工。终止用工，用人单位不向劳动者支付经济补偿。

（8）非全日制用工劳动报酬结算支付周期最长不得超过十五日。

第二节　社会保险法

社会保险法是为了保证劳动者的合法权益、规范社会保险关系的法律规范的总称。其功能在于保护劳动者的合法权益，使公民共享社会经济发展成果，推动经济发展和社会进步。《中华人民共和国社会保险法》总则第一条"立法宗旨"明确指出："为规范社会保险关系，维护公民参加社会保险和享受社会保险待遇的合法权益，使公民共享发展成果，促进社会和谐稳定，根据宪法，制定本法。"

一、社会保险法的内容

（一）社会保险法的概念

社会保险法是国家为了能够更好地保障劳动者的生存安全和生活幸福，而在劳动者遇到经济风险损失情况下给予帮助的法律制度，在我国通常由养老保险、医疗保险、生育保险、失业保险和工伤保险五个实践部分构成。

社会养老保险是指按照法律规定，劳动者达到一定年龄，即依法认定其进入老年阶段，解除其劳动义务，由社会给予工资补偿安度晚年的制度，它是社会保险中最重要的项目。

社会医疗保险是指通过立法，由国家通过社会集资，向遭遇疾病风险的投保者提供基本医疗服务，使受益人的劳动能力康复，并提供疾病津贴，使受益人在治疗期间仍能享有基本生活，以促进社会稳定的一种社会举措。

生育保险，是国家通过立法，对生育者给予必要医疗保健和经济支持的一种保险制度。

社会失业保险是指国家通过立法，对非因本人意愿中断就业而失去工资收入的劳动者提供基本生活保障水平的一种保险制度。

社会工伤保险,也称职业伤害保险,是指劳动者在工作中或在规定的某些特殊情况下因遭受意外伤害和患职业病,暂时或永久丧失劳动能力以及死亡时,劳动者或其遗属从国家和社会获得物质帮助的一种社会保险制度。

(二)社会保险法的主要作用

一是社会保险法能够更好地保护劳动者的合法权益。从劳动关系在市场经济环境下的具体呈现情况来看,企业(雇主)和劳动者之间会不可避免地出现利益冲突或矛盾。在这种冲突和矛盾的发生过程中,一般企业(雇主)会占有更有利的位置,如果缺乏相应的法律制度作为保障,劳动者的利益可能会遭受到较大损失,进而会打击劳动者的积极性。社会保险法通过强制性的形式保障社会成员在遇到相应经济风险损失时候,有权利通过社会保险获得经济风险损失补偿或服务,从而让社会成员的物质生活水平和精神生活水平获得一定程度的保证。社会保险法,在一定程度上解除了社会成员生存、生活方面的后顾之忧,普遍提升了社会成员的安全感和生活满意度。

二是社会保险法能够更好地促进社会和谐稳定。国内外经济危机带来的失业问题、劳资关系矛盾带来的罢工问题、社会成员生存困境带来的犯罪问题等,均表明制定社会保险法的必要性。社会保险法的颁布,将企业(雇主)和劳动者之间的矛盾风险、社会成员可能遇到的经济风险,由过去消极的事后补救机制转变为事前的预防机制,从而为社会的和谐稳定奠定了重要的法律制度基础。社会保险是通过预先防范和即时化解风险来发挥其稳定功能的,它在许多国家被称为"精巧的社会稳定器"或"减震器"。因此,社会保险法在一定程度上化解了社会成员因劳资冲突、生存困境而可能出现的危害社会稳定的行为,从而消除了社会中的潜在风险,更好地促进社会和谐稳定。

三是社会保险法能够更好地促进经济发展。一方面,社会保险法在很大程度上解决了社会成员在工资稳定性、职业稳定性、生活稳定性等方面的后顾之忧,使其能够把更多的家庭收入用在消费领域,更好地拉动经济增长;另一方面,社会保险法通过解决可能出现的劳资冲突、游行罢工等问题,为经济发展创造一个良好的社会环境。"现代社会保险制度的建立,以解决国民生存保障问题并促进社会经济协调发展为最基本的出发点和归属点,因此,现代社会保险立法实质上既是社会成员生存权利保护法和社会安全法,同时也是社会稳定法和社会和谐法。"因此,社会保险法作为市场经济健康发展的维系机制,能够更好地促进经济发展。

四是社会保险法能够更好地促进社会共同富裕目标的实现。我国社会主义的本质是解放生产力、发展生产力,最终实现共同富裕。习近平总书记主持召开中央财经委员会第十次会议时强调，"共同富裕是社会主义的本质要求，是中国式现代化的重要特征"。劳动法作为初次分配的重要法律制度，可以通过规定最低工资、工作时间等方式，直接调节市场初次分配差距。社会保险发展作为再次分配的重要法律制度，可以通过规定缴费、转移支付等方式，来进一步解决市场初次分配差异过大的问题。总之，社会保险法从社会主义制度的本质出发，最终能够达到更好地促进社会共同富裕的目的。

二、社会保险法的内容构成

《中华人民共和国社会保险法》（以下简称社会保险法）由总则、基本养老保险、基本医疗保险、工伤保险、失业保险、生育保险、社会保险费征缴、社会保险基金、社会保险经办、社会保险监督、法律责任和附则十二个部分构成，为建立持续健康的中国社会保险体系，更好地保障人民群众的基本生活和发展权利奠定了重要的法律基础，也为促进实现社会经济发展成果全面共享及社会和谐稳定提供了重要的法律环境。

第一，"总则"部分主要通过强制立法的形式，界定了社会保险制度发展的宗旨、具体组成、发展方向、建设水平、权利义务、保障措施、机构分工等内容。总则明确了社会保障制度发展的义务主体、权利主体、权利内容及具体发展方向，为保障劳动者的社会保险权益、维护劳动者尊严和价值，提供了重要的法律保证。"社会保险法进一步明确社会保险基本权的具体内涵，保障社会保险基本权的实现。"第二，"基本养老保险"部分界定了社会养老保险制度的覆盖范围、筹资模式、财政补贴、给付模式、待遇水平等内容，为劳动者因年老退出劳动岗位后的基本生活提供了重要的法律制度保证。第三，"基本医疗保险"部分界定了社会医疗保险的具体模式、缴费水平、给付范围、服务方式等内容，为劳动者及其社会成员健康安全提供了重要的法律保证。第四，"工伤保险"部分界定了社会工伤保险的参保范围、基金模式、认定方式、给付条件、责任分担等方式，为遭受意外伤害或患有职业病劳动者治疗、康复及亲属供养等提供了重要的法律保证。第五，"失业保险"部分界定了社会失业保险参保范围、费用分担、给付条件、标准期限、待遇水平、停止接续等内容，为非意愿失业劳动者重返就业岗位和基本生活安全提供了重要的法律保障。第六，"生育保险"部分界定了社会生育保险的覆盖范围、缴费责任、待遇项目、津贴发放等内容，为怀孕和分娩的妇女劳动者的基本生活安全及健康服务需求提供了重要的法律保障。第七，"社会保险费征缴"部分界定了参与主体登记、征缴方式、征缴数额、征缴义务等内容，为确保社会保险制度运营物质基础稳定性提供了重要保障。第八，"社会保险基金"部分界定了社会保险基金的类别划分、管理模式、具体运营、信息发布等内容，为确保社会保险基金的安全奠定了重要的法律保障。第九，"社会保险经办"部分界定了社会保险经办的机构设置、管理责任、业务内容等，为社会保险制度持续健康发展提供了重要的组织保证。第十，"社会保险监督"部分界定了社会保险制度具体实施的监督部门、监督方式、保密措施等内容，为确保社会保障制度规范运行提供了重要的法律保障。第十一，"法律责任"部分界定了企业、经办机构、经办人员、管理者、劳动者等社会保险参与主体的违法责任，为确保社会保险参与主体有效履行相关责任提供了法律保障。第十二，"附则"部分界定了农民工、被征地农民、外国人的社会保险的参保问题，为特殊群体参加社会保险制度提供了重要的法律保障。

案例解读

养老保险缴费年限长短皆可、均能享受

20世纪七八十年代老王一直在河北一家大型国企工作，90年代末以"停薪留职"的方式离开了该国企，来到北京的一家民营企业"淘金"。2005年，达到退休年龄的老王面对退休问题却犯了难。因为北京和河北两地的社保局都拒绝为其办理退休手续及支付退休金。北京方面的答复是老王在北京缴纳养老保险不到15年，无法办理退休手续并领取养老金；河北方面的解释是按国务院有关规定，老王在北京工作多年，应在北京办理退休手续并领取养老金。可怜老王辛辛苦苦工作了一辈子，到头来却成了老无所养。

【法官解读】社会保险法明确规定，个人跨统筹地区就业的，其基本养老保险关系随本人转移，缴费年限累计计算；个人达到法定退休年龄时，基本养老金分段计算、统一支付。参加基本养老保险的个人，达到法定退休年龄时累计缴费满15年的，按月领取基本养老金。参加基本养老保险的个人，达到法定退休年龄时累计缴费不足15年的，可以缴费至满15年，按月领取基本养老金；也可转入新型农村社会养老保险或者城镇居民社会养老保险，按国务院规定享受相应的养老保险待遇。并且，基本养老金的个人账户余额可以继承。可以预见的是，随着社会保险法的实施，目前普遍存在的基本养老保险关系转移接续不畅这一突出问题将获得解决，同时还会极大地提高劳动者参保的积极性，彻底解决部分地区曾经出现的农民工退保的现象。

第三节　劳动争议

一、劳动争议处理概述

我国劳动争议处理的主要依据为《中华人民共和国劳动法》《中华人民共和国劳动合同法》《中华人民共和国劳动争议调解仲裁法》《中华人民共和国民事诉讼法》《劳动人事

争议仲裁组织规则》等法律文件。其中劳动法和劳动合同法为主要的实体法依据,其内容也是解决实体问题的标准;而劳动争议调解仲裁法、民事诉讼法等文件是程序法依据,为不同劳动争议处理方式的具体程序和步骤提供了依据,保障各程序的顺利进行。

　　劳动争议本身是一个存在争议的概念,本书所称劳动争议,是指劳动者与用人单位之间因劳动权利和义务而产生的争议,是一种法律争议。劳动争议主要包括以下几类:① 因确认劳动关系发生的争议;② 因订立、履行、变更、解除和终止劳动合同发生的争议;③ 因除名、辞退和辞职、离职发生的争议;④ 因工作时间、休息休假、社会保险、福利、培训以及劳动保护发生的争议;⑤ 因劳动报酬、工伤医疗费、经济补偿或者赔偿金等发生的争议;⑥ 法律、法规规定的其他劳动争议。

　　发生劳动争议,劳动者可以与用人单位协商,也可以请工会或者第三方共同与用人单位协商,达成和解协议;当事人不愿协商、协商不成或者达成和解协议后不履行的,可以向调解组织申请调解;不愿调解、调解不成或者达成调解协议后不履行的,可以向劳动争议仲裁委员会申请仲裁;对仲裁裁决不服的,除法律另有规定的外,可以向人民法院提起诉讼。因此,解决劳动争议有协商、调解、仲裁、诉讼四种方式。实践中这四种方式均发挥了重要作用。当然,并非每个劳动争议均须经过四种处理方式,其中协商、调解两种途径可由当事人自由选择,但如果当事人欲提起诉讼程序,则必须先提起劳动争议仲裁程序。也就是说仲裁程序是诉讼程序的法定前置程序。关于各程序的具体内容、效力等在后续的内容中予以详细介绍。

　　除前述程序外,我国还规定了劳动监察制度,即通过行政管理的手段对用人单位履行劳动法律的情况进行监督、检查和处理。具体内容为:用人单位违反国家规定,拖欠或者未足额支付劳动报酬,或者拖欠工伤医疗费、经济补偿或者赔偿金的,劳动者可以向劳动行政部门投诉,劳动行政部门应当依法处理。

二、劳动争议调解制度

　　劳动争议调解制度,是指劳动争议调解组织对当事人双方自愿申请调解的劳动争议,依据法律规定及当事人间的约定,在查明事实、分清是非的前提下,通过说服、劝导等手段,促使双方当事人达成调解协议的制度。调解是我国劳动争议处理体系中的重要形式之一。《中华人民共和国劳动争议调解仲裁法》第三条中将着重调解作为该法的基本原则之一,突显了劳动争议调解在处理劳动争议体系中的重要性。

1.调解组织

　　调解组织是开展调解工作的组织机构,调解组织的设立是实现调解解决争议的前提,同时调解组织架构的设计也是调解工作网络构成的基础。我国的劳动争议调解组织包括以下几种:①企业劳动争议调解委员会;②依法设立的基层人民调解组织;③在乡镇、街道设立的具有劳动争议调解职能的组织。企业劳动争议调解委员会由职工代表和企业代表组成。职工代表由工会成员担任或者由全体职工推举产生,企业代表由企业负责人指定。企业劳动争议调解委员会主任由工会成员或者双方推举的人员担任。

劳动争议调解组织的调解员应当由公道正派、联系群众、热心调解工作,并具有一定法律知识、政策水平和文化水平的成年公民担任。

2.调解程序

当事人申请劳动争议调解可以书面申请,也可以口头申请。口头申请的,调解组织应当当场记录申请人基本情况、申请调解的争议事项、理由和时间。调解劳动争议,应当充分听取双方当事人对事实和理由的陈述,耐心疏导,帮助其达成协议。

经调解达成协议的,应当制作调解协议书。调解协议书由双方当事人签名或者盖章,经调解员签名并加盖调解组织印章后生效,对双方当事人具有约束力,当事人应当履行。自劳动争议调解组织收到调解申请之日起 15 日内未达成调解协议的,当事人可以依法申请仲裁。

3.调解效力

达成调解协议后,一方当事人在协议约定期限内不履行调解协议的,另一方当事人可以依法申请仲裁。

因支付拖欠劳动报酬、工伤医疗费、经济补偿或者赔偿金事项达成调解协议,用人单位在协议约定期限内不履行的,劳动者可以持调解协议书依法向人民法院申请支付令。人民法院应当依法发出支付令。

三、劳动争议仲裁制度

劳动争议仲裁,是指劳动争议仲裁机构对当事人请求仲裁的劳动争议依法居中进行裁决的活动。在我国的劳动争议处理体制中,仲裁是诉讼的法定前置程序,也就是说劳动争议诉讼前必须经过仲裁程序。当然,如果当事人在仲裁后不提起诉讼则仲裁裁决将发生法律效力。

1.仲裁组织

劳动争议仲裁委员会是依法设立的,经国家授权独立仲裁处理劳动争议案件的专门机构。

劳动争议仲裁委员会的设立原则是:统筹规划、合理布局、适应实际需要,且不按行政区划层层设立。具体操作规则是：省、自治区人民政府可以决定在市、县设立；直辖市人民政府可以决定在区、县设立。直辖市、设区的市也可以设立一个或者若干个劳动争议仲裁委员会。

劳动争议仲裁委员会裁决劳动争议案件实行仲裁庭制。仲裁庭由三名仲裁员组成，设首席仲裁员。简单劳动争议案件可以由一名仲裁员独任仲裁。

2.仲裁程序

劳动争议仲裁委员会负责管辖本区域内发生的劳动争议。劳动争议仲裁公开进行，但当事人协议不公开进行或者涉及国家秘密、商业秘密和个人隐私的除外。

劳动争议申请仲裁的时效期间为一年。仲裁时效期间从当事人知道或者应当知道其权利被侵害之日起计算。申请人申请仲裁应当提交书面仲裁申请，书写仲裁申请确有困难的，可以口头申请，由劳动争议仲裁委员会记入笔录，并告知对方当事人。劳动争议仲裁委员会收到仲裁申请之日起5日内，认为符合受理条件的，应当受理，并通知申请人；认为不符合受理条件的，应当书面通知申请人不予受理，并说明理由。对劳动争议仲裁委员会不予受理或者逾期未作出决定的，申请人可以就该劳动争议事项向人民法院提起诉讼。

当事人在仲裁过程中有权进行质证和辩论。当事人提供的证据经查证属实的，仲裁庭应当将其作为认定事实的根据。劳动者无法提供由用人单位掌握管理的与仲裁请求有关的证据，仲裁庭可以要求用人单位在指定期限内提供。用人单位在指定期限内不提供的，应当承担不利后果。

仲裁庭裁决劳动争议案件，应当自劳动争议仲裁委员会受理仲裁申请之日起45日内结束。案情复杂需要延期的，经劳动争议仲裁委员会主任批准，可以延期并书面通知当事人，但是延长期限不得超过15日。逾期未作出仲裁裁决的，当事人可以就该劳动争议事项向人民法院提起诉讼。仲裁庭裁决劳动争议案件时，其中一部分事实已经清楚，可以就该部分先行裁决。

仲裁庭对追索劳动报酬、工伤医疗费、经济补偿或者赔偿金的案件，根据当事人的申请，可以裁决先予执行，移送人民法院执行。仲裁庭裁决先予执行的，应当符合下列条件：①当事人之间权利义务关系明确；②不先予执行将严重影响申请人的生活。劳动者申请先予执行的，可以不提供担保。

裁决应当按照多数仲裁员的意见作出，少数仲裁员的不同意见应当记入笔录。仲裁庭不能形成多数意见时，裁决应当按照首席仲裁员的意见作出。

3.仲裁效力

劳动争议仲裁裁决的效力有终局裁决效力与非终局裁决效力两种。

所谓终局裁决效力,即仲裁裁决书自作出之日起发生法律效力。我国的劳动争议仲裁裁决是以非终局为原则,以终局为例外。仲裁裁决具有终局裁决效力的情况主要包括:①追索劳动报酬、工伤医疗费、经济补偿或者赔偿金,不超过当地月最低工资标准12个月金额的争议;②因执行国家的劳动标准在工作时间、休息休假、社会保险等方面发生的争议。需要注意的是前述两类裁决仅对于用人单位具有一定的终局效力,而对于劳动者不产生终局裁决效力,劳动者对前述仲裁裁决不服的,可以自收到仲裁裁决书之日起15日内向人民法院提起诉讼。

此外,用人单位对于有终局裁决效力的仲裁裁决还可以自收到仲裁裁决书之日起30日内向劳动争议仲裁委员会所在地的中级人民法院申请撤销裁决。适用的主要情形包括:①适用法律、法规确有错误的;②劳动争议仲裁委员会无管辖权的;③违反法定程序的;④裁决所根据的证据是伪造的;⑤对方当事人隐瞒了足以影响公正裁决的证据的;⑥仲裁员在仲裁该案时有索贿受贿、徇私舞弊、枉法裁决行为的。人民法院经组成合议庭审查核实裁决有前述情形之一的,应当裁定撤销。仲裁裁决被人民法院裁定撤销的,当事人可以自收到裁定书之日起15日内就该劳动争议事项向人民法院提起诉讼。

非终局性裁决即除前述仲裁裁决以外的其他仲裁裁决。当事人对终局裁决以外的其他劳动争议案件的仲裁裁决不服的,可以自收到仲裁裁决书之日起15日内向人民法院提起诉讼;期满不起诉的,裁决书发生法律效力。

当事人对发生法律效力的调解书、裁决书,应当依照规定的期限履行。一方当事人逾期不履行的,另一方当事人可以依照民事诉讼法的有关规定向人民法院申请执行。受理申请的人民法院应当依法执行。

劳动争议仲裁不收费。劳动争议仲裁委员会的经费由财政予以保障。

四、劳动争议诉讼

劳动争议诉讼是法院在劳动争议双方当事人和其他诉讼参与人的参加下,依法审理和判决劳动争议案件的活动。诉讼是劳动争议处理的最后程序,与其他类型的案件一样遵循两审终审的原则。即当事人在收到一审判决书之日起15日内,收到一审裁定书之日起10日内可提出上诉请求,当事人一旦上诉即提起二审程序,二审法院的判决、裁定是终审的判决、裁定,具有终局性。

1.仲裁与起诉

劳动争议仲裁是诉讼的法定前置程序,因此,在诉讼前必须经过仲裁程序。劳动争议当事人对仲裁裁决不服的,可以自收到仲裁裁决书之日起15日内向人民法院提起诉讼。超过15日不起诉的,则裁决书发生法律效力。一方当事人在法定期限内不起诉又不履行仲裁裁决的,另一方当事人可以申请人民法院强制执行。仲裁以当事人撤回申诉或达成调解协议而结案的,当事人无权起诉。

当事人对仲裁委员会作出的仲裁裁决的部分事项不服,依法向法院起诉的,仲裁裁决不发生法律效力。仲裁裁决是针对多个劳动者的劳动争议作出的,其中部分劳动者对仲裁裁决不服提起了诉讼,则仲裁裁决对提起诉讼的劳动者不发生法律效力,对未提起诉讼的劳动者发生法律效力。

2.诉讼结局

诉讼作为仲裁的后续程序,原则上一旦当事人对仲裁裁决不服向法院起诉,则仲裁裁决处于未生效状态。但最终的结果根据诉讼程序的进展情况分为以下几种:①诉讼程序以当事人申请撤诉结案,则仲裁裁决在法定期限(也就是作出后的15日)届满后生效;②诉讼程序以调解或者判决结案,则仲裁裁决不生效,最终具有法律效力的是法院生效的调解书或判决书。

案例分析

薛某系M有限责任公司文员,已在公司工作5年。2019年8月20日薛某提出劳动争议仲裁申请,请求公司向其支付5年间的加班工资共计20200元。仲裁委员会经审理裁决M公司向薛某支付加班费15000元。M公司不服裁决,在收到裁决书后的第5日向人民法院提起了诉讼。

M公司是否有权提起诉讼? 如果对法院的诉讼判决仍不服如何救济?

当事人对仲裁裁决不服,可以自收到仲裁裁决书之日起15日内向人民法院提起诉讼。因此,M公司作为劳动争议的当事人,劳动争议仲裁的被申请人在对劳动争议仲裁裁决不服时有权在法定期限提起诉讼。且M公司提起诉讼的时间为收到仲裁裁决书后的第5日,在15日之内。因此,法院应当受理其提起的诉讼,启动一审程序。如果经过一审开庭审理,法院作出了一审判决,但当事人对一审判决不服,可以在收到一审判决书后的15日内提出上诉,进而启动二审程序。二审法院经审理作出的判决为终审判决,不允许再上诉。

知识拓展

大学生劳动实践方案

一、大学生家庭劳动实践方案

1.计划安排

确定实践周期:根据学生家庭实际情况和自身时间安排,确定一个为期四周的家庭劳动实践。

制定计划表:在实践周期开始前,制定详细的家庭劳动实践计划表,明确每周、每天需要完成的家务项目和技能学习任务。

2.家务项目

日常清洁:包括扫地、拖地、擦窗户、清洗卫生间等。

餐饮制作:协助父母完成烹饪任务,学习简单的菜品制作方法,如炒菜、煮饭、炖汤等。

衣物清洗:学习手洗和机洗衣物的方法,掌握不同材质衣物的清洗技巧。

购物采买:跟随父母前往超市或市场进行购物采买,了解家庭日常所需物品的价格和种类。

垃圾分类:掌握垃圾分类的基本知识,正确分类并处理家庭垃圾。

3.实践记录

记录方式:采用日记或表格的形式记录每天的实践内容、完成情况和遇到的问题。

记录内容:包括完成的家务项目、学习的技能、遇到的问题及解决方法等。

反思总结:每天结束时对当天的实践内容进行反思总结,发现问题并寻求改进方法。

4.成果展示

成果形式:可以采用照片、视频、PPT 等形式展示家庭劳动实践的成果。

展示内容:包括家庭环境的改善、新学习的技能、实际解决的家庭问题等。

展示平台:可以在学校、班级或家庭内部进行展示,分享实践经验。

二、大学生文明宿舍实践方案

1.组织与规划

成立大学生文明宿舍实践活动领导小组,负责制订实践活动的总体方案,协调各相关部门的工作。各学院、班级应成立相应的实践活动小组,负责具体落实实践活动的各项任务。设定明确的实践活动时间和地点,确保活动有序进行。

2.文明标准制定

卫生标准:制定详细的卫生值日表,保持宿舍内部卫生干净、整洁,无异味;公共区域如楼道、洗漱间等应定期清扫。

安静标准:宿舍内应保持安静,不得大声喧哗、打闹,特别是在休息时间;使用音响设备时应控制音量,避免影响他人。

节约标准:节约用水、用电,养成随手关灯、关水的习惯;合理使用公共资源,不浪费粮食等。

安全标准:不得在宿舍内私拉乱接电线、使用违规电器;保持宿舍通风、透气,预防火灾等安全事故。

3.实施措施

宣传教育:通过海报、横幅、班会等形式,向广大学生宣传文明宿舍的重要性,引导学生自觉遵守宿舍规章制度。

榜样示范:评选文明宿舍、文明个人等,树立榜样,激励更多学生积极参与实践活动。

督促检查:学院、班级应定期组织人员对宿舍进行检查,发现问题及时整改,确保文明宿舍标准得到落实。

三、大学生垃圾分类实践方案

1.目标设定

提升大学生的垃圾分类意识和环保素养。

促进校园垃圾分类工作的有效实施。

形成可复制、可推广的垃圾分类实践经验。

2.实施方案

宣传教育:通过海报、横幅、宣传册等形式在校园内广泛宣传垃圾分类的重要性和方法。同时,组织专题讲座、主题班会等活动,深入普及垃圾分类知识。

分类设施：在校园内设置明显的垃圾分类投放点，包括可回收物、有害垃圾、厨余垃圾和其他垃圾四类投放箱。确保投放点分布合理，方便师生投放。

实践操作：组织大学生志愿者定期在校园内进行垃圾分类检查和引导工作。通过亲身参与，让大学生深入了解垃圾分类的实际操作过程。

创新实践：鼓励大学生利用创新思维，开展垃圾分类相关的创新实践活动，如制作垃圾分类小程序、开展垃圾分类创意大赛等。

3. 预期成果

提升大学生垃圾分类意识和环保素养，形成良好的垃圾分类习惯。

校园垃圾分类工作得到有效实施，校园环境得到改善。

形成可复制、可推广的垃圾分类实践经验，为其他学校或社区提供参考。

四、大学生种植实践方案

1. 项目目标

增进大学生对植物生长过程的了解，提高环保意识。

培养大学生的动手能力和实践能力。

增强大学生的团队合作精神和沟通能力。

2. 种植品种选择

根据种植实践的目的和场地条件，选择适合种植的品种。优先选择生长周期适中、易于管理和养护的植物品种。同时，根据季节变化和地域特点，合理安排种植时间，确保植物的正常生长。

3. 实践流程规划

根据种植品种和场地条件，制定详细的实践流程规划。实践流程包括种植准备、播种育苗、田间管理、收获总结等环节。每个环节都要明确具体任务和责任人，确保实践活动的顺利进行。

4. 数据记录与分析

在实践过程中，及时记录各项数据，包括植物生长情况、土壤质量检测结果、灌溉量等。利用数据分析工具对数据进行处理和分析，找出影响植物生长的关键因素，为今后的种植实践提供科学依据。

五、大学生勤工助学实践方案

1.目标与背景

随着高等教育普及化,越来越多的大学生选择勤工助学来锻炼自己,同时减轻家庭经济负担。本实践方案旨在为大学生提供一个系统的勤工助学平台,旨在帮助大学生通过实际工作增强职业技能、提高社会实践能力、培养责任感和独立意识。

2.岗位选择

勤工助学岗位应兼顾学生的专业背景和兴趣,同时考虑工作内容的实际性和可操作性。岗位包括但不限于:

行政助理:协助处理办公室日常事务,如文件整理、接待来访等。

助教或辅导员助理:协助教师进行教学或学生管理工作。

图书馆助理:参与图书整理、借阅管理等工作。

技术支持:提供计算机、网络等技术支持服务。

岗位选择应结合学生的课余时间、课程安排及职业规划进行,确保勤工助学活动不影响正常学习。

3.技能培训

为确保学生能够胜任所选择的岗位,应提供必要的技能培训。培训内容可包括:

岗位职责和工作流程介绍。

基本工作技能培训,如办公软件操作、接待礼仪等。

安全教育和应急处理措施培训。

4.激励措施

为鼓励学生积极参与勤工助学活动,可设置以下激励措施。

报酬激励:根据考核结果给予相应的报酬,以激励学生的积极性。

荣誉表彰:评选优秀勤工助学学生,给予证书和奖励,以肯定其付出和成绩。

六、大学生志愿服务实践方案

1.目标设定

培养大学生的社会责任感和奉献精神,提高大学生的综合素质。

搭建大学生志愿服务平台,促进大学生与社会各界的交流与合作。

通过志愿服务活动,为社区、学校、弱势群体等提供力所能及的帮助,传递正能量。

2.服务内容

社区服务:参与社区清洁、绿化、敬老爱幼等活动,提高社区居民的生活质量和幸福感。

教育支援:前往贫困地区或城市边缘学校,为当地学生提供教学辅导、心理咨询等服务,促进教育公平。

环保活动:开展垃圾分类、环保宣传等活动,提高公众的环保意识,共同守护美好家园。

弱势群体关爱:关注残疾人、孤寡老人等弱势群体的需求,提供关爱与帮助,传递温暖与爱心。

3.团队组建

招募志愿者:通过校园宣传、社交媒体等途径,广泛招募热心公益、具备一定实践能力的大学生志愿者。

选拔与培训:对报名的志愿者进行面试和选拔,确保志愿者具备良好的综合素质和服务能力。同时,对入选的志愿者进行必要的培训和指导,提高其服务水平和专业素养。

4.预期成果

提高大学生的社会责任感和奉献精神,促进大学生的全面发展。

为社区、学校、弱势群体等提供实际帮助,改善他们的生活状况和精神面貌。

搭建大学生志愿服务平台,推动校园公益文化的建设和发展。

七、大学生"三下乡"实践方案

1.实践内容与形式

文化下乡:组织大学生为农村地区提供文化服务,如文艺演出、图书捐赠、电影放映等,丰富农村文化生活,提高农民的文化素养。

科技下乡:利用大学生的专业知识和技能,为农村地区提供科技支持和培训,如农业技术指导、环保知识普及、计算机技能培训等,促进农村科技进步和经济发展。

卫生下乡:组织医学类专业学生开展义诊活动,为农村居民提供健康咨询和医疗服务,同时普及健康知识,提高农民的健康意识。

2.人员组织

统筹协调整个项目的实施,包括人员组织、物资筹备、时间安排等。

3.时间与地点安排

时间:选择暑假或寒假期间进行,具体时间根据学校安排和农村地区的需求确定。

地点：根据学校与农村地区的合作关系,选择符合条件的农村地区作为实践基地。

4.安全保障与应急

安全保障：对参与活动的学生进行安全教育,确保在活动过程中遵守安全规定,防止意外事故的发生。

应急预案：制定应急预案,针对可能出现的自然灾害、突发事件等情况进行预防和应对,确保活动的顺利进行。

5.总结与反馈

活动总结：对"三下乡"活动进行总结,评估活动的成效和收获,分析存在的问题和不足,为今后的活动提供借鉴和参考。

反馈意见：收集参与者的反馈意见,了解他们的体验和感受,为今后的活动改进提供依据。同时,将活动成果和反馈意见向学校和社会进行汇报和展示,提高活动的社会影响力。

八、大学生专业实践方案

1.实践目标

本专业实践方案旨在帮助学生将所学理论知识与实际工作相结合,通过实践操作加深对专业知识的理解,提升解决实际问题的能力。通过此次实践,学生可得到如下收获。

加深对专业理论知识的理解和应用。

提升动手能力和实践经验。

锻炼团队合作与沟通协调能力。

为未来的职业生涯打下坚实基础。

2.实践内容与步骤

课题调研：收集相关资料,了解课题背景、现状和发展趋势,明确研究目标和内容。

方案设计：根据调研结果,制定详细的实践方案,包括实践目标、内容、步骤、时间安排等。

实验准备：购置或租借所需的实验设备、工具,搭建实验环境,确保实践活动的顺利进行。

实践操作：按照实践方案进行实验或项目操作。

成果整理：将实践成果进行整理、归纳和总结,形成实践报告或项目文档。

3.总结与展望

总结：在实践活动结束后，对整个实践过程进行总结和反思，分析成功经验和不足之处，为今后的实践活动提供借鉴和参考。

展望：展望未来，根据行业发展趋势和市场需求，探讨本专业未来的发展方向和应用前景，为学生未来的职业规划提供指导和帮助。

附录二 **大学生劳动实践登记表**

记录大学生参与各类劳动实践活动的详细信息，包括活动时间、地点、内容、收获等。

作为评价大学生劳动教育成果的重要依据。劳动教育实践包括社会实践、劳动实践、公益劳动和志愿服务等。

劳动实践登记卡

学校：＿＿＿＿＿＿ 班级：＿＿＿＿＿＿ 学号：＿＿＿＿＿＿ 姓名：＿＿＿＿＿＿

时间、时长	地点、内容	证明人、电话 单位公章	时间、时长	地点、内容	证明人、电话 单位公章

备注：1.登记卡需完成不少于16小时的劳动实践；2.表格可根据需要自行添加行数。

累计时间：　　　　　　审核人：　　　　　　　　复核人：

参考文献

[1]马克思,恩格斯.马克思恩格斯选集:第1卷[M].北京:人民出版社,2012.

[2]马克思,恩格斯.马克思恩格斯选集:第3卷[M].北京:人民出版社,2012.

[3]马克思,恩格斯.马克思恩格斯选集:第4卷[M].北京:人民出版社,2012.

[4]马克思,恩格斯.马克思恩格斯全集:第16卷[M].北京:人民出版社,1964.

[5]马克思,恩格斯.马克思恩格斯全集:第20卷[M].北京:人民出版社,1972.

[6]马克思.资本论:第一卷[M].北京:人民出版社,2004.

[7]霍姆林斯基著.论劳动教育[M].萧勇,杜殿坤,译.北京:教育科学出版社,2019.

[8]杨国华.劳动与人的自由全面发展:马克思的劳动概念及其当代意义[M].上海:上海人民出版社,2015.

[9]刘向兵.新时代高校劳动教育论纲[M].北京:社会科学文献出版社,2019.

[10]檀传宝.劳动教育的概念理解:如何认识劳动教育概念的基本内涵与基本特征[J].中国教育学刊,2019(2).

[11]卢心悦.新时代大学生劳动教育研究[D].华东师范大学,2020.

[12]严冬.民办高校大学生劳动教育探究[D].吉林大学,2016.

[13]习近平.在庆祝"五一"国际劳动节暨表彰全国劳动模范和先进工作者大会的讲话[N].人民日报,2015-04-29(2).

[14]中共中央 国务院关于全面加强新时代大中小学劳动教育的意见[N].人民日报,2020-03-27(1).

[15]习近平.在同全国劳动模范代表座谈时的讲话[N].人民日报,2013-04-29(1).

[16]习近平.在乌鲁木齐接见劳动模范和先进工作者、先进人物代表向全国广大劳动者致以"五一"节问候[N].人民日报,2014-05-01(1).

[17]教育部.教育部关于印发《大中小学劳动教育指导纲要(试行)》的通知[EB/OL].(2020-07-07)[2020-07-17].http://www.gov.cn/zhengce/zhengceku/2020-07/15/content_5526949.htm.

[18]杨哲,汪伟,王菁.劳动教育理论与实践[M].长沙:湖南大学出版社,2022.

[19]周丽姐,董晓晨.大学生安全教育[M].上海:同济大学出版社,2019.

[20]温斌,张双会.新时代大学生劳动教育教程[M].上海:上海交通大学出版社,2023.

[21]唐伟军,王立群,黄小益.大学生劳动教育实用教程[M].长沙:湖南科学技术出版社,2021.

[22]刘丽红,罗俊,黄海军.大学生劳动教育[M].北京:新华出版社,2022.

[23]陈嘉兴,刘斌.大学生劳动教育理论与实践教程[M].上海:上海交通大学出版社,2021.

[24]郭亮,刘雅丽.大学生劳动教育理论与实践教程[M].上海:同济大学出版社,2020.

[25]陈培军,阳军.大学生劳动素养与技能提升教程[M].青岛:中国石油大学出版社,2021.

[26]梁艳珍,祁鸣鸣,李馨雨.大学生劳动教育教程(微课版)[M].成都:电子科技大学出版社,2020.

[27]陆培洁.经济大发展下的高职大学生劳动价值观的培养路径探析[J].经济师,2020(9):194—195.

[28]迪吴.以大学生志愿服务为基点探索新时代高校劳动教育实施路径[J].教学方法创新与实践,2021,3(16):88.